"十二五"职业教育国家规划教材
经全国职业教育教材审定委员会审定

新编21世纪
高等职业教育精品教材
旅游大类

旅游经济学

（第五版）

厉新建　张　辉　厉新权　编著

中国人民大学出版社
·北京·

图书在版编目（CIP）数据

旅游经济学 / 厉新建，张辉，厉新权编著. --5版.
北京：中国人民大学出版社，2025. 4. --（新编21世纪高等职业教育精品教材）. --ISBN 978-7-300-33747-0

Ⅰ. F590

中国国家版本馆CIP数据核字第2025MG9138号

“十二五”职业教育国家规划教材
经全国职业教育教材审定委员会审定
新编21世纪高等职业教育精品教材·旅游大类
旅游经济学（第五版）
厉新建　张　辉　厉新权　编著
Lüyou Jingjixue

出版发行	中国人民大学出版社		
社　　址	北京中关村大街31号	**邮政编码**	100080
电　　话	010－62511242（总编室）		010－62511770（质管部）
	010－82501766（邮购部）		010－62514148（门市部）
	010－62511173（发行公司）		010－62515275（盗版举报）
网　　址	http://www.crup.com.cn		
经　　销	新华书店		
印　　刷	北京市鑫霸印务有限公司	**版　　次**	2006年5月第1版
开　　本	787 mm×1092 mm　1/16		2025年4月第5版
印　　张	17.25	**印　　次**	2025年4月第1次印刷
字　　数	342 000	**定　　价**	48.00元

第五版前言

2020—2022 年是世界旅游业，也是中国旅游业艰难发展的三年。这三年中，最困难的时候，整个旅游业的发展几乎停滞。随着新冠疫情的结束，整个旅游业快速稳定地恢复和发展，2023 年春节、“五一”国际劳动节这两个假期和暑期长假的出游情况，更是展现了我国旅游业发展的韧性和美好前景。

从供给端来看，在行业恢复性增长的同时，特色化、文化性、主题型、有温度、高品质的旅游产品和服务不断涌现。各级政府也将旅游作为扩大内需、提振消费的重要领域，积极出台支持政策，连续推出惠民措施。2023 年 9 月，国务院办公厅发布《关于释放旅游消费潜力　推动旅游业高质量发展的若干措施》，鼓励旅游企业加大旅游跨界融合、文旅深度融合发展的力度，提供更多、更优的旅游产品和服务，鼓励开展全国文化和旅游消费促进活动，鼓励各地围绕节假日、暑期等时间节点，联动文化和旅游企业、金融机构、电商平台、新媒体平台等举办形式多样的消费促进活动。在景区管理、旅游交通服务和夜间经济等多个方面提升旅游消费环境。以吉林省为代表的地方政府，更是推出了“旅游万亿级产业攻坚行动方案”。作为现代服务业的重要组成部分，旅游业的国民经济战略性支柱产业地位更加巩固，旅游业促进国民经济和社会发展的作用也更加突出。

但无论是中央与地方政府出台的政策，还是旅游企业的旅游产品创新、文旅行业的融合发展，都必须符合旅游产业的发展规律，必须了解旅游产业的特殊性，了解影响产业发展和运行的影响因素，这样才能有针对性地解决旅游产业发展中存在的问题和矛盾，才能制定更加符合我国旅游产业实际的产业发展政策和措施。

本次修订主要根据旅游发展的形势和变化，对教材中的资料和案例进行了更新调整，对大部分数据进行了更新，并根据教学的实际需要，对旅游消费、文旅深度融合的途径、旅游卫星账户等部分内容进行了删减，使教材能够紧跟形势的发展，更贴近实际。

在修订过程中，尽管我们已经尽力使教材内容更符合产业发展的需要，尽量使内容更丰富一点，但囿于作者的水平和能力，教材中仍难免存在不足，希望各位同行、读者能不吝赐教。

厉新建

2025 年 1 月

第一版前言

从职业教育发展要求和旅游经济发展形势看，一方面，到2010年，中等职业教育年招生规模达到800万人，高等职业教育年招生规模占高等教育招生规模的一半以上，职业教育将成为我国教育体系中至关重要的组成部分；另一方面，旅游业的蓬勃发展，以及旅游业在解决就业尤其是在解决女性、年轻人和农村及边远地区弱势人群就业方面的独特作用，使发展旅游业必将得到各级政府的大力支持，进而必将推动旅游职业教育的迅速发展。

从教材编写的角度看，《国务院关于大力发展职业教育的决定》（国发〔2005〕35号）至少传递了两个信息：一是职业教育改革应该以就业为导向，因此教材的编写应该强调实践技能的培养；二是职业教育是全面提高国民素质的重要途径，在突出实践技能的同时，职业教育还应该加强能力尤其是思考问题能力的培养。

客观来说，现有的旅游职业教育教材不能很好地满足以上的要求，而教材是教学的核心之一，马虎不得。也正因为如此，我国高职高专层次的教材体系既应该包括强调可操作性的课程教材，也应该包括超越单纯知识传授的素质养成方面的课程教材。我想，对于旅游职业教育而言，《旅游经济学》或许就是为了后一个目标而成为这个教材体系中重要的一分子的。

本教材简要介绍了旅游需求基本理论、旅游消费行为、旅游供给基本理论、旅游目的地的建设与发展、旅游供求矛盾的调节、旅游发展模式与政府主导型战略、旅游产业结构、旅游产业市场行为、旅游经济影响与衡量等内容，并在重要知识点后插入了案例及相关资料，供学生作扩展阅读。每章后设有案例评析，通过对一个综合性案例的分析概括本章内容，以帮助学生巩固对本章要点的掌握。

在教材编写过程中，我们力求在教材内容、编写体例、案例采集、图文处理、表述方式等方面注意与高职学生的思维特点和实际水平对接，力求使本教材显得更形象化、更生活化一些，教材中还引用了很多专家的资料、观点，希望能既增加教材的权威性，又拓宽学生的视野。由于从着手准备到写作、交稿的时间比较短，深入高职学生中进行调研的程度还不够，教材中存在不足也就在所难免，请同行们不吝赐教，共同为我国的旅游职业教育尽上旅游教育工作者应尽的责任。

厉新建

2006年3月

目 录

Contents

第一章

导　论

导入案例

释放旅游消费潜力　推动经济社会发展

旅游业在我国的经济社会发展过程中有着重要的地位，也发挥了重要的作用。自1979年邓小平“黄山谈话”掀开我国现代旅游业发展的大幕始，经过40多年的快速发展，我国旅游业已经形成了完整的产业链和完善的产业体系，对我国经济社会的发展起到了重要的推动和促进作用。鉴于旅游业的产业拉动效应，同时也为了满足人民群众日益提升的文化、休闲消费需求，国家和地方对旅游业的重视程度也在逐年提升，出台了多项促进旅游产业发展的政策法规和发展措施。2018年国务院办公厅发布的《关于促进全域旅游发展的指导意见》（国办发〔2018〕15号），更是掀起了我国旅游业的一场革命。为更多地释放旅游消费的潜力，发挥旅游业对我国经济社会发展的推动作用，2023年9月27日，国务院办公厅发布了《关于释放旅游消费潜力 推动旅游业高质量发展的若干措施》（国办发〔2023〕36号，以下简称《措施》）。

《措施》提出，要加大优质旅游产品和服务供给，重点包括：丰富“音乐+旅游”“演出+旅游”“展览+旅游”“赛事+旅游”等业态，推进文化和旅游深度融合发展；开展文旅产业赋能城市、文化产业赋能乡村振兴试点行动，打造一批文化特色鲜明的国家级旅游休闲城市和街区及富有地域文化特色的乡村旅游重点村镇；实施体育旅游精品示范工程，发展生态旅游产品，拓展海洋旅游产品。

在丰富产品和服务供给的基础上，通过以下措施，最大限度地激发旅游者的旅游消费需求：(1）支持文化体育场所增强旅游休闲功能，合理设置旅游咨询区、餐饮区、文创产品销售区等旅游接待设施。推动利用数字技术改造提升传统旅游消费场所，打造智慧旅游、沉浸式体验新空间。利用城市公园、草坪广场等开放空间打造创意市集、露营休闲区，以改善旅游消费环境。(2）开展全国文化和旅游消费促进活动，鼓励各地围绕节假日、暑期等时间节点，联动文化和旅游企业、金融机构、电商平台、新媒体平台等举办形式多样的消费促进活动，实施消费惠民政策。(3）完善预约措施，简化预约程序，通过延长景区开放时间、增加弹性供给等措施，提升景区接待能力，调整优化景区管理。(4）提高旅游目的地通达性，构建“快进”交通网络，完善旅游交通服务。(5）引导夜间文化和旅游消费集聚区规范创新发展，有序发展夜间经济。(6）紧密围绕区域重大战略及重点城市群、文化旅游带建设等，实施区域一体化文化和旅游消费惠民措施和便利服务。

同时针对入境旅游市场，《措施》提出要优化入境旅游产品和线路，加强海外市场宣传推广和精准营销，推出更多广受入境游客欢迎的旅游产品和服务；优化签证和通关政策，完善入境旅游服务；恢复和增加国际航班，提高航空出行便利性；优化离境退税服务等，提升入境旅游吸引力，吸引更多的入境旅游者。

经过四十多年的快速发展，旅游业的发展已经发生了巨大的变化，传统的自然观光旅游资源在未来仍将占据很重要的地位，但社会休闲旅游资源、度假资源在人们出游的选择中占据了越来越大的比例，旅游者的需求越来越多样化、多元化，旅游业也从观光为主向观光、休闲、度假的方向转变，景区景点式的单打独斗模式已经无法适应游客的旅游需求，各国对旅游业促进和推动国家与地区经济发展的作用也越来越重视，国际旅游竞争也越发激烈。在新形势下，如何有效地满足旅游者的需求？为什么会出现旅游供需之间的矛盾？应该如何有效地解决这一矛盾？政府要如何引导并规范旅游业的发展？旅游企业要做出什么样的改变？在很多国外竞争者纷纷瞄准了我国的出境游市场时，国内旅游企业应该如何应对？如何更好地创新产品、提升服务，将更多国内旅游者的消费需求在国内就地转化？如何开拓入境市场，树立我国的国际旅游形象？这些都是旅游经济学需要思考和解决的问题。

第一节　旅游经济学的研究对象和研究内容

作为一门独立的学科，该学科必须具有特定的研究对象、特有的专业术语和研究规范、基本的研究内容。旅游经济学作为一门专门学科，首先也必须有明确的研究对象和研究内容。这是“学什么”的问题。

一、旅游经济学的研究对象

我们知道，旅游者的旅游活动不以营利为目的，旅游者不会在目的地长期定居。初期的旅游多表现为个人行为，旅游者外出旅游所需要的交通工具、餐饮等都主要靠自己解决，住宿也多是借住在亲友家中或寺庙中。那时的客栈主要不是为旅游者服务的，而是为过往商人或官府中的人服务的，因此那时的旅游活动不具有广泛的经济性质。随着商品经济的发展和科学技术带来的交通便利，人们的大规模出游成为可能，为人们出游提供帮助和服务的专门机构（如旅行社）就产生了。此后，通过为旅游者提供服务而获取经济利益的饭店业、旅游交通业、景区服务业等也得到了迅速发展，这些专业化企业的出现又进一步推动了旅游活动在广度、深度上的发展，扩大了旅游规模。对由此所带来的经济现象，需要我们进行专门研究。

旅游经济学对旅游活动的考察不是对一般意义上的旅游活动的考察，而是对通过商品交换方式实现、成为社会普遍消费行为的旅游活动的考察。更确切地来说，旅游经济学的研究对象是**社会化和商品化了的旅游活动所引发的经济现象、经济关系、经济运行和经济影响**。旅游经济学是研究由旅游者在客源地（国）与目的地（国）之间的商品化、社会化的空间移动而引发的经济现象、经济关系、经济运行和经济影响的专门学科。旅游经济学就是要通过对旅游经济活动中各种经济现象、经济关系的研究，揭示旅游经济运行的规律，了解对旅游经济活动产生影响的基本要素，分析旅游经济活动对社会发展的影响，进而为政府制定旅游经济发展战略、规划和方针政策提供理论依据，促进我国旅游业的进一步健康发展。

资料 1-1

旅游经济学研究对象的界定

1. 王立纲、刘世杰（1982 年）：旅游经济学的研究对象是旅游经济活动及其发展规律。

2. 黄辉实（1990 年）：旅游经济学就是要研究旅游活动商品化过程中的各种错综复杂的经济现象和经济关系，即旅游者的最大利益、旅游供给者的最大利益和国家的最大利益这三者的经济关系和矛盾。

3. 张汝昌（1990 年）：旅游经济学是研究在旅游活动过程中所发生的各种经济现象、经济过程之间内在的本质的必然联系及发展规律的科学。

4. 张辉（1991 年）：旅游经济学是研究旅游劳务生产和流通的经济现象及其运动规律的科学，换句话说，旅游经济学的研究对象是旅游劳务领域的生产、流通以及分配和消费的经济规律。

5. 王大悟、魏小安（1998 年）：旅游经济学是研究旅游活动中的经济现象、结构关系和经济规律的科学。

6. 罗明义（1998 年）：旅游经济学的研究对象是旅游经济活动过程中所反映的各种经济现象、经济关系及其内在的规律性。

7. 林南枝、陶汉军（2000 年）：旅游经济学研究的对象是旅游经济活动中旅游产品的需求与供给矛盾。旅游经济学主要研究旅游经济活动的运行及运行过程中所产生的经济现象、经济关系与经济规律。

要想对旅游经济学的研究对象有进一步的理解，我们还需要了解旅游活动与旅游经济的关系、旅游经济运行主体等方面的相关知识。

（一）旅游活动与旅游经济的关系

18 世纪 60 年代以前，受社会经济技术发展水平的制约，旅游活动被限制在一个比较小的地域范围和社会范围内，旅游活动的满足程度也较低，外出旅行一般都抱有政治或经济目的。随着社会经济技术水平的提高，各种高新科学技术开始应用到了人们的社会生产活动中，生产效率大为提高，人们因此有了更多的收入和闲暇时间；工作压力的增大也增强了人们的出游动机；各种专业旅游服务机构的出现、交通工具的改善，提高了人们出游的便利程度，使人们可以获得更多的旅游信息，可以到更远的目的地去旅游。

旅游经济的形成就是旅游活动商品化、社会化发展的过程。一般认为，这一过程主要取决于如图 1－1 所示的三个方面的因素以及它们带来的影响。

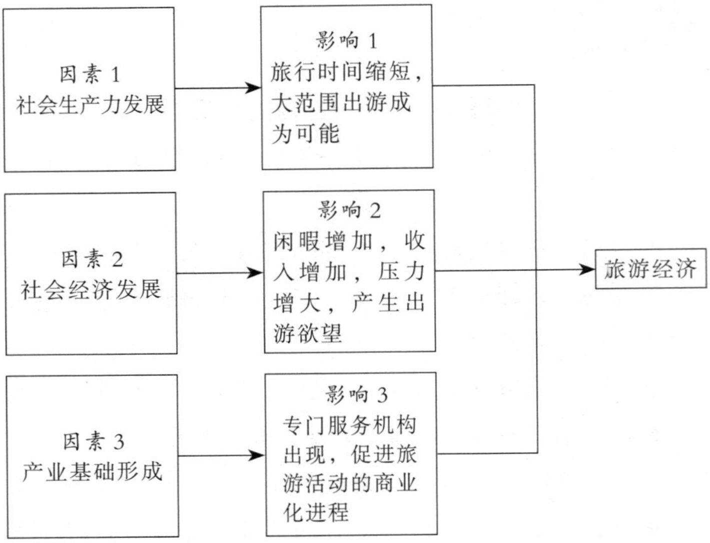

图 1－1　旅游经济的形成

1. 社会生产力发展所形成的物质基础

从世界范围来看，18 世纪的工业革命以机器大工业代替了工场手工业，形成了以机器大工业为中心的社会化大生产，社会生产力得到了迅速发展，尤其是火车、轮船、汽车、飞机等交通工具的发明和应用大大降低了人们出游的时间成本，使人们外出旅游的范围真正得到大的扩展，给旅游活动大范围地展开提供了相应的物质技术条件保障。生产力发展还促成了旅游者在世界范围的流动，大大地推动了旅游的发展。

2. 社会经济发展造就的巨大市场需求

工业革命以后，资本主义商品经济不断发展，商品交换方式发生了深刻的变革。随着社会经济的发展和生产技术的改进，生产效率大大提高，劳动时间大为缩短，人们的收入水平不断提高；但随之而来的是竞争越发激烈，工作压力更大。因此，人们希望在紧张的工作之余能够回归大自然，放松身心，对外面世界的求知欲望也更为强烈；同时，闲暇时间的增加也使得远距离出游成为可能。社会对旅游的大规模需求促进了旅游活动的商品化、社会化进程。

3. 专门服务机构的出现是旅游经济形成的重要标志

在大规模出游的物质技术条件成熟、社会对旅游的大规模需求产生后，专门为旅游、休闲等活动提供服务的专业机构开始大量出现。1822 年，罗伯特·斯马托开始办理从布里斯托尔到都柏林的轮船票务预订业务。1845 年，英国人托马斯·库克成立了第一家负责安排旅游者吃、住、行等消费的旅行社。随后，各国相继创办了各种类似的旅行社，其中著名的有英国 1857 年成立的登山俱乐部、1885 年成立的帐篷俱乐部以及 1890 年法、德两国成立的观光俱乐部，此外还有意大利的游览公司、加拿大的太平洋捷运公司、日本的国际观光局、德国的中欧旅行社、中国的上海商业储蓄银行（简称上海银行）旅行部等。旅行社的诞生，使有组织地提供旅游活动所需的各种专门服务成为可能，从而促进了旅游活动的商业化进程，标志着旅游活动进入了商品化时代。

（二）旅游经济运行主体

旅游经济运行主体包括作为需求方的旅游者、作为供给方的旅游经营者和同时对旅游供给与需求都有广泛影响的政府。

虽然旅游者、旅游经营者和政府是三个不同的利益主体，它们都追求各自利益的最大化，但是，其中任何一方在追求自身利益最大化时，如果不顾及另外两方的利益，则其自身的利益最终也不可能完全得以实现，三方只有在共同的框架内运作才能实现各自利益的最大化。所以说，三方的利益既是对立的，又是统一的。

1. 旅游者利益的最大化

旅游者利益的最大化是指旅游者通过支付相应的货币，消耗一定的闲暇时间，追求在旅游消费过程中所获得的物质和精神上的最佳满足，一般以“旅游者满意度”来表示。旅游者满意度主要取决于两个方面：一是旅游者的消费预期；二是旅游者付出的成本。在成本（包括花钱和花时间）一定的前提下，旅游经营者所提供的旅游产品越符合旅游者的预期，则旅游者满意度越高。在旅游产品既定的前提下，旅游者花的钱越少，则其满意度越高。当然，旅游者满意度还会受到旅游者的旅游经历、知识背景和审美能力，尤其是旅游者自身旅游消费技术和能力等因素的影响。

2. 旅游经营者利益的最大化

任何一个具有独立经济利益的旅游经营者，总是希望以尽可能少的投入，为旅游者提供尽可能高满意度的旅游产品，从而获得尽可能大的利益。这里的利益最大化包括企业社会形象的改善、市场份额的扩大等多个方面，但市场化企业的最终利益必须落实到利润上，没有利润的实现，社会形象再好、市场份额再大，企业也无法生存下去。

3. 政府利益的最大化

这里的政府主要指的是旅游目的地（国家）的政府，它既可以是目的地的中央政府，也可以是目的地的地方政府。政府利益的最大化是指政府通过一系列有效的行业管理和制度创新，保证旅游活动和旅游经营活动的正常进行，促进旅游资源的优化配置，从而获得经济、社会和环境效益的最大化。

需要注意的是，地方政府的“个体”利益追求不一定会符合中央政府（包括一些中央部委）的利益追求。比如，各个地方政府分别从自身角度出发投资旅游开发建设、扩张旅游经济规模、发展旅游经济，这与中央政府着重提升旅游经济的内在质量、强调整体协调发展之间可能会产生矛盾。我们假设有两个邻近的地方政府都希望利用处在毗邻区域的某处旅游景点发展各自的旅游经济，在景区门票收入有限的情况下，各地政府可能会各自发展饭店等住宿设施，并千方百计扩大住宿设施的规模，希望有更多的旅游者住在自己的饭店里。结果是两地提供的客房数量远远超过市场需要的数量，价格竞争、资源浪费就不可避免了。这里单个地方政府的选择都是合理的，但这类合理行为最终会对整个国家或地区的旅游经济发展造成不良影响。这就是经济学上“个体理性”导致的“合成谬误”。

二、旅游经济学研究的基本内容

（一）旅游经济学的基本框架

旅游经济学是对社会化和商品化了的旅游活动所引发的经济现象、经济关系、经济运行以及经济影响进行研究的专门学科。也就是说，一切相关的经济现象、经济关系、经济运行和经济影响，都是随着旅游者的旅游活动和旅游者的流动而发生的。因此，以旅游活动的空间结构形式作为旅游经济研究的框架基础就在情理之中了。

从相关研究文献中可以发现，已经有很多学者对旅游流动的模式进行了研究，胡格 1982 年在研究地区间的旅游流动时，指出地区之间的旅游流动是客源地和目的地之间相互作用的过程，区位在其中起着重要作用，其他诸如旅游吸引物、当地社会经济状况以及对旅游需求的供给状况也会影响这种相互作用过程，具体如图 1－2 所示。

最基本的旅游系统模型是雷珀于 1990 年提出的（见图 1－3），在此基础上可以引申出多种旅游空间模式。如果我们对这一模型进一步抽象，则可以将旅游经济看成“哑铃经济”：在“双向 O－D 模式”（O 指客源地，D 指目的地）中，旅游经济是“标准的哑铃经济”（见图 1－4）；在“单向 O－D 模式”中，旅游经济是“偏斜的哑铃经济”。由此，我们可以将旅游经济两端的地区分为目的地型地区（单纯的旅游目的地或者旅游接待绝对数量大大超过往外输出客源数量的地区，如新疆喀纳斯湖所在地布尔

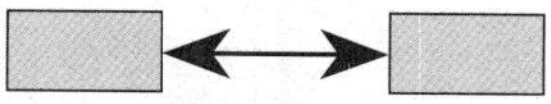

(a) 中心城市型旅游目的地

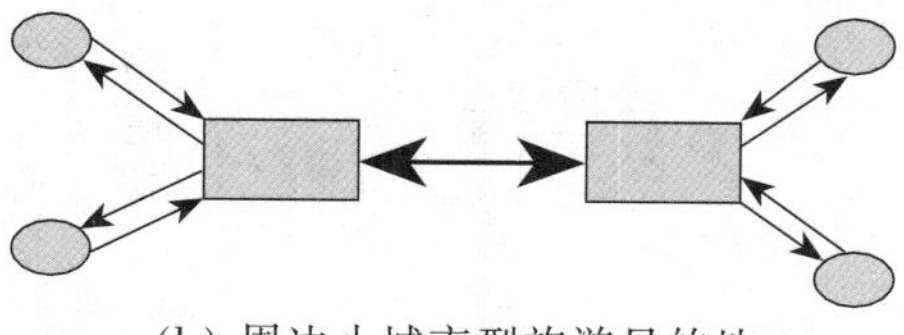

(b) 周边小城市型旅游目的地

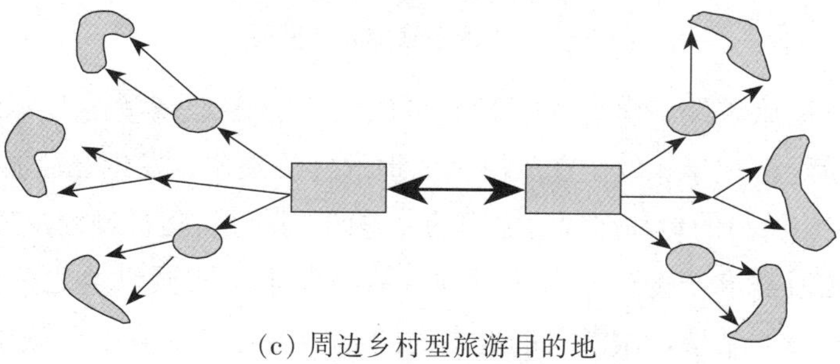

(c) 周边乡村型旅游目的地

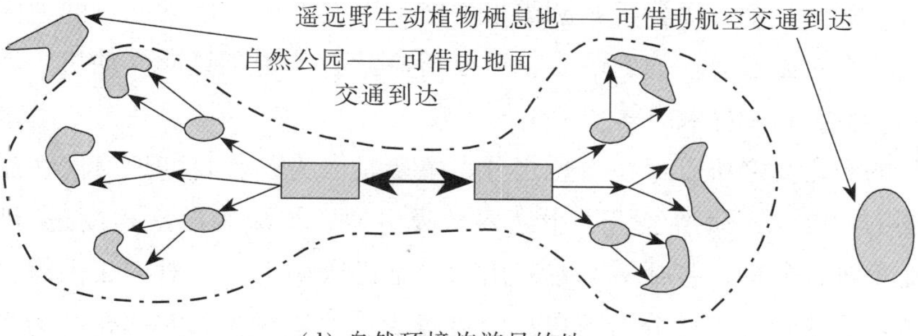

(d) 自然环境旅游目的地

图 1-2 旅游流动的空间分层模型

资料来源：谢彦君．基础旅游学［M］．4 版．北京：商务印书馆，2015.

津县）、客源地型地区（单纯的旅游客源地或者往外输出旅游者绝对数量大大超过旅游接待数量的地区）、均衡型地区（输出客源和接待旅游者数量基本保持均衡的地区）。

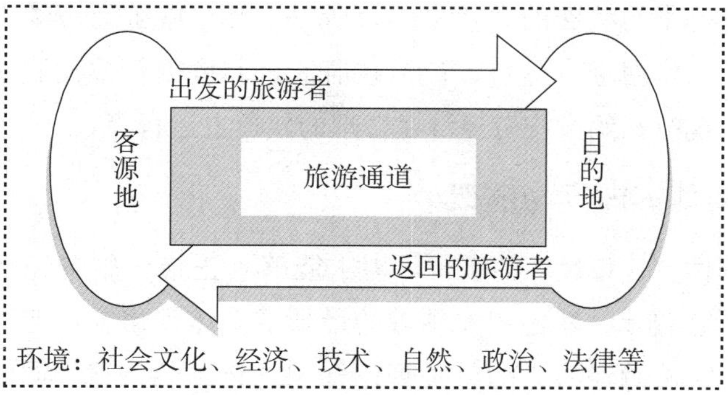

图 1-3 旅游系统模型示意图

资料来源：保继刚，楚义芳．旅游地理学［M］．3 版．北京：高等教育出版社，2012.

图 1-4 哑铃型旅游经济模型

从抽象的哑铃型旅游经济模型中，我们可以引出旅游经济学的基本结构：发生在旅游客源地的旅游经济现象、发生在旅游目的地的经济现象、发生在旅游目的地之间的经济关系、发生在旅游目的地和客源地之间的完整的旅游经济运行过程及其调控问题等。

我们知道，旅游需求产生于旅游客源地，旅游需求与旅游供给之间的平衡与矛盾都是旅游者实际选择的结果，旅游目的地之间的竞争也是围绕着争夺旅游者而展开的，所以，在旅游经济学中，要分析旅游需求的产生以及客源地因素、目的地因素和两地之间的相互关系对旅游需求的影响，就要分析旅游者从购买意向（动机）转变为具体购买行为的转变过程和导致该转变发生的因素。

旅游目的地之间之所以存在冷热之分，主要是因为各个目的地对潜在旅游者的吸引力是不同的，因此，旅游经济学中还要从吸引力的构成和层次角度进行以下分析：对目的地竞争进行分析，包括对基本吸引力、辅助吸引力等；对构成供给主体的目的地相关旅游企业的行为进行分析，包括定价行为、促销行为和一体化行为等；对旅游经济发展给目的地带来多大程度的经济影响，以及如何增加正面影响和降低负面影响等问题进行分析。

旅游需求与旅游供给的矛盾构成了旅游经济运行的主要矛盾，解决供需之间的矛盾需要市场和政府这两只手共同发挥作用，市场这只“无形的手”要发挥基础作用，在“市场失灵”的地方则需要政府这只“看得见的手”来进行市场调节，而且政府本来就是旅游经济运行中的特殊的利益主体，所以，要在旅游经济学中对政府在旅游经济发展过程的行为和作用进行分析，包括政府通过制度创新推动旅游经济的发展、政府通过战略与规制规范和约束旅游经济在合理的轨道上运行等。

（二）本书的基本内容与框架

本书本着“理性、建设性”的宗旨，力求能够真正结合旅游经济中表现出来的特点，将旅游经济研究领域、其他相关领域的最新成果体现出来，能够在一个更合理的理论框架和平台上对旅游经济学的有关理论知识进行新的阐述。同时，本书对旅游经济发展尤其是我国旅游经济发展实践中出现的诸如转型问题、旅游景区（点）管理体制问题、出境旅游及跨国经营问题、旅游企业集团化和网络化发展进程中的障碍等问题进行了分析，力求真实反映我国旅游实践的发展状况，突出实践性。我们将根据前面提到的哑铃型旅游经济模型来安排全书的内容体系。

本书第二章和第三章基于旅游客源地的视角来组织和展开。在第二章中，除了对旅游需求的定义、基本规律、弹性计算等问题进行介绍外，还对旅游需求的影响因素进行了解释，并着重对旅游需求的内在层次分解以及层次分解的实践意义进行了阐述，强调了时间在旅游需求中的重要作用，分析了旅游需求表现出的特殊规律。第三章则结合消费行为理论，重新解释了旅游者在时间和收入共同约束下的旅游消费优化选择问题，指出了实际旅游消费的时间限制性和空间固定性对旅游消费行为的影响，并着重分析了达到较高的满意程度所必须重视的旅游者消费技术问题。

尽管旅游客源地也有像旅行社这样的旅游相关供给企业存在，但是由于旅游活动中获得使用价值的特殊性，这些企业主要集中在旅游目的地。第四章和第五章就是从旅游目的地的角度对旅游供给问题进行分析的。在第四章中，除了对旅游供给的影响因素、一般规律等进行介绍外，还着重分析了旅游供给的层次性，重点阐述了旅游景区（点）在旅游经济发展中的重要地位，深入分析了包括星级饭店在内的住宿行业所具有的市场自然分割性以及这种特点对所在行业的市场竞争的影响。第五章则着重分析了旅游目的地之间的经济关系，尤其是对目的地之间的竞争性发展问题进行了阐述，分析了旅游目的地竞争力构成问题，从竞争的角度分析了旅游景区两权分离的深层次原因，简要介绍了旅游目的地生命周期和旅游容量等相关知识。

旅游供给与旅游需求的矛盾运动决定着旅游经济的发展。在第六章中，主要分析了导致旅游经济产生供求矛盾的技术性原因和制度性原因，因技术性原因形成的矛盾应该通过市场来解决，因制度性原因形成的矛盾则应通过政府的制度改进和创新来解决。第七章对政府的旅游发展战略和发展模式问题进行了阐述，着重分析了在市场“有所不能”的情况下政府规制的必要性及所包含的内容。

在第八章和第九章中，分析了旅游经济中各个行业的产业组织问题，着重分析了饭店和旅行社的市场集中度、进入和退出壁垒、横向一体化及纵向一体化的问题。此外，还对旅游经济发展过程中的集团化和网络化问题、跨国经营问题进行了分析。第十章分析了发展旅游对客源地和目的地的经济影响问题，对旅游乘数和旅游业增加值的有关知识进行了介绍。

第二节 旅游经济研究的特殊性

旅游经济学之所以是（或应该是）一门独立的专门学科，是因为它具有区别于工业、农业等其他经济类型的特点，这些独特性预示了进行旅游经济专门研究的必要性。这是“为什么学”的问题。

一、主体对象物使用上的共享性

围绕一个或几个旅游吸引物开发建设而成的旅游景区（点）是各个地区发展旅游经济最重要的基础。在这里，旅游吸引物是指对旅游者具有基本吸引作用的自然因素、社会因素以及其他任何因素，这些具有基本吸引作用的因素使移动中的人成为旅游者。黄山迎客松是旅游吸引物，天安门广场是旅游吸引物，王府井浓厚的商业氛围也是旅游吸引物。

每个旅游者在长城、故宫等旅游景区进行旅游活动的时候，他付钱买门票只是取得了对这些旅游景区的欣赏权，这些景区的所有权并没有因为旅游者付了钱而发生转移，而旅游者买门票一般也不能阻止别的旅游者同时买门票进来游览参观。由此可见，旅游景区（点）向旅游者提供的是共享使用权，任一旅游者的游览必须是与其他人同时进行的，这种使用的“共享性”使得张三可能必须与李四、王五、赵六等毫不相干的人一起游览天安门广场（见图1-5），如此等等，不一而足。

天安门广场几乎是每个到北京来的游客必定去的一个旅游点，这里游人如织，充分地体现了旅游景区的共享性特征。

图1-5　游人如织的天安门广场

共享消费的特点使得消费者对旅游产品的评价成了一件非常复杂的事情。旅游者在评价旅游产品时，不仅会考虑到旅游企业提供的产品质量和服务水平，还会受到景区内其他旅游者以及旅游者之间的互动行为的影响。比如，本来你在一个非常舒适安静的环境中细细品味着博物馆陈列的各种展品，天马行空地想象着这些文物背后的历史故事，这时一个嘻嘻哈哈、吵吵嚷嚷的旅游团到来，使得你的游兴全无，你可能因此对这次游览评价极低。不是这个博物馆的展品不好，而是与你一起游览的其他旅游者的游览行为使你对这个旅游产品作出了消极评价。购买旅游产品显然与我们平时买一台洗衣机可以拿回家自己独自使用的情形完全不同。这样一来，旅游企业就需要高度重视其市场定位，如果对市场不加研究就想“全盘通吃”，想将观光、度假、商务、蜜月旅游者“一股脑儿”囊括，表面上看好像面对的消费市场面很广，经营也似乎较容易，实际上由于不同旅游者之间可能互相干扰，导致旅游者的满意度下降，市场美誉度下降也就在所难免了。

二、使用价值获得的特殊性

像其他的消费活动一样，旅游活动也伴随着使用价值的转移和价值的实现，使用价值必须通过一定的载体（即产品）来实现。不同的是，在其他消费活动中，我们获得使用价值的同时就获得了产品的所有权，但在旅游活动中，使用价值的获得却并不意味着同时可以获得产品的所有权。也就是说，旅游者购买了旅游产品后，要想获得旅游对象物的使用价值，必须自己向景区或饭店所在的地理位置移动，而不是将景区或饭店移动到自己的常住地。旅游经济中的交换是以人的流动即需求方流动为前提的，而人们从自己的常住地移动到目的地总是需要一定时间的，这就使得时间对旅游经济发展具有了特殊的意义：如果没有较长的闲暇时间的话，我们很难进行远程的出游消费活动。

（一）旅游产品的时空约束与综合性

在旅游活动中，通过人的流动而非物的流动的方式来获得消费对象使用价值的特殊性，使得旅游者只能获得消费对象（如旅游景区、饭店的客房和航班的舱位）暂时的使用权，这些暂时的使用权的销售还面临着许多约束。

1. 对象物的销售受到时空的约束

一般商品卖不掉还可以等待时机再销售，这个销售区域购买力弱还可以运输到另一个购买力强的区域再销售，但旅游产品则会受到时空约束。比如，只要飞机起飞了，那么这个航班上没有卖出去的舱位就永远失去了再次销售的机会，无法转为库存以等待时机再卖；北京饭店多余的客房也不可能运到上海去销售。

2. 对象物的销售受到综合旅游产品中其他组成部分的约束

旅游消费在某种程度上是旅游者在常住地消费的整体的空间转移（到旅游目的地），消费的是包括旅游吸引物、地区间及地区内交通设施、住宿设施、餐饮设施等在内的综合旅游产品。所以，综合旅游产品中的任何组成部分的销售都非常容易受到其他组成部分的影响，任一个组成部分的价格变动都会影响到整体对象物的价格和消费。在旅游经济的实践中，旅游景区（点）的销售会受到住宿设施、交通设施等的约束。比如，北京能否比西安吸引到更多的上海旅游者，并不在于故宫的门票价格比兵马俑博物馆的门票价格是高还是低，也不在于北京的饭店价格比西安的饭店价格是高还是低，而在于上海居民到北京旅游的总体价格与到西安旅游的总体价格的比较，即使西安的饭店均价比北京便宜 100 元/间・天，如果到北京旅游的总体价格比到西安的低，那么上海的旅游者也会倾向于选择到北京旅游。随着交通更为便捷和信息传播渠道更为多元，人们有了更多的旅游选择，越来越多的人选择去韩国、日本或者东南亚国家旅游。出现这种现象的原因一方面在于出境旅游满足了人们领略异域风情的需求，另一方面在于在总体价格上，很多时候国内旅游（如去三亚旅游）和出境旅游相比已经不具有特别的优势，这也就倒逼我们国内的旅游目的地要不断创新、提升服务，提升旅游者的旅游性价比，以吸引更多的旅游者。

（二）营销推广的重要性

旅游活动中使用价值获取方式的特殊性使得信息传递对旅游供给的价值实现具有非常重要的作用。我们知道，一般的消费品是可以流动的，它可以主动到达目标市场，例如，我们在北京就可以买到德国产的奔驰，消费者不必为了购买奔驰而跑到德国去看车、选车，然后再决定是否购买。产品通过物流配送运输到消费者常住地销售的方式大大降低了购买的时间和空间约束，从而使消费更容易完成。但旅游不同，在旅游活动中，使用价值的获得必须通过人的流动来实现，旅游者如果不亲自到景区，就无法真切地感受到景区的美，就不能享受到放松的感觉。

由于旅游者购买的是一种体验品，体验品的特征决定了旅游者一般不可能预先知道所购买的产品质量的好坏，也没有办法先看再买、先试再买，加之旅游者的常住地与旅游目的地之间存在一定的空间距离，这就更增加了旅游者的购买风险和进行质量确认的成本。在这种现实情况下，就应该有一种“流”来代替物的流动，以增加旅游者的了解，这种“流”就是关于对象物的“信息流”。为了降低消费者的信息搜索成本和购买风险，旅游企业就应该向潜在的旅游者提供足够的、可信的信息。由此可见，与其他行业相比，旅游企业的营销推广工作具有更强烈的必要性。

（三）供给的固定性

旅游经济中供给的固定性有以下两层含义：

第一层含义是旅游经济中的供给天然地被固定在旅游目的地。汽车制造业既可以把生产车间搬到目标市场进行产品的生产，也可以直接将产品运送到世界各地。在旅游经济中，景观产品供给、住宿产品供给等主体生产部分是不可移动的，我们不可能将旅游景观、住宿设施移动到客源市场进行销售，而只能是旅游者到这些供给物所在地进行购买。如果 A 地的投资者看好 B 地的旅游市场增长潜力的话，他不可能在 A 地建设饭店来接待前往 B 地的旅游者，只能将饭店建设在 B 地。

第二层含义是旅游经济中的供给在短期内不可能发生改变，既无法增加“生产能力”，也无法减少“生产能力”，这也是对旅游经济生产更为重要的一层含义。比如，由于受到环境承载力的限制，张家界景区每天最高的接待量不能超过 1.5 万人，在短期内不大可能增加接待能力，否则就会付出牺牲生态环境可持续性发展的代价。这一层含义还表现在另一方面：在统一的市场经济中，同一产业内的市场竞争具有地域扩散性，但是由于供给具有固定性的特点，因此供给中的住宿设施无法通过地区间调剂来缓解供求缺口，住宿供给市场的竞争表现为天然的地域分割性。因此，在发达的市场经济体系中，住宿供给的竞争也只能是区域性的竞争，而不可能向跨区域性的方向发展。例如，杭州的住宿业与桂林的住宿业之间显然不可能发生利润平均化过程。深刻把握这一特性，对现阶段我国住宿业（尤其是饭店业）的集团化发展和价格竞争等具有重要的指导意义。

三、旅游经济的敏感性和顽强性

旅游经济既是运行敏感的经济，又是反弹性能良好的、顽强的经济。

一般来说，旅游经济的敏感性是指旅游经济对目的地政治、社会状况以及客源地国家与目的地国家之间的外交关系、汇率关系的反应程度。任何突发事件都将对某些与事件密切相关的行业造成影响，比如新冠疫情、地方武装冲突等都会使旅游业遭受巨大的损失。

旅游经济的敏感性与旅游经济的发展模式密切相关，严重依赖入境旅游需求输入的国家对旅游经济的敏感性要高于依靠本国国内旅游需求的国家；旅游经济的敏感性与旅游经济的发展阶段密切相关，初级阶段的敏感性要高于高级阶段；旅游经济的敏感性与旅游目的地的主流旅游吸引物以及建立在此基础上的旅游产品类型密切相关，以商务旅游产品、特殊兴趣旅游产品、度假产品等为主流的旅游经济的敏感性要低于以观光旅游产品等为主流的旅游经济。

旅游经济的顽强性主要体现在其遭受重创后能迅速反弹。世界旅游组织统计数据显示，2023 年 1 月至 7 月，国际旅行突破 7 亿人次，比 2022 年同期增长了 43%，国际游客抵达人数已经恢复到新冠疫情前（2019 年）水平的 84%。我国的相关数据也显示，在新冠疫情的影响逐渐消除后，旅游市场热度迅速升温。中国旅游研究院发布的《2023 年暑期旅游市场监测报告》显示，2023 年暑期（6—8 月）国内旅游人数达 18.39 亿人次，实现国内旅游收入 1.21 万亿元，旅游热度显著高于 2019 年同期，许多景区接待游客人数达到历史最高水平。

第三节　旅游经济学的研究方法

尽管旅游经济运行与一般经济的运行相比具有很多特殊的地方，但是经济学作为旅游经济学研究方法上的母学科，它的很多研究方法是可以通用的，至少研究方法所包含的思想是与旅游经济学共通的。在旅游经济学的研究中，一般宜采用实证分析与规范分析相结合、定性分析与定量分析相结合和结构主义分析等多种研究方法。这是“怎么学”的问题。

一、实证分析与规范分析相结合的方法

实证分析是经济学研究的基本方法，也是旅游经济学的基本研究方法。实证分析主要研究经济现象“是什么”，单纯考虑经济活动的实际运作而不涉及价值判断（即不考虑某种经济现象从社会道德方面来讲是好还是不好）。实证研究包括理论研究和经验研究两种。理论研究就是通过考察实际经济运行状况，归纳出可能的经济运行规律，然后从一定的假设出发，以严密的逻辑推理演绎证明这些规律并推论可能存在的规律。而经验研究就是将理论分析中得到的经济规律还原到经济实践中，从而考证规律的正确性。在经验研究中，一定要避免从一个案例、一个事件就引出一般性的结论甚至一套理论，这一点特别值得注意。例如，我们不能把对某地的饭店或旅行社市场的研究结论，当作适用全国的饭店或旅行社行业状况的一般性结论，更不能从单体旅游企业的案例分析结论引申出适用于全行业的一般性结论。

规范分析就是研究经济活动“应该怎么样”。比如，人们之所以用是否公平有效、是否提高效率等来判断旅游经济中企业之间的竞争，是因为人们认为公平有效的竞争、能够提高效率的竞争才是好的竞争。再比如，在讨论被确定为世界文化遗产的公园门票该不该涨价的问题上，许多人认为不应该涨价，因为这是全国人民甚至是全世界人民的遗产，其教育功能是主要的，而其门票涨价显然会剥夺许多经济能力较差的人受教育和旅游的权利，这样是不公平的。这就涉及价值判断的问题。

在旅游经济研究中，逻辑的推理固然重要，但是如果没有实践的支持，推理和研究就失去了理论的解释意义。比如，对于旅游饭店的恶性削价竞争，大家都知道“恶性削价竞争是不好的，竞争应该是公平的、有效的、能够改善效率的”，但是只认识到这一步显然还不够，还要研究这些卷入恶性削价竞争的旅游相关供给企业的具体情况，它们的产权是怎么样的，它们的成本结构是怎么样的，它们的发展战略是怎么样的，它们发动或者加入恶性削价竞争的真正目的是什么。再比如，大家普遍认为导游不应该收受回扣，这会降低旅游服务水平、损害旅游者的利益，但我们更应该了解导游为什么会收受回扣，其背后有什么原因，这些原因的更深层次原因又是什么，等等。只有弄清楚了这些“是什么”的问题，规范分析才有实际意义，我们才可以更好地评判“应该怎么样”。所以，旅游经济研究需要的是实证分析与规范分析相结合的方法。

二、定性分析与定量分析相结合的方法

近年来，人们似乎越来越青睐数学分析，喜欢建立各种各样的数学模型来阐释经

济问题。旅游经济是一个复杂的系统，衡量旅游经济效应、优化系统效应、预测旅游需求的发展等都需要将影响旅游经济的各个变量尽可能地数模化，用数学语言来表述系统中各个变量之间的关系，通过数学计算来发现系统的规律。但是在定量研究的时候，不能为了定量分析而定量分析，而是要根据实际需要，选择合适的变量进行分析，这样对实践更具有指导意义。另外，当我们看到变量中出现了似乎有规律性的关系时，就要问：这是偶然现象，还是确实有这么一种关系存在？比如，我们在实践中观察到规模大、星级高的饭店经营效益比规模小、星级低的饭店的经营效益要好的现象时，不能简单地推断“饭店规模越大、星级越高，则效益越好”。正如我们不能因为A国市场的牛奶销量与B国的婴儿死亡率的变动曲线之间存在高度的拟合而推断出“B国的婴儿死亡率越高，则A国市场的牛奶销售量就越大”一样。

任何事物都包含质和量两个方面，要系统地分析旅游经济，仅仅有定量分析是不够的，因为“模型不论怎么精巧，总是难以穷尽现实经济生活中的变量”。量往往只是事物表现出来的一部分，质才是事物内在的本质属性，所以在旅游经济研究中同样离不开定性分析，在复杂的系统中，定性分析可能会比定量分析更能得到有价值的结果。

三、结构主义分析方法

旅游消费是一种消费力从客源地向目的地整体移动的消费，这种消费会引发众多的关联消费，而旅游相关供给能力又是固定在特定的空间的（主要是旅游目的地），这就使得旅游经济分析中对供给结构进行分析显得非常重要。因为在旅游供给能力存在空间固定性特点的情况下，广泛意义上的总量均衡是没有什么特别的意义的。可以肯定的是，全国各地的饭店客房供给能力与旅游者对饭店客房的需求总量之间的均衡是没有实际意义的。既然消费是整体空间位移的，那么所供给的对象物也应该是整体协调的，任何一方过剩或不足都会影响这些供给厂商的价值实现，因为旅游相关产品供给的企业的价值实现首先遵循的是短边均衡原则（或称“木桶原理”）——如果某旅游地的交通运力无法在特定的时期内运送100万人次的旅游者，则这个地方即使拥有100万人次的客房接待能力，也会有部分客房被闲置，因为这个地方就不可能会有100万人次的旅游者进入。

我们知道，哑铃型旅游经济模型的两端都是由诸多旅游相关供给企业共同构成的，包括旅行社、饭店、景区等，这些不同的旅游供给企业有不同的特点，在不同的地方又有不同的表现，这就要求对旅游经济采取结构主义而非一以贯之的分析方法，应该分别对住宿业、旅行社业、景区等进行分析。对住宿业、旅行社业也还需要进一步进行结构分析才能把握经济现象背后的本质。比如，我国旅游饭店中所谓的“宏观报喜、微观报忧”现象并不是说所有的饭店都“报忧”，这种状况的背后是与饭店的所有制、区位、规模、星级等结构性因素有密切关系的。再比如，截至2024年6月30日，我国有60 833家旅行社，大家都认为旅行社业竞争激烈，利润已经很微薄了，有些旅行社甚至是亏损的，为什么会这样？6万多家旅行社是不是太多了呢？按照美国平均每万人拥有1家旅行社计算的话，我国还应该大大加快旅行社数量的增长速度，但我们是不是也需要每万人拥有1家旅行社呢？所有的这些都不能单纯地从数字上下结论，而需要从结构方面进行分析。

关键术语

旅游经济学　旅游经济　旅游经济学研究对象　旅游经济学研究方法　定量分析　定性分析

思考与练习

1. 阅读2～5篇介绍我国旅游经济研究历程的文章，了解我国旅游经济研究的发展历程。

2. 旅游经济学的研究对象是什么？请简要说明其内涵。

3. 试结合实际分析旅游经济的特殊性及其实践指导意义。

第二章

旅游需求基本理论

导入案例

房车旅行热度高

开着房车环游国内一年多以来，房车旅行博主杨某在行程中已经走过了一个大环线，在去往甘肃敦煌的路上探访汉长城遗址，也造访过江西赣南的羊角古堡，房车旅行为他带来了许多独特的体验。

像杨某一样，近年来，越来越多的人驾驶房车，开启了奔赴全国各地的旅程。“第一次开房车出去玩”“房车旅行生活”“房车后窗的绝美风景”……在一些社交媒体平台，许多房车车主分享了自己驾驶房车旅游的经历。旅途中见证的美景、房车生活体验、实用的房车旅行攻略等内容，吸引了不少用户关注或促使他们开始尝试房车旅行。

除了驾驶房车出游，城市周边的房车露营也成为人们体验房车游的另一种方式。约上三五好友，在房车边搭起帐篷，一起烧烤，享受动手做饭的乐趣，坐在草坪上看云卷云舒，感受大自然的气息……今年“五一”假期、端午假期，这样的露营方式刷屏了不少人的“朋友圈”。

在端午假期，北京郊区的许多房车营地均预订火爆。“端午节期间，只有3日还有一辆房车可以预订，能够满足10名左右游客的露营休闲需求，4日和5日均已订满。”节前，北京市朝阳区某房车营地相关负责人吴女士告诉记者。

在房车营地，户外草坪上布置着房车、帐篷、桌椅、天幕等露营装备，可以满足游客放松休闲、烧烤就餐等需求。此外，房车内有床、冰箱、厕所，可以供应水电、淋浴，为游客提供了类似居家休息的空间。“营地面积较大，游客也不密集，而且露营设备、娱乐设施都比较全，适合拍露营照片，也很适合带孩子来玩，比搭帐篷露营更舒适、方便。”北京游客唐某说。

数据显示，2022年端午假期，在“去哪儿”平台上露营装备预订量与2021年同期相比增长超两倍；房车露营成为露营新趋势，房车露营地预订量较2021年同期增长60%。一些在线旅游平台也推出了“房车私家团”“房车自驾游”等相关旅游产品。2022年以来，包含房车在内的旅游产品预订量同比均有增长。

房车销售市场的一路升温，也折射出房车旅游的火热。中国汽车流通协会发布的数据显示，2021年，国内自行式旅居车年销量达12 582台，同比增长43.2%，月均销量超过1 000辆；拖挂旅居车交易3 543台。2022年一季度房车累计销售2 425辆，同比增长17%，销量为近5年同期最高。

相较于北美、欧洲近2 000万辆的房车保有量而言，我国的房车保有量以及房车游市场还有巨大的发展空间。数据显示，我国房车保有量大致在20万辆左右，而2019年我国国内旅游规模为60.1亿人次。相对于我国庞大的旅游市场规模而言，目前房车游占比仍较低，还是一种小众的消费方式。

房车游市场规模是否能够持续增长，与整个产业生态体系的构建密切相关。房车产业包括房车租赁网络建设、房车通行相关交通政策、房车营地服务网络、房车营地用地政策、房车游标准规范及房车导航系统等诸多方面，只有相关配套设施、保障日渐完善，房车游市场规模才能持续扩大。

资料来源：姚亚奇．“说走就走”的房车旅行，缘何受青睐［N］．光明日报，2022－06－12：05．有删减．

随着人们生活水平的提高，越来越多的人出游已经不再仅仅是为了欣赏大自然的美景和放松心情了，人们出游的动机和出游的方式越来越多样化。为了满足人们的这些需求，也就有了越来越丰富的旅游产品。那么，人们为什么会产生这些需求呢？又要怎样满足这些需求呢？满足这些需求会受到哪些因素的影响呢？旅游需求有没有什么规律呢？这些都是我们必须加以解答的问题。

第一节　旅游需求概述

一、旅游需求的概念

从经济学意义上说，消费者对一种商品（服务）的需求，是指在一个特定时期内消费者在各种可能的价格下愿意而且能够购买的该商品（服务）的数量。当消费对象是旅游产品时，旅游需求就产生了。因此，旅游需求就是在一个特定时期内，有旅游欲望的消费者在各种可能的旅游价格下愿意并且能够购买的旅游产品的数量。

但是，我们都知道，旅游活动必须到旅游目的地才能进行，旅游活动的这种异地性消费特征使得旅游需求的实现除了要有旅游欲望和购买能力外，还必须有一定的闲暇时间做保证。因此，严格意义上的旅游需求应该是指：在一个特定的时期内，有旅游欲望和足够闲暇时间的消费者在各种可能的旅游价格下愿意并且能够购买的旅游产品的数量。

二、旅游需求的形成

从旅游需求的定义中我们可以发现，旅游需求的产生必须具备旅游动机、相应的支付能力和闲暇时间这三个基本条件。为了更好地把握旅游需求、挖掘旅游需求、满足旅游需求，从需求的角度找到推动旅游经济增长的有效途径，我们必须就这三个因素对旅游需求形成的具体影响作进一步的分析。

（一）旅游动机

所谓动机，就是引发一个人为满足自身某种需要而决定采取某种行为的内在力量。比如，人们为了排解烦闷的心情，可能会选择听音乐的方式，也可能会选择阅读的方式，或者选择旅游的方式。当人们愿意通过旅游的方式来解决自身所面临的消费问题时，就产生了所谓的旅游动机。旅游动机就是驱使人们产生旅游行为的内在驱动力，是人们的一种自主的、能动的主观愿望，是形成旅游需求的首要的主观条件。

目前对旅游动机的研究还没有统一的范式，很难说已经形成了系统的、有深度的研究成果。美国著名旅游学者麦金托什和戈尔德纳将旅游动机分为四类：身体方面的动机、文化方面的动机、交际方面的动机、地位与声望方面的动机。戴恩将旅游动机分为情感梳理、自我提高和想入非非三种类型。世界旅游组织将团体旅游者的动机分为消遣与更换环境、休息与松弛、寻求赏心悦目的环境、对外部世界的好奇等。我国旅游学者陆林、屠如冀、谢彦君等人曾对旅游动机进行过相关研究。

人们在进行决策时，发挥作用的动机往往不止一种，而是多种动机共同作用。比如，一个想静静地体味“悠然见南山”的世外桃源生活意境的旅游者，他首要的动机是放松身心，其次他还可能想借此了解目的地的一些生态状况，甚至还有可能想了解当地居民的生活习俗等，种种动机的综合才使他最后作出了到某个特定目的地旅游的决策。所以，我们在对旅游动机进行研究时，必须认识到旅游者的动机是复合的而非单一的。

不同的旅游动机对旅游需求的不同影响主要表现为旅游形式、出游时间、旅游组织方式和旅游目的地类型选择等方面的差异。尤其是不同的旅游动机决定了旅游者类型的多样性和旅游者消费水平的多样性，收入高的旅游者可选择高档旅游产品，收入低的旅游者可选择中低档旅游产品。旅游者在旅游目的地选择上的多样性使得各个旅游目的地都能在竞争激烈的旅游市场上找到相应的生存发展空间。

需要特别强调的是，旅游动机的形成还会受到个人的心理类型、审美背景和知识框架以及年龄、性别等人口统计因素等主观因素的影响。因为不同年龄的旅游者收入水平、兴趣爱好、消费需求等各不相同，所以年龄对旅游需求的影响最大，比如年轻的大学生，因为受到资金的限制，一个显著特点就是对旅游舒适度和费用的关注会相对高于对安全性的关注，自助游成为其首选出游方式；而45～60岁的群体则倾向于和家人一起出游，且相对会选择一些度假型、慢节奏的旅游目的地。从性别的角度讲，男性一般比较喜欢知识性、运动性和刺激性的旅游活动，女性则一般喜欢结伴出游，喜好购物，对价格较男性更敏感。

此外，旅游动机的形成还受社会历史条件、政治经济状况、生活环境以及旅游信息等客观因素的影响。尤其是进入信息时代以后，旅游相关信息不仅能够激发消费者出游的动机，而且在一定程度上还是旅游目的地或旅游相关企业创造差异，从而在竞争中获得优势地位的重要手段。随着消费者旅游经历的不断丰富、网络的普及以及消费上较强的模仿性，旅游动机更多地受个人的审美背景、知识框架和生活环境以及旅游信息等因素的影响，所以我们要特别注重对这些因素的研究。

（二）支付能力

旅游需求的实现在很大程度上取决于人们的支付能力，旅游支付能力是实现旅游需求的基本条件。旅游支付能力是指在人们的全部收入扣除必须缴纳的税金和必需的生活及社会消费支出后的余额中可能用于旅游消费的货币量，即通常所说的可自由支配收入。可自由支配收入越高，旅游支付能力越强。

可自由支配收入的多少受多种因素的影响。首先，居民所在国或地区的经济社会整体发展水平直接影响着人们的可自由支配收入水平。在经济发展水平较高的国家或地区，人们的经济收入往往较高，可自由支配收入也较高，旅游支付能力就较强。从国际范围来看，国际旅游花费较高的国家和地区基本上是经济较发达的国家和地区。自 20 世纪 90 年代以来，国际旅游花费排名靠前的国家主要是美国、德国、日本、英国、意大利、法国、加拿大等。随着我国经济的迅速发展，我国出境游人次和消费能力快速增长，世界旅游组织统计的数据显示，新冠疫情前，中国已成为全球最大的旅游客源市场，2019 年中国游客出境旅游消费总额为 2 550 亿美元。我国珠三角地区、长三角地区居民的出游率和旅游花费整体水平都较高，是我国国内旅游市场的主体部分；京津地区、环渤海地区也是我国旅游市场比较发达的地区。其次，居民可自由支配收入还与其所从事的职业、家庭结构（人口多少、是否双收入等）等因素有关。一般来说，双职工家庭的收入要高于单职工家庭，因此可自由支配收入也相应高些；小型家庭的可自由支配收入和大型家庭相比要高些，比如两口之家因为没有小孩需要抚养，那么其可自由支配收入一般要高于既要抚养小孩又要照顾老人的家庭。家庭可通过相对降低家庭基本开支（人口多的家庭基本开支也大）、绝对增加家庭收入两种途径对可自由支配收入产生影响。

旅游支付能力的高低将影响出游的距离、目的地的选择、旅游方式和等级的选择，最终将影响旅游需求的实现程度。旅游者的旅游支付能力越高，则越有可能选择乘飞机旅行，这样进行远程旅游的可能性就越大，受旅游空间范围的限制就越小，可选择的旅游目的地也就越多，旅游需求实现的程度就越高；反之，旅游者就越可能选择廉价的交通方式，这样进行中短途旅游的可能性就越大，可选择的旅游目的地范围也越小，旅游需求实现程度就越低。

（三）闲暇时间

闲暇时间是除旅游支付能力以外形成现实旅游需求的又一重要条件。所谓闲暇时间，就是指人们在日常工作、学习、生活之余以及必需的社会活动之外可以自由支配的时间。闲暇时间的增加是形成旅游需求尤其是远程旅游需求的必不可少的条件。在社会生活中，人们的闲暇时间可以分为四种基本类型：每日工作之余的闲暇时间、每周末的闲暇时间、法定长假和带薪假期。这四种闲暇时间对形成现实旅游需求有不同的意义：

（1）每日工作之余的闲暇对现实旅游需求的形成基本没有实际的意义，一般被用于每日的休闲和娱乐。

（2）周末闲暇可以促进短期、近距离旅游需求的形成。如我国实行每周五天工作制后迅速掀起了城市周边旅游热。

（3）法定长假可以促成更长、更远程的旅游需求的形成。我国 1999 年国庆节实行新的休假制度后，极大地刺激了国内旅游需求，在短短 7 天时间内产生了 141 亿元人民币的国内旅游收入。之后每年的春节、国庆节都形成了旅游黄金周。

（4）带薪假期是旅游真正走向大众的必要的配套制度。一些发达国家的旅游业之所以能够达到较高程度，除了旅游支付能力较强外，与带薪假期制度的实行不无关系。许多发达国家普遍实行了带薪假期制度，美国每年 3～4.5 周、法国 4 周、德国 2.5～3 周、丹麦 5 周。《中华人民共和国劳动法》第 45 条规定："国家实行带薪年休假制度。劳动者连续工作一年以上的，享受带薪年休假。具体办法由国务院规定。"2014 年国务院出台的《国务院关于促进旅游业改革发展的若干意见》（国发〔2014〕31 号）中明确提出，要"切实落实职工带薪休假制度。强化全社会依法休假理念，将带薪年休假制度落实情况纳入各地政府议事日程，作为劳动监察和职工权益保障的重要内容，推动机关、企事业单位加快落实职工带薪年休假制度"。近年来，我国河北、江西、贵州、重庆、甘肃、陕西、福建、浙江和广东等 10 余个省市均出台意见，明确提出鼓励有条件的地方和单位实行新的休假模式。

居民拥有的闲暇时间与他们所在国家的社会经济发展水平、科学技术水平以及社会生产力水平是正相关关系。一般来说，社会经济技术发展水平越高、社会生产力水平越高，则该国居民的闲暇时间也越多。比如，欧美国家的整体经济发展水平和社会生产力水平要高于非洲国家，因此欧美国家居民的闲暇时间就要比非洲国家的居民多一些。不同国家实行不同的工作和休假制度，闲暇时间对现实旅游需求的促进作用也有所差异。总体来说，闲暇时间对旅游发展的影响主要表现在以下四个方面：

（1）闲暇时间的长短将影响居民的旅游地域范围，从而在某种程度上影响旅游产业的产业关联度效用的发挥。如果时间短，那么居民会多采取近郊游的方式，因此对相关的消费就会减少，旅游的产业关联性和经济带动作用就弱；反之，如果闲暇时间较长，则居民多进行中远途旅游，就会产生住宿、餐饮等相关消费，旅游的产业关联性和经济带动作用就强。

（2）闲暇时间的长短将影响居民的旅游方式，进而影响旅游需求的实现程度。

（3）闲暇时间的长短还会影响居民的旅游类型，比如旅游是采取多点流转式的数量型还是少点滞留式的质量型，是走马观花式的初级观光型还是细细品味式的休闲度假型，这种选择会进一步地影响旅游产品的结构升级，影响旅游产业的稳步发展。

（4）闲暇时间的分布将通过影响旅游需求的集中程度，进一步影响旅游经济的质量。如果按波峰需求配置供给，波峰过去之后就是大量闲置，严重供过于求会造成旅游经济泡沫型增长；如果按正常需求配置供给，则波峰时期会严重供不应求，造成“一票难求”的现象。应该说，我国黄金周制度的施行大大增加了我国居民的闲暇时间，对于推动我国旅游发展、拉动国内旅游甚至是出境旅游需求方面都起到了非常重要的作用。

从我国已过去的黄金周的情况来看，出游人数逐年增长，旅游收入不断攀升，对于旅游目的地和旅游企业而言都可谓是一场盛宴。但黄金周闲暇时间过于集中容易造成旅游需求的爆炸性增长，使旅游供给难以适应需求，旅游供求严重不均衡，旅游质量难以保证，“大人看脑袋，小孩看屁股”就是对这种闲暇时间过于集中导致景区人满为患状况的生动描述。

资料 2－1

十年统计分析：中国人出行时间增多　旅游需求越来越强

2008 年，国家统计局第一次发布全国时间利用调查的结果，十年之后的 2018 年，国家统计局第二次发布了全国时间利用调查的结果，在时间的维度上展现了 2008—2018 年十年间中国的变化。

2008—2018 年十年间，我们的休闲时间在增加。2018 年全国时间利用调查结果显示，居民一天的休闲娱乐时间为 1 小时 5 分钟，比 2008 年增加了 25 分钟。作为休闲的一种重要方式，旅游也在这十年间走进了千家万户的生活当中。

2019 年“五一”假期延长到 4 天的通知公布后，1 个小时之内，去哪儿网机票的搜索量迅速攀升，国际航线机票搜索量更是上涨达 10 倍之多。

2019 年清明假期，虽然只有 3 天的时间，但也有 1.12 亿人次选择通过旅游度过自己的假期时光。

每逢假期要出游，已经成了很多人的生活常态。人们盼望小长假的到来，更盼望着和家人、朋友一起走进更多美丽的他乡，体验更丰富的风土人情。这些现象，也与中国旅游研究院发布的数据不谋而合。2018 年，中国城镇居民周末、节假日的户外休闲比重逐渐增加，休闲空间不断扩大、休闲活动日趋丰富，假日旅游休闲比重持续稳定增长。2018 年春节、清明、“五一”、端午期间，国内旅游总人数分别同比增长 12.1%、8.3%、9.3%、7.9%。国家统计局数据显示，2018 年中国国内游客出游 55.4 亿人次，这一数据是 2008 年 17.1 亿人次的 3 倍还要多；2018 年中国居民出境人数达 1.62 亿人次，而在 2008 年只有 4 584 万人次。

旅游正在以其独具魅力的呈现形式，将更多的文化产品链接在一起。到一个陌生的地方旅行，不看看当地的博物馆，说不出当地有特点的一些历史文化，似乎都枉来一趟。曾经少人问津的博物馆，近年来正以厚重的文化底蕴吸引着越来越多的游客，仅 2018 年就有 10.08 亿人次走进博物馆。

2018 年，红色旅游景区的参观学习活动也明显增多。中国旅游研究院的相关报告显示，年轻人对红色文化认同感增强，红色旅游景区与文化、创意和科技的融合创新对年轻游客形成了较强的吸引力。“80 后”“90 后”“00 后”逐渐成为红色旅游的中坚力量，“80 后”父母携带“10 后”子女到访红色旅游胜地成为一大亮点。

2008—2018 年十年间，对时间利用的变化既彰显了社会发展的进步，也反映出人们对休闲的渴望。根据假期长短和季节因素，中国游客的心中都有一个自己的小计划。郊区游只是旅游的一角，如果是小长假，更多的人会选择国内中长途旅游，也有越来越多的人走出国门，领略世界更多国家和地区的无限风光。2008—2018 年十年间，中国出境游市场年增长率持续保持两位数，甚至达到 20%以上，中国成为全球最大的出境旅游客源国和旅游消费支出国，出境旅游已经从少数人的享受变成了大众的日常生活。

资料来源：刘发为．十年统计分析：中国人出行时间增多　旅游需求越来越强［EB/OL］．(2019-04-11)［2020-04-18］．http://travel.cnr.cn/list/20190411/t20190411_524573820.shtml．有改编．

三、旅游需求的特点

（一）旅游需求的指向性

旅游需求的指向性主要表现在两个方面：一是旅游需求的时间指向性；二是旅游需求的地域指向性。

1. 旅游需求的时间指向性

旅游需求的时间指向性主要是指旅游需求在时间上具有较强的季节性，形成旅游的淡季、平季和旺季。形成旅游需求季节性的原因在于两个方面：一方面，从旅游客源地看，不同的国家有不同的社会风俗习惯和不同的休假制度，闲暇时间的空间分布会有较大的区别。比如，每年 5 月的带薪假期是日本的旅游黄金周，不仅其国内旅游红火，来华旅游也在很大程度上集中在这段时间。我国的闲暇时间主要集中在寒暑假和春节、“十一”等法定节假日。另一方面，从旅游目的地看，受风俗习惯以及自然条件的限制，目的地的人文及自然吸引物往往表现出截然不同的吸引力，有些吸引物的存在本身就有一定的季节性。比如，我国吉林市的雾凇景观（见图 2－1）就有很强的季节性甚至偶然性，北方的冰雪旅游项目就多集中在冬季；风俗习惯的影响就更明显了，一个想参加傣族泼水节的旅游者不可能在秋季去傣族地区旅游。

吉林雾凇以其“冬天里的春天”般诗情画意的美，同桂林山水、云南石林、长江三峡一起被誉为中国四大自然奇观。来自上游丰满水电站经水轮机组变热的水流入松花江后源源不断地散发出水汽，使整个江面白雾腾腾，久不消散。沿江长堤上苍松林立，杨柳低垂，在一定的气压、温度、风向等条件作用下，江面上蒸腾的雾气遇冷凝成了雾凇。

图 2－1　吉林雾凇景观

由于旅游需求具有时间指向性，因此旅游目的地旺季时各项旅游供给都紧张——景区人挤人、饭店订不上房、餐馆要排队等，而一旦到了淡季，这些旅游供给又被闲置，从而产生旅游设施的非均衡使用现象，有些受旅游淡旺季影响严重的景区或饭店在淡季甚至都关门放假了，这种情况会严重影响旅游目的地的经济效益。因此，旅游目的地应该积极主动地开发新的旅游产品，尤其是针对淡季的产品，尽量缩短旅游淡季，尽可能做到淡季不淡，引导旅游者避开所谓的旺季消费，从而有效地利用旅游设施。

2. 旅游需求的地域指向性

旅游需求的地域指向性主要包括两个方面：一方面，从旅游客源地的角度看，旅游需求在地域上表现为地域的集中性，旅游者往往来自经济较发达的国家或地区；另一方面，从旅游目的地的角度看，旅游需求表现为热点地区和冷点地区共存。

在旅游产业的发展过程中，作为产业核心要素吸引物的吸引力强弱是不一样的，有些吸引物能够吸引大量的旅游者，而有些吸引物可能只对一部分旅游者有吸引力，难以形成大规模的旅游客源。因此，客观上就形成了旅游的热点地区和冷点地区。观察旅游者的行为规律，我们可以发现，旅游者总是倾向于选择旅游目的地的标志性旅游区（点）。比如，外国旅游者到中国旅游一般会选择在国际旅游市场上有影响力的城市；远程旅游者到北京一般会选择标志性的故宫、长城等景点。

旅游冷、热点地区的形成除了有旅游吸引物吸引力的强弱原因外，也有旅游者的从众心理原因和冷点旅游地旅游信息传递不力的原因。旅游者的从众心理造成热点更热、冷点难以“升温”，而旅游信息如果传递不通畅，旅游者不能很好地了解所谓冷点地区的信息的话，这种冷热不均的状况就会进一步加剧，冷点地区也许就永远“热”不起来了。因此，旅游冷点地区一定要充分向市场传递信息，让旅游者了解自己，引导旅游者进入，从而使自己逐步地“热”起来。河南焦作是这方面的成功典范。通过“利用新闻媒体唱响焦作山水、实施节会带动推介焦作山水、‘大篷车’出游叫卖焦作山水、接入互联网点击焦作山水”等措施，使得焦作旅游迅速在全国兴起，并形成了“焦作现象”“云台山现象”。源于云台山发展旅游的模式，此后在我国出现了诸如婺源之路、栾川模式、岚皋特色、泰宁路径等一系列鲜活、典型的案例。

（二）旅游需求的敏感性

旅游需求的敏感性表现为对社会政治条件的敏感性和对经济环境的敏感性。其中社会政治条件的敏感性主要是针对旅游目的地而言的，而经济环境的敏感性则主要是针对旅游客源地的经济发展状况以及客源地（国）与目的地（国）之间的汇率变动状况而言的。

根据马斯洛的需求层次理论，安全需求是仅次于生理需求的基本需求，当旅游目的地发生社会动荡或与客源国关系紧张时，旅游者出于安全考虑，将会放弃旅游计划。世界旅游组织发布的《世界旅游业晴雨表》的数据显示，受新冠疫情和各国管控措施的影响，2020 年国际游客数量在 7 月和 8 月分别下降了 81%和 79%，2020 年前 8 个月的游客数量同比下降了 7 亿抵达人次，这意味着国际旅游出口收入损失了 7 300 亿美元，是 2009 年全球经济和金融危机造成损失的 8 倍多。所以，旅游目的地（国）拥有一个稳定发展的政治、社会环境和良好的公共卫生安全环境对旅游需求的正常增长是十分重要的。此外，歪曲的宣传报道、非理想目的地（国）的社会环境也会强烈影响旅游需求。因此，为了旅游需求的稳步增长，旅游目的地还必须建立旅游危机处理机制。

旅游者的旅游需求与所在国的经济发展状况基本呈现一种正相关关系，经济发展良好则旅游需求旺盛，反之则旅游需求萎缩。当然，当旅游产业发展到一定阶段以后，虽然旅游者所在国的经济状况不甚理想，但旅游需求反而有可能会增强，这是因为有些国家在经济不太景气时将发展旅游业作为振兴经济的重要手段。1982 年和 1983 年，法国政府就曾将旅游业作为应对经济危机的重要措施；为有效扩大内需，我国政府于 2009 年提出将旅游业作为国民经济战略性支柱产业和人民群众更加满意的现代服务业；2014 年国务院发布的《国务院关于促进旅游业改革发展的若干意见》（国发〔2014〕31 号）中将旅游业定位为“现代服务业的重要组成部分”，提出旅游业的发展对促进经济平稳增长意义重大。

案例 2－1

俄乌局势致旅游业连锁反应

全球旅游业至今尚未完全走出疫情的阴影，然而一波未平一波又起。

俄乌冲突又给旅游业蒙上一层阴影，多国航空业务被迫取消或改变航线。欧美多国对俄罗斯实施制裁，国际酒店集团、旅游运营商、OTA、GDS和科技巨头等也纷纷宣布暂停在俄业务。

航班取消或被迫绕道

在与多个欧美国家互相关闭领空之后，俄罗斯宣布暂停所有国际航班。

2022年3月5日，俄罗斯航空运输局建议航空公司从6日起停止执飞目的地是境外的航班，从8日起停止执飞从境外起飞的航班。

当天，俄罗斯国际航空公司宣布，将从8日起暂停所有国际航班，飞往白俄罗斯的航班除外。

与此同时，当地时间3月7日，新西兰宣布将对俄罗斯的飞机及船只分别关闭领空、领海。当地时间3月9日，英国宣布禁止俄罗斯飞机在英国飞行或降落。

全球三大GDS巨头也终止了与俄罗斯航空的分销合作。当地时间3月3日，美国最大航空预订全球分销系统供应商Sabre表示终止与俄罗斯航空的全球分销协议。Amadeus随即也宣布已经中止了所有在俄商业计划，而且不会签订新的合作协议，同时也在评估其他产品在俄罗斯的运营。另一GDS巨头Travelport也停止了俄罗斯航空机票在该平台的销售。

这些限制带来的直接结果就是航班取消。旅游数据分析公司ForwardKeys的数据显示，俄军进入乌克兰后，往返俄罗斯的航班大量取消，德国、法国、意大利、英国、印度和土耳其等国2月25日取消的航班数量最多。2月24—26日，塞浦路斯（300%）、埃及（234%）、土耳其（153%）、英国（153%）、亚美尼亚（200%）和马尔代夫（165%）的航班取消率激增。

航班取消其实是两败俱伤，因为俄罗斯旅客的缺席，也将给这些高度依赖旅游业的欧洲目的地国家带来沉重的打击。

航班被迫绕道而行，是俄乌冲突带来的另一个旅游业难题。

由于俄罗斯幅员广阔，横跨欧亚，欧洲飞亚洲的航班如果要避开俄罗斯领空，就不得不绕道而行，一个航程可能会延长3个小时。不同航司运营同一航线的行程也有所不同，例如，同样是从法兰克福到北京，国航的行程为8小时35分，而汉莎航空则需要10小时13分，不同航司受影响程度的不同，由此就体现了出来。

国际酒店集团纷纷割席

希尔顿和凯悦酒店集团宣布停止在俄罗斯的新酒店筹建和投资计划。希尔顿关闭了在莫斯科的办公区，雅高暂停在俄所有计划开业酒店的筹备及未来业务发展。此外，洲际酒店也关闭了在莫斯科的办公室，暂停在俄罗斯的投资、开发和开业计划。

资料来源：王瑶．俄乌局势致旅游业连锁反应：航班取消/绕道，GDS/酒店/OTA 冻结在俄业务［EB/OL］.（2022－03－11）［2023－10－07］. https://www.traveldaily.cn/article/160262. 有改编．

案例点评>>>>>>

旅游需求的敏感性说明旅游业很容易受到各种因素的影响，一旦环境或者社会政治因素发生了变化，旅游者人数和旅游收入就有可能出现大幅度的下降。上述案例中的俄乌冲突对于塞浦路斯等旅游目的地国家的影响就会比较大，因为俄罗斯是塞浦路斯仅次于英国的第二大旅游客源国，2021 年俄罗斯游客占其总游客量的 40%。土耳其更是预计会失去 400 万～500 万的来自俄罗斯和乌克兰的游客，造成 50 亿美元的收入损失。但是对于危机和突发事件只要处理得当，危机有时候也可以成为促进旅游发展的一个利好因素，或者一地的危机会成为另一地的机会。比如新冠疫情等因素导致我国出境旅游的下降，出境旅游经营商步履维艰，但对国内旅游却是一个利好，这一点从 2023 年“五一”和“十一”两个假期国内旅游的火爆程度就可以得到很好的验证。因此在旅游发展过程中一定要正确地看待危机和突发事件。

（三）旅游需求的多样性

个体旅游者在年龄、性别、国别、职业、社会地位、消费习惯、旅游经历、旅游偏好等方面存在差异，即便是出于同一种旅游动机，个体旅游需求在旅游地选择、旅游方式、旅游内容、旅游时间、旅游类型等方面也会存在差异，从而导致旅游需求构成上的多样性。例如，人们为了求知学习而进行研学旅游；为了探索未知的领域或者寻求刺激而进行探险旅游；为了科学考察和研究而进行科考旅游；为了公务或洽谈生意而进行商务（公务）旅游；新婚夫妇进行蜜月旅游；甚至还出现了太空旅游。这种个体旅游需求的多样性导致了旅游供给的多样性，如今专门的商务会议旅游、蜜月旅游、潜水旅游和冰雪旅游的旅游经营商都已经出现。

资料 2－2

旅游方式的多样化

1. 乡村旅游

乡村旅游已成为 21 世纪旅游的一大特色，深受城镇居民的青睐。随着城市现代化建设的加快，人们希望能返璞归真，回归大自然，乡村旅游能充分满足人们的这种需求。在这些追求的驱使下，城镇居民纷纷前往农村，住农家屋，吃农家饭，既可观光又可亲身感受耕作的乐趣，同时还可以参加采摘、垂钓、骑马、划船、狩猎等活动。这些行为也充分体现了人们对于体验的热衷。

2. 工业旅游

工业旅游是以参观、学习为目的，以工业景观、生产流水线、工艺流程及劳动场面为主要的旅游吸引物，是集知识性、科学性和教育性于一体的旅游活动。法国可以说是工业旅游的发源地，早在50多年以前，雪铁龙汽车制造公司就组织客人参观生产流水线，取得了很好的社会效益，引起了许多厂家的仿效。工业旅游不仅可以满足人们求知、求新、求奇的愿望，还可以创造新的经济增长点，提高企业的社会知名度。

3. 冰雪旅游

冰雪旅游是体育旅游的一种，其特点是以休闲、健身、观战和竞技等不同方面来满足人们的旅游需要。其客源量大，普及性强，趣味性浓，同时兼有游览休闲与体育锻炼两大旅游功能，在国外已有上百年的发展历史。拥有阿尔卑斯山冰雪旅游资源的法国、奥地利、瑞士现在都是世界上冰雪旅游业发达国家。近年来，随着我国人民生活水平的提高，尝试滑雪、喜欢滑雪的人日益增多，冰雪旅游已成为我国冬季旅游的热点，在我国旅游市场上刮起了一股强烈的银色旋风。作为我国冰雪旅游发源地的黑龙江、吉林两省，冰雪旅游产品成了它们的金字招牌，得天独厚的条件带动了当地旅游经济的发展。

4. 研学旅行

据调查，约3/4的受访者表示了解研学旅行，80%左右的人表示对研学旅行很感兴趣，60%左右的受访者参加过研学旅行。在参加过研学旅行的受访者中，70%左右的人通过学校和教育机构参与研学旅行，90%左右的人对研学旅行表示基本满意。从参加研学旅行的意愿调查来看，70%的人期望旅行时长是6～10天，人均花费能接受在3 000～10 000元的占比达88%，64%的人认为目前市场上的研学旅行产品能满足需求。研学旅行成为在校学生的刚需，未来3～5年内研学旅行的学校渗透率将迅速提升。据不完全估计，研学旅行市场总体规模将超千亿元，加上成年人和老年群体的研学旅行需求，市场规模将进一步扩大。

5. 太空旅游

世界上第一位太空旅客蒂托乘坐的俄罗斯联盟号飞船安全而准确地返回地球，意味着对于普通的地球公民来说，“九天揽月，上天摘星”将成为现实，同时标志着人类太空飞行史上一个新时代的来临。航天技术的发展为人们带来了有关太空的信息，使人们对宇宙有了一定的了解，同时也增加了太空对人们的吸引力，而世界航天技术的发展为满足太空旅游需求提供了现实可能性，也许有一天太空旅游就像普通飞行一样普遍。太空旅游具有很大的发展潜力，将来可能会成为新的经济增长点。

资料来源：张辉，厉新建．中国旅游产业转型年度报告2004［M］．北京：旅游教育出版社，2005：95－98．

（四）旅游需求的整体性

旅游需求是一种整体性的需求。旅游者在旅游活动过程中不可能只对某一单项旅游产品有需求，旅游者的需求是多样的，是对与旅游活动相关的多项产品的系列需求。一次旅游活动的完成，要涉及食、住、行、游、购、娱等多个方面，尽管旅游者的主要目的是满足精神上的某种需求，但如果食、住、行等方面的需求得不到满足，其目的就无法实现。因此，旅游需求客观上是一种整体性的需求，是对各种不同旅游产品的组合需求。这种需求的满足要依靠众多旅游企业的通力协作。

四、旅游需求的层次分解

为了更好地把握旅游需求，除了要了解其基本概念外，还需要对基本概念进行深入的剖析、深层的把握。旅游需求演进关系如图 2－2 所示。

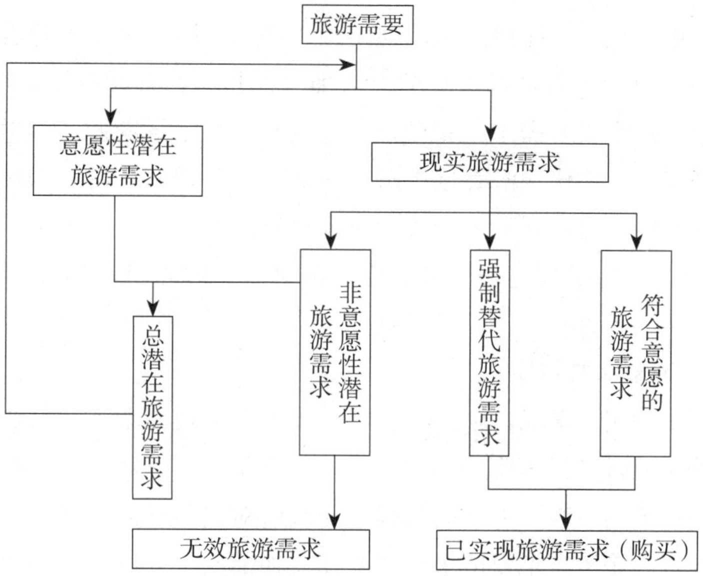

图 2－2　旅游需求演进关系

（一）了解旅游需求的各层次

1. 对旅游需求的划分

从旅游需求产生的三个条件的满足程度来看，旅游需求可以分为现实旅游需求和潜在旅游需求。现实旅游需求是指旅游动机、可自由支配收入和闲暇时间这三大前提条件都已具备时的状态；潜在旅游需求是指有旅游动机的人们有闲暇时间但不具备旅游支付能力或有了支付能力却又缺少闲暇时间时的状态。潜在旅游需求只是表明人们有想要出去旅游的动机，有一种想要购买旅游产品的倾向，但在一段时间内，这种需求由于受时间或支付能力的限制而无法转化为现实的旅游需求。

资料 2-3

为增加居民的闲暇时间，提升居民的休闲消费，《国民旅游休闲纲要（2013—2020年）》（国办发〔2013〕10号）中明确提出："到2020年，职工带薪年休假制度基本得到落实，城乡居民旅游休闲消费水平大幅增长，健康、文明、环保的旅游休闲理念成为全社会的共识，国民旅游休闲质量显著提高，与小康社会相适应的现代国民旅游休闲体系基本建成。"《中共中央关于制定国民经济和社会发展第十四个五年规划和二〇三五年远景目标的建议》进一步强调："完善节假日制度，落实带薪休假制度，扩大节假日消费。"

在旅游研究中，我们往往更加关注现实旅游需求，因为现实旅游需求很容易转化为现实的购买力，成为旅游经济运行的组成部分，并对旅游经济运行产生直接影响。但潜在旅游需求是现实旅游需求的基础，它反映了旅游市场的发展潜力，尤其是在有效需求不足的情况下，如何让潜在旅游需求有效转化为现实旅游需求，并进一步转化为旅游产品的实际购买力，是十分重要的研究课题。潜在旅游需求由于旅游者自身还不具备购买旅游产品的条件，是一种自愿性的结果，因此可以称为意愿性潜在旅游需求。

2. 对现实旅游需求的划分

根据旅游需求的实现情况，旅游需求可以分为已实现旅游需求（购买）和无效旅游需求。可能是交通条件没有保障、住宿接待设施缺乏、天气条件不好、恐怖活动猖獗等目的地供给环境的原因，也可能是客源地政府对出境旅游携带外汇等方面限制等原因，旅游者的现实旅游需求没能最终实现。比如前些年我国规定公民出境旅游只能随身携带2 000美元外汇，这在一定程度上抑制了一部分旅游者出游（现在这种限制已经在逐步放开了）。由于这并不是旅游者自身不具备出游的条件，而是一些旅游者个人无法控制的外部因素所导致的，因此这种未实现的旅游需求就称为非意愿性潜在旅游需求。

在我国发展旅游经济的初期，由于旅游配套消费设施和服务短缺，许多来我国旅游的境外旅游者所带的钱没有全部消费完，因此自动退出旅游经济运行，这种想花而花不出去的钱（娱乐需求）就是非意愿性潜在旅游需求。一旦这种退出是永久性的，这部分旅游需求对于特定旅游目的地而言就成了无效旅游需求。非意愿性潜在旅游需求与意愿性潜在旅游需求两者之和就是总潜在旅游需求。

3. 对已实现旅游需求的划分

已实现旅游需求可以分为强制替代旅游需求和符合意愿的旅游需求。符合意愿的旅游需求是指无论在数量、质量、构成和时空分布等方面都已有旅游供给保证、符合旅游者期望的那部分旅游需求。由于受到供求矛盾的影响，有一部分现实旅游需求只能通过非意愿或强制替代的方式实现，比如你本来想去一个“冷门”旅游区享受安静的度假，结果到了之后突然发现大量的旅游者也抱着同样的想法，“别人也预期了你的预期”，但你既然来了，也没办法取消已经预订好的酒店、门票等，只好将就消费，这部分旅游需求就是强制替代旅游需求。

（二）进行旅游需求层次分解的意义

进行旅游需求层次分解就是为了更好地促进意愿性潜在旅游需求转化为现实旅游需求，进而转化为推动国民经济发展的动力。从我国旅游经济发展来看，促进旅游需求有效转化的措施主要是闲暇时间的调整。

1995 年我国实行每周五天工作制后，国内旅游蓬勃发展。这一现实表明，有充足且集中的闲暇时间对旅游需求转化为现实的旅游活动十分重要。现在既然已将旅游产业作为国民经济新的增长点，就需要跳出城市周边和短途旅游方式，更大程度、更大范围地带动经济增长。随着我国人民生活水平的提高和收入的增加，人们已经有了更多的旅游需求，也具备了出游的能力，在这种情况下，就需要为人们提供更多、更长、更集中的闲暇时间，让更多的人能够出去旅游。

关于增加可用于旅游的闲暇时间问题，近期可以借鉴国外的连休制度，比如日本的“快乐的星期一经济复苏计划”；中期则可以在现行劳动工作制下，通过灵活安排每周休息日来相对增加可用于旅游的闲暇时间，比如可以考虑单周休一天、双周休两天，这样每月就可以“挤”出来两天，然后再通过适当的方式集中用于旅游；远期则必须立足劳动用工制度的进一步改革完善，切实实行带薪休假制度，探索进一步改善劳动时间、增加闲暇时间的有效途径。

资料 2－4

各国休假制度

西方国家的假期可分为夏季假期和冬季假期。夏季假期大约从 7 月开始到 9 月，冬季假期从 11 月开始到来年，各国具体的带薪休假时间则各不相同。

1. 美国休假制度

美国各州的公共假日一般为 10～13 天，其中 9 天为联邦假日。学校一年有 3 个假日，4 月份的春假为 1 周，6 月至 8 月中旬的暑假为 10 周，圣诞节假期为 1～2 周。美国带薪休假的时间长短主要根据工龄、职位及职业等因素来确定。一般来说，工作满1年可得1周的带薪假，2年则2周，8年则3周，15年则4周，20年则5周。雇员可按自己的需要分时段来休假，跨年不累计休假时间。雇主在休假时间安排上采用了一些新的办法。比如“可选工作表（Alternative Work Schedules）”，这种方法使员工可以工作更长的时间，从而把延长的工作时间累积起来用于形成一个3天连休的长周末。

2. 法国休假制度

法国的假日很多，除了周末两天的休息日以外，每年还有11天的法定假日（元旦、五一、国庆、一战停战日、二战停战日以及6个宗教节日），另外还有5周带薪年休假，总共140天。除此之外，每个员工还享有每年12天的职业培训假期（视公司的具体情况而定）。为了让假日更加惬意，法国人还建立了“假日搭桥”的办法，也就是说，如果法定假日和周末休息日只差一天，例如7月14日（法国国庆日）是周四，那么周五就称为“桥”，可以和周六、周日连在一起休息。

3. 荷兰休假制度

荷兰法律规定，全职雇员每年可享受至少20个工作日的带薪假期，实际上一般都能得到25天左右的假期，有些公司的假期甚至长达28天。荷兰人的年假可以分多次休，很多企业还发放专门的度假津贴。荷兰的公共假日为8天。

弹性工作制还为员工提供了更多的选择。比如，周一这一天，很多商店、小企业一般上午11时，甚至下午1时才开始营业，员工可以在尽情地享受一个周末后再睡个懒觉；再比如，荷兰员工每周的工作时间为38～40小时，有些公司允许员工每天加班从而为自己攒出一个休息日。最为科学的是大部分企业都招用非全职员工，这特别适合年轻妈妈，每周工作2～3天，既有更多时间和精力照顾孩子，又不完全脱离社会，还能获得经济收入。非全职员工也可按比例享受带薪年假。

欧盟各国普遍实行丈夫带薪产假。德国、意大利、英国和西班牙均为3天，葡萄牙为5天，丹麦为2周，芬兰为18天。法国将丈夫的产假由原先的3天增至15天，且工资100%照发，这一非常人性化的休假制度受到了普遍赞扬。

部分国家休假情况如表2-1所示。

表2-1　部分国家休假情况

国家	带薪休假时间	休假方式及要求
美国	3～5周	
加拿大	2～3周	一次性休完；工作1年及6年后，可分别拥有2周和3周的带薪休假
英国	至少3周	
德国	2.5～3周	

续表

国家	带薪休假时间	休假方式及要求
法国	30 天	雇佣者有义务给被雇佣者在 5 月 1 日至 10 月 31 日期间内 12～24 天的连休假，剩余休假时间可集中使用或分开使用
巴西	30 天	工作 1 年以上的公民均可享受为期 30 天的带薪休假
西班牙	30 天	一次性休完
荷兰	25 天	可分多次休
丹麦	5 周	
澳大利亚	4 周	同一单位工作 1 年以上者，可享受每年至少 20 天的带薪休假；最多分 7 次休假
日本	10 天	
韩国	20 天	

第二节　旅游需求基本规律

在旅游需求的各影响因素中，如果其他条件不变，那么人们对某旅游产品的需求会随着该旅游产品价格的变动呈反方向变化，即需求量随旅游产品价格的上升而减少，随旅游产品价格的下降而增加。这就是旅游需求的基本规律。

与一般产品消费不同，旅游消费具有与众不同的消费异地性特征，旅游消费的消费异地性使得旅游者的旅游需求除了受旅游价格、旅游者可自由支配收入、非旅游产品价格等因素的影响外，还要受闲暇时间的约束。因此，旅游需求是旅游价格、旅游者可自由支配收入、非旅游产品价格和闲暇时间的函数。

一、旅游需求量与旅游价格呈负相关关系

一般来说，产品的价格越低，消费者对该产品的需求量就越大，这也是现实中商家经常采用降低价格进行产品促销的主要原因。旅游者对旅游产品的需求也是如此。旅游产品的价格下降，旅游者对该旅游产品的需求量就上升；反之则需求量会下降。旅游需求量和旅游价格的变动基本上呈现负相关关系。这种关系可以用下面的例子来说明：假定有一个 A 旅游产品，其价格发生变化，人们对其需求量也随之变化，具体如表 2 - 2 所示。

表 2-2　A 旅游产品需求量变化表

A 旅游产品价格（元）	需求量（人）
100	30
90	40
80	50
70	60
60	70
50	80
40	90
30	100

由表 2-2 可以看出，当 A 旅游产品的价格为 100 元时，仅有 30 人愿意购买该产品；当价格下降到 70 元时，购买人数增加到了 60 人；如果将产品的价格下降到 30 元，那么愿意购买该项旅游产品的人数就会增加到 100 人，旅游者人数是随着产品价格的下降而增加的，两者之间呈反方向运动的关系。将这种价格和需求量之间的负相关关系用坐标图来表示，就成了旅游产品需求曲线图（如图 2-3 所示）。旅游产品需求曲线是一条自左上方向右下方倾斜、斜率为负的曲线。

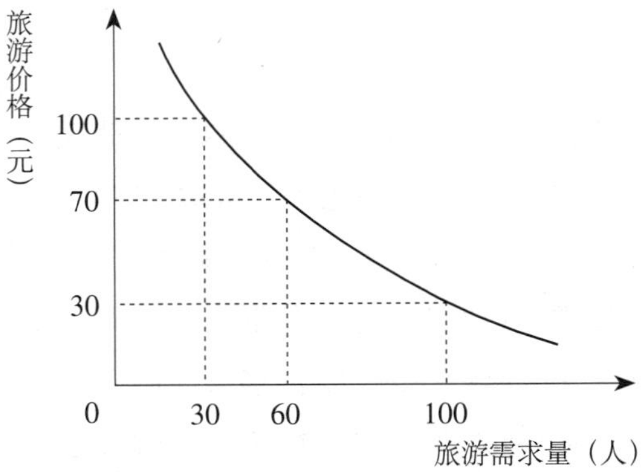

图 2-3　A 旅游产品需求曲线

二、旅游需求量与旅游者可自由支配收入呈正相关关系

除了价格因素外，人们的可自由支配收入也会影响旅游需求。可自由支配收入是影响人们潜在旅游需求转化为现实旅游需求必不可少的条件。没有一定的可自由支配收入，人们的潜在旅游需求就只能是一种无法实现的旅游倾向或旅游意愿。一般来说，在其他因素不变的情况下，人们的可自由支配收入越高，则对旅游产品的需求量也越多；可自由支配收入越少，则对旅游产品的需求量也越少。

从图 2-4 中可以看出，当可自由支配收入为 I 时，旅游需求量为 D；当可自由支

配收入上升为 I_1 时，旅游需求量也升至 D_1；当可自由支配收入下降为 I_2 时，旅游需求量也降至 D_2。两者的这种正相关关系可以用函数式表示为：

$$D_a = f(I) \tag{2-1}$$

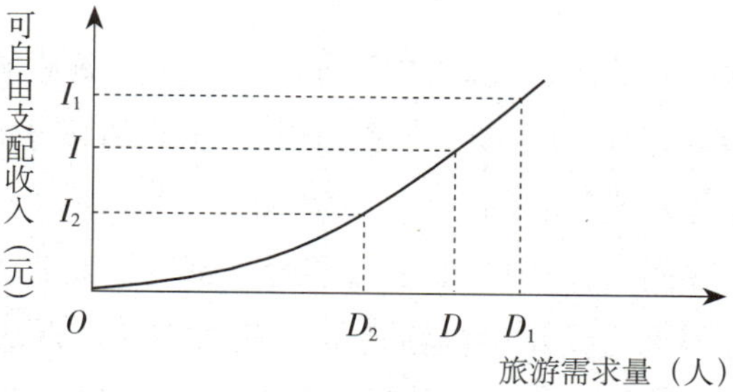

图 2-4　旅游需求量与可自由支配收入关系示意图

三、旅游需求量与非旅游产品价格呈正相关关系

旅游产品和非旅游产品之间的消费存在着替代关系，当人们手中的可自由支配收入一定的时候，如果选择了旅游，那么可以花在其他方面的支出就少了；如果选择了购买非旅游产品，那么可以花在旅游上的支出就少了。

当旅游需求和非旅游产品之间的消费替代关系成立时，那么这种关系就会受价格的影响。比如，某人手中有可自由支配的人民币 8 000 元，这时他可以选择旅游，也可以将这 8 000 元用于购买大件电器或其他娱乐活动等。现在假设此人有两种选择：一种是泰国五日游，需要花费 8 000 元人民币；另一种是在当地进行其他类的娱乐活动，也需要花费 8 000 元人民币。他从旅游和娱乐中能够获得同样的满足感。如果旅游的价格从 8 000 元下降到 5 000 元，他就会降低对娱乐活动的需求而增加对旅游的需求，因为此时他只需花费 5 000 元就可以获得花费 8 000 元去娱乐才能获得的效用；反之，如果娱乐的价格从 8 000 元下降到了 5 000 元，他就会减少旅游需求而增加娱乐需求。

四、旅游需求量与闲暇时间呈正相关关系

旅游消费的异地性使得旅游者想要真正成行就必须有一定的闲暇时间，没有闲暇时间作为保证，即使人们的旅游欲望再强烈，拥有再多的可自由支配收入，旅游需求也不能真正得到满足。一般来说，在其他条件不变的情况下，人们拥有的闲暇时间越多，对旅游的需求就越多；反之，当人们拥有的闲暇时间减少时，则对旅游的需求也减少。一个很明显的例子就是在我国 1995 年实行每周五天工作制后，每周两天的连续休息时间为短距离旅游提供了极好的发展机遇，并很快在全国形成了“周末旅游”热

潮，出现了1995—1999年城镇居民出游率快速增长的现象；1999年我国第一个黄金周出现了旅游"井喷"的现象，在短短的7天时间内全国就有2800万人次出游，旅游收入达到了141亿元人民币。这些都是居民闲暇时间的增加使得旅游需求增加的极好例证。

由旅游价格的变动引起的旅游需求的变动是沿着同一条旅游需求曲线上的点的移动，这种变动称为旅游需求量的变动。但是如果影响旅游需求的其他因素发生变化，则旅游需求曲线会发生往左或往右的平行位移（如图2-5所示），这就是旅游需求（而不是需求量）的变动。在图2-5中，如果旅游价格不变，而其他因素的变化对旅游需求产生刺激作用，旅游需求曲线d将位移到d_2，旅游需求量则从A点增大到A_2点，如果这些因素的变化对旅游需求产生抑制作用，旅游需求曲线d将位移到d_1，旅游需求量则从A点减少到A_1点。这就像在下雨时，尽管雨伞的价格并没有降低，但雨伞销量却可能增加。

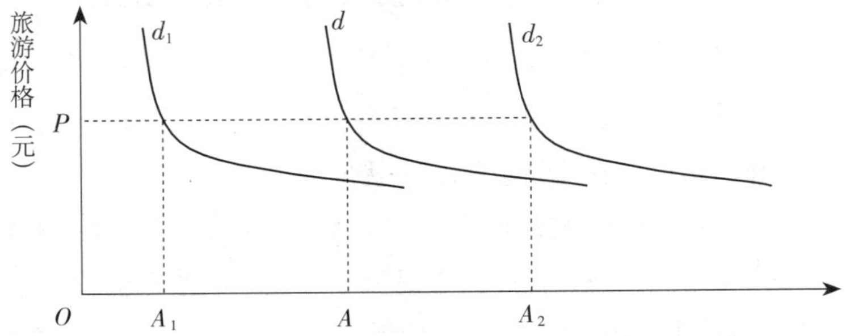

图2-5 旅游需求曲线的移动

需要注意的是，在考虑闲暇时间约束的前提下，旅游需求与可自由支配收入之间不一定是必然的正相关关系。为了更好地理解这一点，我们以旅游者张三为例：如果张三有足够多的时间，而出境旅游受政策的限制无法得到自由满足，那么随着他的可自由支配收入的增加，张三首先会增加对国内旅游的需求，但是发展到一定阶段，他的出游时间不可能再增加了，那么无论他的可自由支配收入如何增加，他都不可能再增加对国内旅游的需求；相反，随着出境旅游管制政策的放松，以及可自由支配收入的增加，张三可能会减少在国内旅游上的开支（包括闲暇时间和货币的开支），相应增加对出境旅游的需求。

五、旅游需求价格弹性

旅游需求价格弹性是指旅游需求量对旅游产品价格变动的敏感程度，是旅游价格变化的百分数与旅游需求量变化的百分数之比值。由于旅游需求量与旅游价格呈负相关关系，所以计算出的数值总是表现为负数，在实际中通常取绝对值来表示旅游需求价格弹性系数。

当旅游需求曲线上两点之间的变化量趋于无穷小时，旅游需求的价格弹性用点弹性表示，见式 2－2；一般表示旅游需求曲线上两点之间的需求量的变动对于价格变动的反应程度时用弧弹性，即用中点法计算弹性，见式 2－3。

$$E_p=\left|\frac{Q_2-Q_1}{Q_1}\div\frac{P_2-P_1}{P_1}\right| \tag{2-2}$$

$$E_p=\left|\frac{Q_2-Q_1}{(Q_2+Q_1)/2}\div\frac{P_2-P_1}{(P_2+P_1)/2}\right| \tag{2-3}$$

式中：E_p——旅游需求价格弹性系数；

P_1，P_2——变化前后的旅游产品价格；

Q_1，Q_2——变化前后的旅游需求量。

旅游需求价格弹性系数的大小可以分为以下四种情况：

（1）$E_p>1$，表明旅游需求价格弹性较大，需求曲线表现得比较平坦。此时，只要旅游价格稍有变化，便会引起旅游需求较大幅度的变化。因此，在旅游需求价格弹性系数大于 1 的情况下，提价会引起旅游需求量的锐减，从而减少总收益，降价则可以刺激旅游需求量的剧增，从而增加总收益。

（2）$0<E_p<1$，表明旅游需求价格弹性较小，旅游需求曲线表现得比较陡峭。此时，旅游价格若发生变化，只会引起旅游需求量较小幅度的变化。因此，在旅游需求价格弹性系数小于 1 的情况下，适度提价可以增加总收益，降价则会在一定程度上减少总收益。

（3）$E_p=1$，表明旅游需求价格弹性适中。此时，旅游产品价格若有所变化，旅游需求量则发生相同比例的反向变化。因此，在旅游需求价格弹性等于 1 的情况下，提价不会增加总收益，降价也不会减少总收益。

（4）$E_p=0$，表明旅游需求价格完全无弹性。此时，旅游需求量对旅游价格的变动毫无反应，无论是涨价还是降价，旅游需求量都不会发生变化。

旅游者对旅游需求作出调整的时间长短、旅游目的、旅游产品档次、单项旅游产品的功能等因素，将影响旅游需求价格弹性的高低。旅游者对旅游需求进行调整的时间越紧迫，则旅游需求就越缺乏弹性，因为此时即使价格发生了变化，旅游者也来不及改变原来的旅游计划，无法改换到其他的旅游目的地去旅游；进行调整的时间越长，则旅游者越可能找到替代旅游目的地或单项旅游产品，旅游需求就越富有弹性。单项旅游产品的功能（如旅游景区游览）越重要，则弹性越小，因为即使该单项旅游产品的价格有所上涨，旅游者也不会降低对它的需求，否则他就无法完成整个旅游行程；反之，单项旅游产品的功能越不重要，则弹性越大。在实践中也可以发现，旅游景区（点）的旅游需求价格弹性比景区内住宿设施的旅游需求价格弹性要小，旅游目的地标志性旅游景区（点）的旅游需求价格弹性更小。由于不同旅游目的地提供的效用不同，因此各地的旅游需求价格弹性自然也不一样。有研究结果表明，英国到奥地利旅游的价格弹性系数是0.23，到希腊旅游的价格弹性系数是5.60。此外，度假旅游者的价格弹性比商务旅游者的价格弹性高。

分析旅游需求价格弹性具有重要的现实意义，这种弹性可以指导我们制定正确的旅游产品价格策略。如果一个旅游目的地或一种旅游产品的价格弹性系数大于1，那么适当地降低价格会增加旅游经济收益；反之，如果该旅游目的地或该旅游产品的价格弹性系数小于1或者缺乏弹性，那么降价只会减少旅游经济收益。

案例 2-2

旅游需求价格弹性的计算

A景区的门票价格定为100元，每天有200人前来参观旅游；如果将门票价格下调为80元，则旅游者人数可达到每天260人。试计算当旅游者人数为260人时的门票需求价格弹性系数以及旅游者人数在200～260人时的门票需求价格弹性系数，并分析景区要增加经济收益是应该提价还是应该降价。

根据旅游需求价格弹性系数的定义，当旅游者人数为260人时所求解的是旅游需求价格的点弹性系数，而旅游者人数在200～260人时所求解的是旅游需求价格的弧弹性系数，因此根据公式可得：

点弹性系数 $E_p=|[(260-200)\div200]\div[(80-100)\div100]|=1.5$

弧弹性系数 $E_p=|\{(260-200)\div[(260+200)\div2]\}\div\{(80-100)\div[(80+100)\div2]\}|\approx1.17$

由于一般弹性系数取的是绝对值，所以本题中点弹性系数为1.5，弧弹性系数约为1.17。弹性系数大于1，说明旅游者对该景区的旅游需求弹性大，故降价能增加景区的旅游收益。

第三节　旅游需求的影响因素

影响旅游需求的因素除了个人可自由支配收入、价格、闲暇时间这三个基本因素外，还有客源地对旅游的税收政策和旅游花费的限制、目的地旅游企业之间的竞争、旅游产品的质量、目的地对旅游者的经济管制、客源地和目的地之间的价格比较、目的地在客源地的营销努力、目的地与客源地之间的距离等，详见表2-3。如果针对的是国际旅游需求，还需要考虑两国之间的汇率问题。

表 2-3 影响旅游需求的因素

客源地经济因素	目的地经济因素	两地之间的因素
个人可自由支配收入水平	总体价格水平	两地的价格比较
收入分配	供给竞争程度	在客源地的营销努力
消费习惯	旅游产品质量	汇率
度假的权利	对旅游者的经济管制	旅行的时间/费用
货币的价值		突发事件
税收政策及旅游花费限制		

一、客源地因素

（一）客源地人口因素

作为旅游目的地，它所接待的旅游者当然是来自旅游客源地，那么旅游客源地究竟能够给旅游目的地输送多大规模、什么类型的旅游者自然就取决于客源地的人口状况，其中包括人口的数量、年龄、性别、职业和人口分布状况等。从历史上来看，一个国家或地区的人口数与旅游人数之间并不存在必然的直接联系，但是从发展的角度看，一个国家或地区的人口数量越多，那么该国或该地区的潜在旅游者人数就越多。这也是现在世界各国都把我国当成一个重要的市场来看待的原因。职业与旅游需求之间的关系也是比较密切的。一般来说，管理人员、商务人员因为多是出于公务的目的出游，所以旅游消费能力较强，对旅游需求的敏感性较低；教师和学生的旅游需求多集中在寒暑假。从人口分布的角度看，一国或地区的城市人口越多，旅游需求相对来说也越大。

（二）消费习惯

消费习惯包括两层含义：第一层含义是指如果旅游已经成为客源地居民的习惯性消费的话，则这些地区的居民将更多地外出旅游；第二层含义是客源地居民对消费的态度。如果该地居民是“量入为出型”消费者，则他们的旅游需求主要受当前收入的影响；如果是“随风而动型”消费者，则他们的旅游消费变动不依赖于绝对收入水平，任一特定消费者的旅游支出将随其他家庭的旅游支出的增加而增加，而且在短期波动中，消费支出不会随收入的下降而减少；如果是“前卫时尚型”消费者，则他们的旅游消费可能不受当前收入的影响。

（三）旅游消费限制

旅游消费限制主要出现在国际旅游中。尽管经济发达国家也会对本国居民出境旅游进行相应限制，但相比较而言，发展中国家对出境旅游的限制更普遍一些。因为发展中国家发展旅游主要是为了获得更多的外汇，而发展本国的出境旅游势必会造成外汇的减少。

一般来说，为了尽可能减少由于本国公民出国旅游所带来的外汇流失，发展中国家会通过征收出境旅游税、严格护照申领程序、规定换汇以及允许携带出境的外汇数量等措施对本国居民出境旅游进行限制，从而对出境旅游需求进行人为约束。如 2008 年金融危机以后，冰岛为了减少外汇流失，采取严格外汇管制措施，将旅行用外汇兑换最高限额由原来每人每个日历月 50 万克朗（约合 24 689 元人民币）下降至 35 万克朗（约合 17 282 元人民币）。

当然，有些国家会出于其他方面的考虑鼓励本国公民出境旅游。比如，1987 年日本政府出于缓解日元升值压力、增加本国公民国际公民的感觉、降低过高的国际贸易顺差的考虑而提出了“千万计划（旅游倍增计划）”，提出到 1991 年日本出境旅游要从 1986 年的 550 万人次增加到 1 000 万人次——实际上到 1990 年，日本出境旅游就达到了 1 100 万人次。图 2-6 为日本相关部门统计的 2008—2021 年日本居民出境游情况。

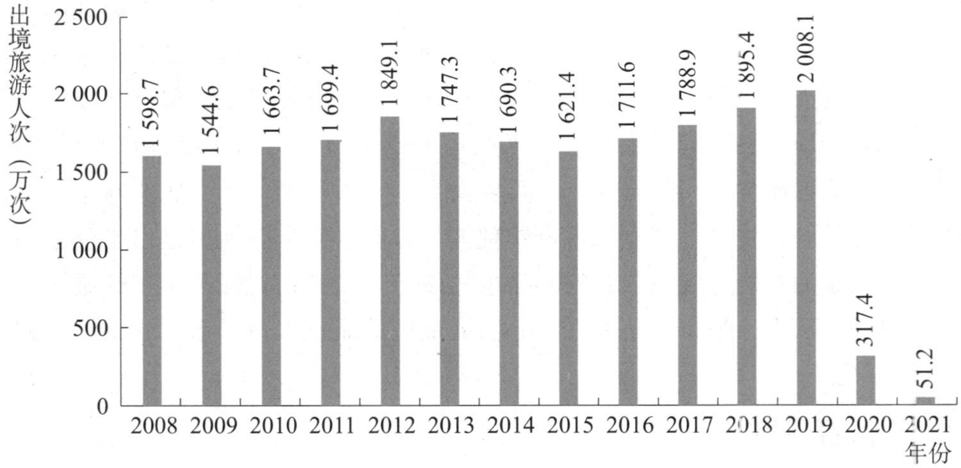

图 2-6　2008—2021 年日本居民出境游情况

我国支持稳步发展出境旅游政策，一方面是满足人民出游的需求，另一方面是利用我国公民出境旅游的机会，支持有条件的国内旅游企业跟随中国游客“走出去”，构建海外旅游接待网络，加强国际化布局，参与全球竞争。

二、目的地因素

（一）旅游供给水平

目的地的旅游供给状况在很大程度上决定着旅游需求能否实现以及能够在多大程

度上实现，决定着旅游需求的规模、类型和需求的结构。所以说，旅游供给因素是影响旅游需求的重要因素。

在影响旅游需求的供给因素中，首要的是旅游吸引物的禀赋状况。旅游吸引物的数量、类型、质量和空间分布状况等对旅游目的地的旅游吸引力起着决定性作用，旅游吸引物的数量越多，种类越丰富，则旅游吸引力越强。如果一个地区既有观光类的旅游资源，又有度假休闲类的旅游资源，还有特种旅游资源，那么这个地方的旅游吸引力往往比较大。同类型的旅游资源中，旅游吸引物的质量等级越高，旅游吸引力也越强，例如北京故宫的吸引力就比沈阳故宫的吸引力要大得多。旅游吸引物的空间分布越集中，开发难度相对就越低，就越容易形成市场吸引力。从旅游产品类型与市场吸引力之间的关系来看，观光旅游产品往往具有全球性吸引力，度假旅游产品具有区域性吸引力，人造景观具有地区性吸引力。

另外，旅游吸引力的强弱还受诸如旅游设施完善程度、旅游交通条件、旅游服务能力和目的地的居民友好态度等因素的影响，并最终取决于以旅游吸引物为依托开发而成的旅游产品是否符合旅游者需要。如果一个地区的旅游吸引物非常丰富，等级也很高，但是旅游者很难进入，进入之后基本的服务需求也得不到满足，居民对旅游者又非常不友好，那么旅游者肯定“望而却步”了。

（二）旅游供给企业之间的竞争

旅游供给企业之间的竞争是不可避免的，而且由于供给的不可移动性，竞争往往发生在一定的地域范围内，具有天然的地域分割性。如果竞争是以创新为导向的，则能够推动目的地供给创新。竞争迫使旅游相关企业不断地向市场提供新的产品或者新的服务，增加旅游者的消费选择，从而增加旅游者对目的地的旅游需求。目的地旅游供给企业之间的良性竞争还有助于改善供给效率，从而降低供给成本，带动供给价格下降，增加需求量。

如果旅游供给企业之间进行纯粹的价格战，进行恶性价格竞争的话，虽然旅游者能从短期价格下降中获得好处，但是这种价格竞争必将使目的地供给企业用于创新的资金减少，从而弱化了企业的供给创新能力，旅游者的长期利益将受到影响。这种状况在东南亚国家旅游中可见一斑。泰国等东南亚国家的旅行社为了吸引我国的旅游者而推出“零团费”“负团费”，之后为了填补亏损，在旅游者旅游过程中大打“购物”牌，从而招致旅游者怨声载道。“零团费”“负团费”在我国旅游业发展进程中曾广泛存在，其对我国旅游市场秩序的负面影响至今仍未得以消除。

（三）针对旅游者的税收

从近几年的情况来看，征收“旅游税”已经成为一种国际新趋势。调查显示，2020 年 30 个欧洲国家中有 21 个国家通过在外国游客住宿费中额外加税的方式征收

“旅游税”。意大利的威尼斯规定从2023年夏季开始，对于来访一天的游客征收3～10欧元的“旅游税”，在威尼斯过夜的客人，住宿的前5夜每夜须缴纳1～5欧元的“床位税”。德国汉堡、柏林等城市也向外国游客收取酒店住宿总费用5%左右的直接“旅游税”，法国政府通过酒店向住宿的外国游客征收每晚0.2～4.2欧元的“旅游税”等。随着全球旅游业的蓬勃发展，基数庞大使得“旅游税”成为不少国家的一项新财源。但向旅游者收税将增加旅游者的成本，从而影响客源地到旅游目的地的需求量。

三、客源地与目的地互动因素

（一）距离因素

客源地与目的地之间的距离因素包括三个方面，即两地间的感知距离、经济距离和文化距离。

1. 客源地与目的地之间的感知距离和经济距离

影响潜在的旅游者选择目的地的首要因素是该消费者对两地空间距离的感知，即消费者对客源地到目的地的可进入性的综合心理印象。随着现代化交通工具的不断改进和创新，尤其是随着包括高铁和高速公路在内的我国高速交通体系的形成，旅游者对传统远程旅游目的地的空间距离越来越不敏感，而对到达目的地的感知距离似乎更为看重。比如，一位北京的旅游者对到黑龙江大兴安岭旅游的感知距离可能比到夏威夷旅游的感知距离要大得多，因为他觉得到夏威夷虽然实际的空间距离比到大兴安岭远，但到夏威夷可以乘坐国际航班，飞机的速度比火车和汽车要快得多，而到大兴安岭他要坐火车，然后是乘汽车，还可能要坐马车、走路等，所以他会觉得到大兴安岭的距离更远。高速交通的形成将对国内旅游目的地定位深化、竞争格局、发展模式等产生积极而深远的影响，需要各旅游目的地给予高度重视和进行深入研究。

感知距离最终将在多大程度上影响旅游者的目的地决策，还要取决于旅游者的成本比较（包括时间成本的比较）。这就涉及与空间距离有关的另一个指标——经济距离。经济距离是指客源地与目的地间往返交通费用的总和，这是衡量目的地旅游吸引力的一个重要指标。一般来说，空间距离越远，旅游者花在旅行途中的时间也就越多，在旅游者闲暇时间有限的情况下，这会相对缩短游览时间；如果旅游者想增加其游览时间的话，就必须借助快捷的交通工具，但旅游者必须为此支付较高的交通费用。在远程旅游时，两地间的交通费用往往是旅游开支中非常重要的组成部分，过高的交通费用肯定会影响旅游者的目的地决策，使一部分潜在的旅游者放弃到该目的地旅游的计划。因此，旅游中的距离衰减规律，最终起作用的其实是两地间的经济距离。从客源地的角度看，经济距离越大，旅游者面临的阻力也就越大，旅游需求量就会呈现逐渐递减的变化趋势；从目的地的角度看，经济距离越大，则该目的地的吸引力相对就越小，从而发展旅游的地域空间就相对较小。这也是国际旅游市场形成以洲内旅游为主的格局的原因。

2. 客源地与目的地之间的文化距离

文化距离主要存在于国际旅游中，是指客源地与目的地之间以语言为主要特征的文化差异程度，主要包括语言、生活习惯、社会文化等方面的差异。一方面，客源地与目的地之间的文化距离可以满足人们的好奇心，文化的差异构成旅游的推动力。比如，少数民族地区发展旅游，其优势除了优美的自然风光外，还有独特的民族文化和民族风情。另一方面，文化距离的大小将对客源地与目的地之间人们的价值观、信念和思维方式产生重要影响，文化距离过大可能会使人产生不安和恐惧，成为旅游行动的阻碍。很多国家会对重点客源国游客安排会其母语的服务人员，提供其母语导游、导览等服务，就是为了缩小这种文化差距。

（二）营销因素

我们知道，旅游者在作出旅游决策之前需要搜集足够的旅游信息，因此目的地的营销努力可以使旅游者对该目的地了解更多，让旅游者对目的地的印象更加深刻，从而使得旅游者更有可能在“难以取舍”时倾向于选择该目的地。如果潜在旅游者不知道有某种产品存在，或者很难知道该产品的存在（即获取有关该产品信息的成本很高），那么潜在旅游者选择该产品的可能性就很小。反之，如果潜在旅游者能经常看到某产品的广告，那么当他在为选择产品“举棋不定”时，往往会出于心理上的熟悉感而选择广告中的产品。在当前旅游业竞争激烈的背景下，营销的重要性更为突出。

（三）汇率因素

对国际旅游来说，汇率的变化可以通过影响价格水平而影响旅游需求。简单来说，汇率是反映两个国家货币之间的比价。如果目的地国的货币相对客源国的货币贬值了，则意味着目的地国的旅游价格相对下降了，从而使来自客源国的入境旅游需求增加；如果目的地国的货币相对客源国的货币升值了，则意味着目的地国旅游价格相对上涨了，从而可能使来自客源国的入境旅游需求减少。1998 年亚洲金融风暴中，泰铢大幅度贬值，旅游价格下降，在亚洲不少国家和地区过夜旅游者人数比 1997 年下降的情况下（中国香港下降 7.7%；新加坡下降 14.3%；日本下降 2.8%），泰国却上升了 6.9%。

资料 2-5

日元贬值，对于外国游客而言，相当于大大降低了赴日旅游的成本。据统计，受日元贬值刺激，2023 年 7 月份赴日外国游客数量连续第二个月超过 200 万人次，达到

230万人次，当月入境日本游客数量恢复到新冠疫情前水平的78%左右（2019年同期为299万人次）。人数恢复的同时，访日游客的旅游消费也在逐步恢复，如三越伊势丹位于东京的多家分店从2022年11月底到12月上旬的免税销售额比2019年同期高出4%。日本国家旅游局的统计数据表明，2023年二季度赴日游客的支出已经达到了2019年同期的95.1%。

同时，汇率的变动对入境旅游需求的影响还与入境旅游者的预期有关。如果入境旅游市场对本币升值的预期属于长期看涨行情，在升值初期反而可能会推动入境旅游者人数的短期扩张，这就像买卖股票一样，如果股票长期看涨，人们自然会倾向于选准时机，在它还没有大幅度上涨的时候买入。

（四）政治因素和特殊因素

国际旅游需求的实现需要有一个良好的外部环境，其中最重要的就是政治环境，它包括客源国与目的地国各自的政治环境以及客源国与目的地国之间的政治关系。目的地国政局稳定、社会治安良好、政府对发展旅游业大力支持等将有助于提高目的地国的旅游吸引力。若两国政治关系良好，则旅游往来也会相应增加，否则旅游往来必然减少。

另外，某些特殊的或突发的事件也会影响旅游需求，例如恐怖活动，举办奥运会或世界杯足球赛等重大体育赛事等，这些因素也会对旅游需求产生重大影响。如2015年，埃博拉疫情暴发严重影响了东非一些国家的旅游业，据坦恩格罗管理局统计，旅游人数由2014年的46.1万下降至41.7万，下降比例达10.2%。随着2019年埃博拉疫情再次暴发，刚果（金）东北地区已造成1 500人死亡，加之该地区非法武装活跃，对公民人身和财产安全造成极大威胁，我国外交部发布旅游预警，提醒中国公民暂勿前往刚果（金）东北部伊图里、北基伍、南基伍等安全局势恶劣、各类疫情多发的地区。2014巴西世界杯期间，圣保罗旅游公司主席威尔逊向记者透露，世界杯为圣保罗市带来了约5亿美元的收入，比F1和狂欢节还要高出10倍以上。

第四节　旅游需求的衡量指标

用于衡量旅游需求（实际上这里是指已经实现的旅游需求）的指标是整个旅游经济指标体系的重要组成部分。这些指标包括旅游人次、旅游支出、人均旅游支出、停留天数、人均停留天数、出游率、旅游开支率等。

一、旅游者人数指标

旅游者人数指标反映了旅游目的地国（或地区）在一定时期内接待国（地区）外旅游者的数量情况，一般以旅游者人次来衡量。旅游者人数指标可以作为旅游目的地衡量市场对其所提供的旅游产品的需求数量以及变化情况的指标，同时也是衡量世界各国之间旅游业发达程度的重要评价指标之一。在实际统计过程中，不同的国家和地区对旅游者人次的统计方法是不同的，有的通过住宿登记获得，有的通过抽样调查的方式获得。因此，在进行定量分析和数据比较时要非常慎重。

在我国，入境旅游人数是指在报告期内来我国观光、度假、探亲访友、就医疗养、购物、参加会议或从事经济、文化、体育、宗教等活动的外国人、华侨和港澳台同胞等境外游客人数。统计时，境外游客每入境 1 次统计为 1 人次，数据以海关登记的入境人次数为准。我国内地公民出境旅游的统计数据来自公安部出入境管理局。2018 年我国居民（不含港澳台地区）出境前 20 的目的地如图 2－7 所示。

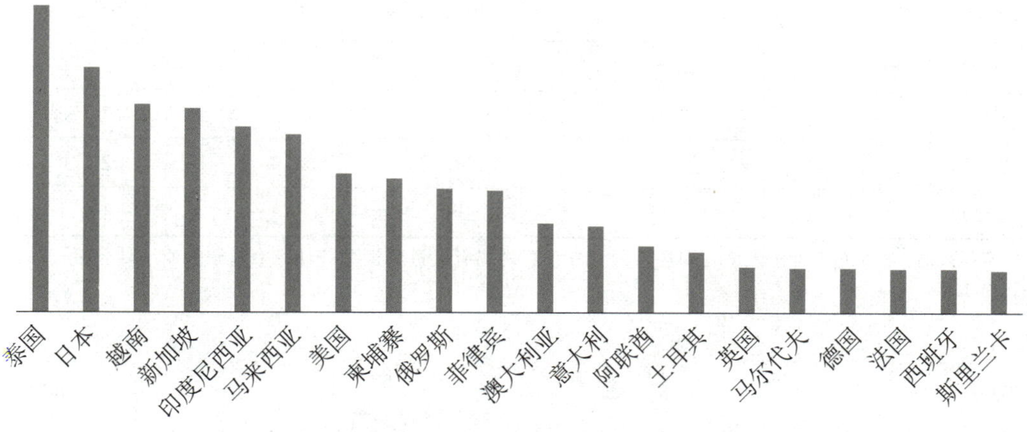

图 2－7　2018 我国居民（不含港澳台地区）出境前 20 的目的地

相对于国际旅游人次统计，国内旅游人次统计由于不跨越国境，统计难度更大，因此国家公布的国内旅游总人次与各省市统计人次的加总就可能是不完全吻合的。相对而言，公布的国内旅游总人次应该是比较可靠的。1993 年，原国家旅游局开始与国家统计局城市社会经济调查总队合作，进行城镇居民国内旅游抽样调查，1997 年开始进行农民国内旅游抽样调查（1998 年扩大到不含西藏的 30 个省、自治区、直辖市），数据的可信度有了明显改观。城镇国内游客（技术性定义，即统计意义上）是指我国居民（不含港澳台居民），除以谋求职业、获取报酬为目的的旅行外，离开惯常居住环境，到国内其他地方从事参观、游览、度假等旅游活动（包括外出探亲、疗养、考察、参加会议和从事经济、科技、文化、教育、体育、宗教活动过程中的旅游活动），在外停留时间不超过 6 个月的人。统计意义上的农民旅游者是指农民不以谋求职业、获取报酬为目的，离开居住地，乘坐长途交通工具（包括长途汽车、火车、飞机、轮船），距离超过10千米，在国内其他地方停留一夜以上、半年以内旅行的人。2010—2020 年我国国民出境基本情况如表 2－4 所示，2012—2022 年国内旅游人次变化情况如图 2－8 所示。

表 2－4　2010—2020 年我国国民出境基本情况

年份	总人数（万人次）	比上年增长（%）	旅行社组织出境人数（万人次）	比上年增长（%）	出境总花费（亿美元）
2010	5 738.65	20.40	1 663.88	34.80	549
2011	7 025.00	22.40	2 021.92	21.50	726
2012	8 318.27	18.40	2 830.57	40.00	1 020
2013	9 818.52	18.00	3 355.71	18.55	1 286
2014	10 702.00	9.49	3 914.98	16.70	2 273
2015	11 665.00	9.00	4 643.50	18.60	2 498
2016	12 166.00	4.30	5 727.10	23.30	2 501
2017	13 051.00	7.00	—	—	2 579
2018	14 972.00	14.70	—	—	2 773
2019	15 463.00	3.30	6 288.06	—	2 546
2020	2 033.00	−86.90	—	—	1 311

资料来源：根据公安部出入境管理局和国家外汇管理局有关资料汇总统计；中国旅游业统计公报（2010—2020 年）.

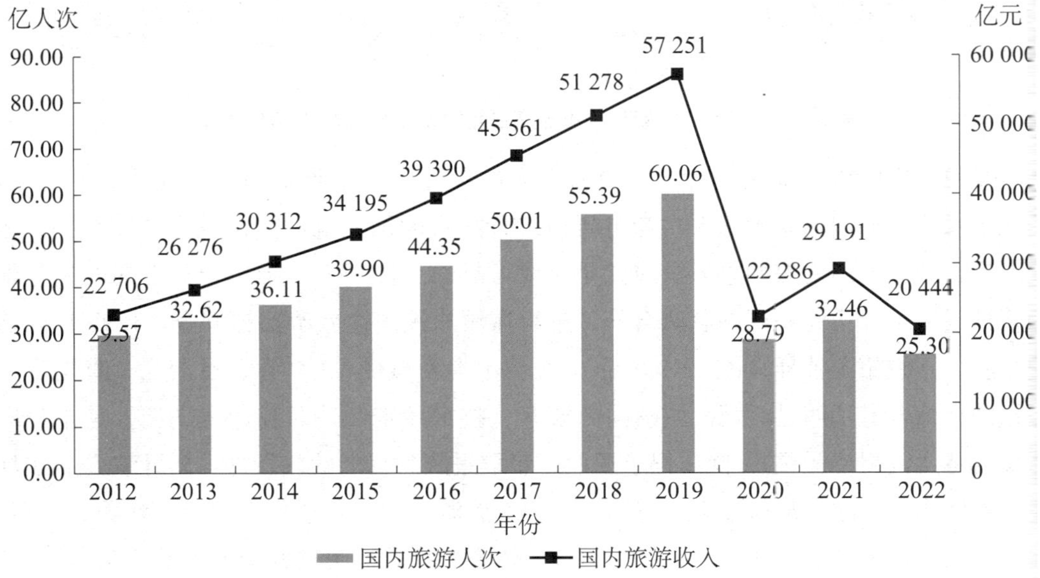

图 2－8　2012—2022 年国内旅游人次变化情况

二、旅游者停留天数指标

旅游者停留天数指标主要有两个：旅游人天数和旅游者人均停留天数。

（一）旅游人天数

旅游人天数又称旅游者停留天数，即一定时期内旅游者人次与人均过夜数的乘积。该指标从时间的角度反映了旅游者的需求状况，同时也在某种程度上反映了旅游目的地的吸引力大小。如果我们利用旅游者人次来衡量市场需求情况和旅游业发达程度，同时又充分考虑旅游者的停留时间，就可以更加全面地反映旅游需求的基本情况。因为在旅游者人次数出现增长的同时，旅游人天数有出现下降的可能，比如人次数从 1 000 万增至 2 000 万，但停留天数却从 2.5 天降至 1 天，则总停留人天数从 2 500 万人天降到 2 000 万人天。所以，旅游目的地需要在追求旅游人次增长与追求旅游者在该旅游地停留天数增长之间达到某种平衡，片面地追求旅游者人数的增长并不一定是发展旅游业的上策。同样的，旅游者在某个旅游地停留天数较历史数据相比下降了，并不一定就是单纯由于目的地吸引力下降，而有可能是旅游者希望到更多目的地旅游或外部交通进一步改善所致。当然，就目的地性质而言，休闲度假型的旅游目的地往往比观光型的旅游目的地更能吸引旅游者长时间停留。

（二）旅游者人均停留天数

这一指标是指一定时期内旅游者停留天数与旅游者人数之比。它从平均数的角度反映了旅游需求的现实状况，同时也揭示了不同时期旅游需求的变化趋势。据此，我们可以分析旅游者人均停留天数的变化及其原因，并据以制定出能够增强目的地开发深度和吸引强度的相应对策。

三、旅游者消费指标

旅游者消费指标是以价值形态来衡量旅游需求的数量指标，其中包括旅游者消费总额、旅游者人均消费额和旅游消费率三个指标。

（一）旅游者消费总额

旅游者消费总额是指在一定时期内旅游者在旅游目的地的全部货币支付，包括旅游者在旅游活动中所购买的各种商品和各项服务的支出，如餐饮费、住宿费、交通费、娱乐费和购物的花费等。对于旅游目的地来说，这一指标反映了该目的地的旅游收入，故具有重要的经济意义。我国的旅游外汇收入自 1983 年起逐年增长，在 2000 年已经达到了 162.24 亿美元，2019 年实现旅游外汇收入 1 312.5 亿美元。一般来说，随着旅游者人次的增减，旅游者消费总额也将增减，但是两者之间并不是简单的完全正相关关系，也有可能随着旅游者人次的增长，旅游者消费总额反而下降，其中涉及旅游者的消费层次和消费结构等多方面的问题。

（二）旅游者人均消费额

旅游者人均消费额是指在一定时期内，旅游者消费总额与旅游人数之比。它以价值形态从平均数的角度反映了某一时期的旅游需求状况。我们可通过该指标分析各个客源市场的消费水平，了解旅游者消费的变化情况，进而确定相应的目标市场和营销策略。在一般情况下，旅游者人均消费额与旅游者人均停留天数之间呈正相关关系，但这并不是绝对的。

（三）旅游消费率

这一指标是指在一定时期内，一个国家或地区的出国（境）旅游消费总额与该国或地区的居民消费总额或国民收入的比率，又称旅游开支率。它用公式可表示为：

$$\text{旅游消费率}=\frac{\text{出国（境）旅游消费总额}}{\text{居民消费总额}}\times 100\% \tag{2-4}$$

该指标反映了一定时期内一个国家或地区的居民出国（境）旅游需求的强度。

四、旅游出游率与旅游频率

（一）总出游率和净出游率

总出游率是指一定时期内，一个国家或地区出国（境）旅游人次与该国家或该地区总人口的比率。它用公式可表示为：

$$\text{总出游率}=\frac{\text{出国（境）旅游人次}}{\text{总人口}}\times 100\% \tag{2-5}$$

该指标反映了一个国家或地区居民出国（境）旅游需求的状况，可以作为我们选择目标客源市场的依据。

净出游率是指一定时期内，一个国家或地区出国（境）旅游人数与该国或该地区的总人口之间的比率。它用公式可表示为：

$$\text{净出游率}=\frac{\text{出国（境）旅游人数}}{\text{总人口}}\times 100\% \tag{2-6}$$

（二）旅游频率（Travel Frequency）

该指标是指一定时期内，一个国家或地区出国（境）旅游人次与该国或该地区出国（境）旅游人数之比。它用公式可表示为：

$$\text{旅游频率}=\frac{\text{出国（境）旅游人次}}{\text{出国（境）旅游人数}}=\frac{\dfrac{\text{出国（境）旅游人次}}{\text{该国（地区）总人口}}\times 100\%}{\dfrac{\text{出国（境）旅游人数}}{\text{该国（地区）总人口}}\times 100\%}=\frac{\text{总出游率}}{\text{净出游率}} \tag{2-7}$$

该指标反映了一定时期内一个国家或地区的居民出国（境）旅游的频率，这也是我们选择目标客源市场的又一项参考指标。一般来说，旅游频率越高，表明该国或该地区的居民的旅游需求越旺盛。

由这些旅游的相关指标可以看到，一国或一地区的已实现的旅游需求的增加可能是净出游率变化的结果，也可能是总出游率变化的结果，或者是两者变化综合影响的结果。

案例点评 >>>>>>

2016 年成都市国内游客主要特征

2016 年成都市共对 8 471 位国内游客进行了抽样调查。

一、客源地

如表 2-5 所示，在接受调查的游客中，来自成都市内游客占比为 52.30%，市外省内游客占 27.45%，省外游客占 20.25%。

表 2-5　成都游客来源地调查表

游客来源	成都市内游客	市外省内游客	省外游客	总计
所占比例（%）	52.30	27.45	20.25	100

其中，市外省内游客中，排名前十的城市分别是德阳市、绵阳市、眉山市、南充市、乐山市、达州市、宜宾市、内江市、雅安市和资阳市。在省外游客中，排名前十的省市是重庆、陕西、广东、河南、北京、云南、江苏、湖北、甘肃和山东。其中，来自重庆市的游客最多，占比 16.42%，其次是陕西和广东，所占比例均为 6.86%。

二、旅游目的

来成都旅游的游客中，以本地游客和一日游游客为主，这部分游客以休闲/度假（46.91%）和观光/游览（40.53%）为主，两者所占的比例为 87.40%。成都是一个著名的休闲城市，因此来成都的游客中，休闲/度假的比重相当大。同时成都的景区景点较多，受访游客在蓉平均游览景点数量为 2 个，其中省外游客在蓉平均游览景点数量为 2.8 个，市外省内游客为 2.1 个，市内游客为 1.8 个。

三、旅游方式

在受访的国内游客中，来成都的旅游方式以自由行占绝对优势，参加旅行社组织的游客所占比例仅为 1.63%。值得注意的是，自驾车旅行游客所占比例已由 2015 年的

33.2%增长至2016年的42.36%，散客化和自驾游趋势明显。数据表明，自驾游以自由、灵活、个性化等突出特点被旅游者所接受和喜爱，是近年来我国新兴的、值得引起行业重视的旅游方式。

四、过夜情况

在受访游客中，一日游游客5 441人，占64.23%；过夜游游客3 030人，占35.77%。在市内游客中，86.48%的游客为一日游；在市外省内游客中，六成（60.17%）游客为一日游。省外游客中，过夜游所占比例较高，达87.79%。这也是与成都的游客来源情况相吻合的，即以市内游客为主，省内市外次之，省外游客居后。

五、停留天数

过夜游游客平均停留时间由2015年的1.9天增至2.0天，其中市内游客平均停留1.6天，市外省内游客平均停留2.0天，省外游客平均停留2.6天。

六、游客花费

游客在成都的花费较2015年度有较大幅度增长，花费主要集中在交通、住宿、购物和餐饮等方面。2016年的游客花费主要呈现以下特征：

一是2016年国内游客在蓉旅游期间人均花费为1 227.7元，比2015年（1 051.0元）增加了176.7元，增长幅度为16.81%。

二是游客花费主要集中在交通、住宿、购物和餐饮等方面，各项花费的占比均在20%左右。与2015年相比各项旅游花费的占比变化不大，餐饮、购物、住宿、景区游览、通信的占比略有上升，交通、娱乐等花费占比略微下降。

三是过夜游游客人均花费（2 137.1元）比2015年（1 913.1元）提高224元，一日游游客人均花费（614.0元）比2015年（689.1元）减少了75.1元，二者之间的差距由1 224.0元进一步扩大至1 523.1元。

四是市内游客在蓉旅游期间的人均花费较低（387.5元），市外省内游客和省外游客花费均比较高，分别为1 514.4元和3 009.8元。

五是住在亲友家的游客人均花费较低（1 332.1元），住在商务酒店的游客和住在星级酒店/宾馆的游客人均花费则比较高，分别为2 476.8元和3 240.2元。

以上特征显示，成都市游客花费虽有较大幅度提升，但仍以吃、住、行等必要的基本消费为主，购物、娱乐等方面的非基本花费占比仍然较低。同时，过夜游游客、市外游客的花费明显较高，而成都市游客类型又以本地游客和一日游游客居多。因此成都还需要大力提升在国内旅游市场知名度，丰富产品和服务供给，加大夜间旅游的开发力度，在娱乐和购物服务方面狠下功夫，吸引更多市外和省外游客。

七、游客对景区景点的选择

国内游客对成都市的山水风光、文物古迹和大熊猫等旅游资源最感兴趣。受访游客表示感兴趣的资源集中在青城山、天台山等山水风光类（占59.34%），武侯祠、金沙遗址等文物古迹类（占55.05%）和大熊猫（占33.24%）等方面。省内、省外游客均对山水风光类资源感兴趣。

此外，省内游客（包括成都市）更偏爱欢乐谷、国色天香等娱乐类旅游资源，省外游客更偏爱武侯祠、金沙遗址等文物古迹类、大熊猫以及川菜/川茶等饮食文化类旅游资源。

八、旅游商品

国内游客对成都的特色美食/川茶、大熊猫等纪念品和蜀锦/蜀绣等旅游商品最感兴趣。受访游客表示感兴趣的商品集中在特色美食/川茶（占69.35%）、大熊猫等纪念品（占23.95%）、蜀锦/蜀绣（占21.48%）等方面。省内外游客感兴趣的商品种类相差不大。

资料来源：2016年成都市旅游市场抽样调查报告［EB/OL］.（2019-12-11）［2020-04-18］. https://www.lwtour.cn/47031.html.

评析：

本章我们分析了旅游者的旅游需求。旅游者旅游需求的产生需要同时具备旅游动机、支付能力和闲暇时间，这三者是旅游需求产生必不可少的条件，缺一不可。由于受到旅游者个人因素的影响和旅游目的的不同，旅游者会采取不同的旅游方式，在旅游过程中也会表现出不同的特点。旅游者的旅游目的包括商务公务旅游和观光、休闲度假旅游、探亲访友旅游等，这都体现了旅游者需求的多样性。这些出游的目的是和旅游者的旅游动机、支付能力及闲暇时间、出游时间等相关的，而不同的旅游目的又对旅游者的景区景点选择和旅游者的消费结构、在目的地的停留天数等方面产生影响。

旅游需求具有时间指向性和地域指向性，这一点从上面的案例中也得到了验证。来自成都市内和四川省内的旅游者数量占了全部来蓉旅游者数量的79.75%，表现出在客源地上的集中性。同时，省外游客也以四川周边的客源为主。在当前游客出游选择和出游目的地选择多样化的前提下，成都虽然是国内著名的休闲度假城市，但对远距离游客的吸引力仍稍显不足，这主要是受到到成都的交通成本等因素的制约，而近距离游客由于在这方面具有优势，随着高速公路等交通条件的改善，大量的自驾游游客进入成都，这也验证了旅游需求和旅游价格呈正比关系的旅游需求规律。如果再进行深入研究，我们还可以发现客源地因素、目的地因素等对成都旅游需求的影响状况，如我们可以分析：到成都旅游的旅游者主要来自哪些地区？这些地区的经济发展状况如何？这些地区的人们有没有旅游的习惯？消费习惯是什么样的？为了吸引更多的旅游者来成都旅游，成都又做了哪些努力？成都目前的旅游者类型构成状况如何？为什么会是这种结构？各种旅游者比如商务旅游者、休闲度假旅游者对旅游价格的变化的反应是否一样？等等。

通过本章的学习，我们应该掌握旅游需求产生的条件、影响旅游需求的各种因素、旅游需求的层次、旅游需求规律、旅游需求价格弹性、衡量旅游需求的指标等内容。

关键术语

旅游需求　旅游动机　可自由支配收入　闲暇时间　现实旅游需求　潜在旅游需求　已实现旅游需求　未实现旅游需求　旅游需求指向性　旅游需求敏感性　旅游需求规律　旅游需求价格弹性　经济距离　文化距离　旅游消费率

思考与练习

1. 旅游需求的概念是什么？其影响因素有哪些？

2. 可自由支配收入与闲暇时间如何影响旅游需求？

3. 结合旅游经济运行特点和收入及闲暇时间对旅游决策的影响，分析旅游者对旅游目的地价格的反应与其作为普通消费者在其常住地消费时对商品价格反应上的差别。

4. 距离如何影响旅游需求？

5. 旅游需求的特点是什么？针对这些特点，旅游目的地应该怎么做才能吸引更多旅游者？

6. 案例分析题：阅读下面的案例，并回答问题。

假日经济正在借长假而繁荣起来，但仔细研究一下“黄金周”期间与节后旅游业、交通运输业和商业的表现，所谓的繁荣无非“寅吃卯粮”罢了。

首先从黄山看旅游。往年的“五一”，游客一般在5万人左右，2000年居然达到了创纪录的15万人，蜂拥而至的游客大大超过了旅游景点的接待能力。有关专家指出，“五一”期间的集中出游不但使各大景点透支了今后一段时间内的游客资源，也因接待的不周到挫伤了许多人假日出游的积极性，其后遗症不是短时间能够消除的。

再从民航看交通。假日期间民航所有的正班、加班和包机常常“爆棚”，绝大部分航班的客座率都在90%以上。但随着假日的结束，航班客座率急转直下。以国内平常算不上繁忙的合肥机场为例，假日期间日旅客吞吐量最高达到3 000多人次，整个假日7天的旅客周吞吐量达到创纪录的近1.8万人次，可假日一结束，日吞吐量锐减至高峰期的一半，平素客座率较高的合肥—广州航班，有的班次居然客座率不到两成。业内人士认为，出现此种情况与目前的整体消费水平关系较大，“五一”期间的火热现象其实也透支了今后一段时期的客源。民航是这样，铁路和公路也是如此。

最后以王府井看商业。据央视新闻报道，北京王府井各商场的节中、节后销售额截然不同，节后王府井商场的日销售额从“五一”期间的最高680万元一下子就掉到不足150万元，还不如平时多，其他几家商场的日销售额也比平时跌了三成以上。老百姓整体购买力并未显著增长，只是把平时要花的钱省下来专门集中到假日期间消费罢了，集中消费行为仅仅是一时一地的消费行为，假日期间花费的钱中很难说没有对未来的透支，随后出现购买疲软也就不足为奇了。

资料来源：张剑．假日经济是寅吃卯粮［N］．中国青年报，2000-05-19.

问题：

（1）假日经济是否真的是“寅吃卯粮”？如果是，为什么？如果不是，从哪些方面表现出来？

（2）假日经济为什么这么繁荣？

第三章

旅游消费行为

导入案例

世界热切期待中国游客

2019年底开始的新冠疫情，使世界旅游业按下了“暂停键”。随着疫情的结束和管控的放开，各国旅游业都在快速地恢复中。疫情前，中国已经成为世界第一大旅游客源地，成为诸多国家和地区推动本国本地旅游发展的最重要力量之一，因此，在我国于2023年初有序恢复出入境旅游后，许多国家都在通过各种方式吸引中国游客，以期为本国旅游业发展注入更多活力。

2019年中国游客赴马来西亚旅游超过300万人次，占马来西亚国际游客总数的近12%，旅游消费占马来西亚国际旅游收入的17.8%。为抢占我国出境旅游先机，马来西亚旅游、艺术和文化部与马来西亚旅游局2023年与68家相关机构合作，在北京、上海、重庆、广州、厦门等多地开展营销路演活动，积极举办线下商务洽谈会、休闲旅游及主题旅游推介会等活动，进一步向中国游客展示马来西亚旅游资源，加快办理签证，积极提升国际机场服务水平，旅游相关单位招聘更多会讲中文的员工，从而增加对中国游客的吸引力。为了吸引中国游客，古巴旅游部拟订了多项古中旅游合作计划，专门成立了中国工作小组，培养一批会讲中文的导游和行政人员。巴西的里约热内卢、圣保罗、巴西利亚等地的酒店专门为中国游客准备了电热水壶、开通中文电视频道、制作中文菜单等，里约热内卢的警察局甚至开设了旅游警察中文培训班。

2023年2月14日，伊朗总统在访华期间邀请更多中国游客赴伊旅游；塞尔维亚总统在第44届贝尔格莱德国际旅游博览会开幕式上向中国游客发出邀请；澳大利亚旅游局局长也借访问中国的机会，向中国游客发出热情邀请。柬埔寨以“过水门”仪式迎接搭载中国游客的航班；埃及政府简化中国游客的签证流程，在中国开设官方网站和社交媒体账号；泰国政府官员前往机场，为中国游客送上花环；肯尼亚民众载歌载舞，欢迎中国旅行团……法国《巴黎人报》更是直接表示：现在“只差中国游客了”。

近年来，随着我国出境游市场的快速发展，我国旅游者强大的消费能力和我国巨大的市场潜力，促使许多国家都将我国作为一个重要的旅游客源地，纷纷对我国开放，并出台了诸多有利于我国旅游者前往的政策，开展了力度较大的旅游促销活动，投入大量的资金和精力对我国市场进行研究。

那么，旅游者为什么会选择这个目的地而不选择其他目的地呢？是什么因素影响着旅游者的目的地选择呢？旅游者的消费结构又是什么样的呢？旅游者怎样才能达到旅游效用的最大化呢？通过本章的学习，我们将会了解旅游消费的概念、旅游消费的结构及其影响因素、旅游消费行为决策、在时间和货币条件约束下旅游者如何达到旅游效用最大化等内容。

第一节 旅游消费概述

一、旅游消费的内涵

旅游消费是检验旅游供给是否符合旅游需求的市场标准，是旅游产品供给信息是否已经有效地传递到旅游需求方的最终衡量标准之一，因此旅游消费是旅游经济体系持续健康发展的决定性因素之一。显然，如果旅游供给的内容不符合旅游者的需求，或者旅游供给的信息没能通过有效途径传递给旅游需求者，那么旅游供给企业的产品就无法卖出去，企业无钱可赚，自然就无法进行扩大再生产，旅游经济运行就可能有阻碍，旅游产业链条的运行就会中断。

（一）旅游消费是一个过程

旅游消费涉及旅游者在整个旅游活动过程中的食、住、行、游、购、娱等各项消费，是一个复杂的过程，为了理解和研究的方便，我们可以将它分解成以下几个方面。

1. 对旅游吸引物的消费

旅游消费中最重要的是对旅游吸引物/旅游景区（点）的消费。旅游者之所以到这个目的地旅游而不到其他目的地旅游，是因为这里有独具特色的旅游吸引物。虽然从个人角度看，对旅游吸引物的消费在整个消费支出中所占比重可能不大，但其他各种消费都是围绕旅游吸引物的消费而产生的。对于观光旅游来说，景区是旅游吸引物。随着休闲度假的发展，越来越多的要素成为旅游吸引物，如酒店、温泉、特色餐饮、节庆活动等，都有可能成为旅游吸引物。比如，一个度假旅游者之所以选择澳大利亚的黄金海岸，是因为他认为黄金海岸更符合他的度假需要，他可以享受黄金海岸的阳光、沙滩和海水；在这里的食、住、行、购、娱等消费都只是为了满足他的度假需求而附带产生的消费。因此，如果没有对旅游景区（点）的消费，就不会衍生出住宿、餐饮、购物、娱乐和交通等方面的消费。

2. 对相关旅游设施的消费

旅游消费是一种异地体验性消费，如旅游者到异国他乡去体验不同的民族文化、民俗风情等。其间为了到达目的地，旅游者必须借助一定的交通工具，到达目的地后，还需要消费相应的住宿设施服务和餐饮服务等。因此，旅游交通、住宿设施、餐饮设施、通信设施以及其他相关设施的消费可能不是旅游者进行旅游的根本动因，但是如果没有这些方面供给的有效支持，旅游者可能很难成行，或者会增加旅游者旅行的成本，或者会降低旅游者对整个旅游行程的评价。

3. 旅游购物消费

如果旅游者想为自己美好的旅游体验留下一些物化见证，那么还会涉及购物消费问题，这也是我国旅游经济发展中迫切需要解决的问题。人们对旅游购物问题的关注，从积极的方面看主要在于它能给当地经济带来促进作用，从消极角度看则是因为现在在旅游过程中强行购物的问题比较突出，影响了旅游者对整个旅游行程和旅游活动的整体评价。

（二）旅游消费的特点

通过对旅游过程的分析我们可以发现，旅游消费除了具有综合性、异地性（即需要旅游者前往目的地才能消费）外，还包括以下一些特点：

（1）旅游者对旅游吸引物消费的空间共享性，即旅游者必须和其他旅游者共同享用某一旅游景区（点）。这种共享性使得其他旅游者的状况不可避免地成为旅游者评价某一旅游目的地的因素之一，同时也增加了旅游相关供给企业对质量控制的难度。

（2）旅游消费的不同组成部分的价格弹性是不一样的。例如，旅游景区（点）的价格弹性要小于住宿设施、餐饮设施方面的价格弹性，著名景区（点）的价格弹性要小于一般景区（点）的价格弹性等。

（3）就整体而言，旅游消费受旅游者个人的预算约束，即旅游者在旅游之前一般有一个花费数额的计划，但在旅游过程中的实际消费却在很大程度上受外界的影响，具有一定的冲动性消费倾向，我国传统的“穷家富路”观念本身就暗含了冲动性消费的可能性。

（4）旅游消费是季节性的消费。比如，法国人一般喜欢在夏季外出旅游，而德国人则习惯于春季外出旅游，我国的旅游消费在国庆长假期间非常明显，这些旅游活动的季节性使得旅游消费也呈现出一定的季节性。

二、旅游消费的结构与结果

对旅游者的旅游消费行为的结果，可以从两个角度来分析。从旅游目的地的角度看，旅游者的消费行为客观上表现为一定的经济收入，如果深入分析这种经济收入的来源就可以发现旅游者在目的地的旅游消费结构。从旅游者的角度看，旅游者消费行为的结果是产生他的“私有产品”，也就是我们常说的旅游经历或旅游体验，即便欣赏的是同一个景观，不同的旅游者也会产生不同的“体验产品”。

（一）旅游消费结构

1. 旅游消费结构的概念

旅游消费结构是指在旅游者旅游过程的总消费中，各类消费支出之间的数量比例关系。根据不同的分类标准，消费支出可以分为以下各种不同的类别：

（1）实物消费与劳务消费。从旅游消费对象的形态出发，旅游消费可以分为实物消费和劳务消费。实物消费是指旅游者在旅游过程中消耗的物质产品，包括食品饮料、客房易耗品等；劳务消费主要是指旅游者在旅游过程中所消耗的活劳动，包括交通运输服务、饭店服务、导游服务等。

（2）基本旅游消费与非基本旅游消费。按消费内容的重要程度，旅游消费可分为基本旅游消费和非基本旅游消费。一般来说，基本旅游消费包括景区（点）游览、区间及区内交通、住宿等方面的消费，除一些专门以购物、娱乐为目的的旅游活动外，购物、娱乐等方面消费一般属于非基本旅游消费。

（3）“六要素”消费。按消费内容的用途，旅游消费可分为游览、住宿、交通、餐饮、购物、娱乐等方面的消费。2001—2019 年我国入境旅游者花费构成如图 3－1 所示。这是目的地旅游经济研究中普遍采用的分类方法，也是进行消费结构合理性比较研究时主要的判断标准。

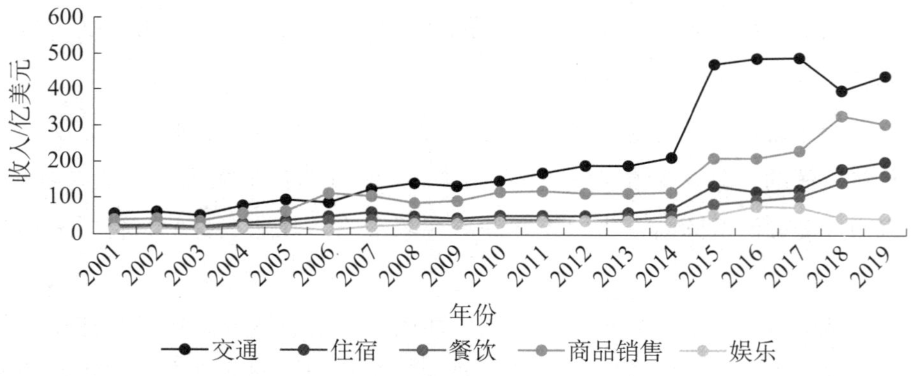

图 3－1　2001—2019 年我国入境旅游者花费构成

正是在这种分类标准下，有学者指出，相对于旅游购物占旅游收入 40%～50%的世界平均水平（比如，新加坡的旅游购物所占比重就很高），我国旅游消费结构中购物比重明显偏低。实际上，每个国家或地区都有各自不同的具体情况，不一定非要以国外的旅游消费结构或旅游购物比重为衡量标准，而是应该具体情况具体分析，只要是符合国情（区情、地情）的消费结构，就能推动本地旅游经济持续、有效、健康地发展。

但是，作为旅游活动的组成部分，如何适当提高旅游购物比重的确是旅游经济研究的重要内容之一，应该从旅游经济而不仅仅是从旅游购物的角度进行分析。比如，如果单纯地从购物角度来讲，国际上有些城市并不一定具有很明显的优势。如果将旅行费用考虑在内，那么人们去伦敦或巴黎购物，乘挪威的游船到英国的约克郡游览和购物，从荷兰或比利时乘汽车或火车到德国的圣诞节市场购物的行为，就无法用传统上那种“跨境购物是建立在所购物品的不同定价基础之上”的观点来解释了。再比如，对于那些到香港购物的内地游客而言，他们购买这些商品时支付的绝不仅仅是标签上的价格，还需要考虑他购物之旅中所发生的餐饮、住宿、交通等方面的相关消费，这样分摊到每件所购物品上的价格肯定要高于标签价格。因此，这时候的旅游者购买的实际上已经不再是商品的功能性价值，而是在享受着某种购物的环境或经历。

2. 旅游消费结构的影响因素

一般认为，影响旅游消费结构的因素包括旅游者的收入水平，旅游者的构成，旅游产品的结构、质量、价格以及旅游者的心理因素。因此，从旅游者角度看，影响旅游消费结构的因素可从以下五个方面来理解：

(1) 旅游者的收入水平越高（确切地说是其旅游预算越高），消费的水平可能越高，消费涉及的范围可能越广，对高档旅游纪念品的兴趣可能越大，则其购物消费占全部旅游消费的比例可能越大；反之，旅游者的收入水平越低，则可能消费水平越低，更主要的是其消费涉及的可能只是住宿、餐饮和交通等必要开支，旅游购物等延伸消费相对较少，对旅游目的地的经济拉动作用明显要低一些。

(2) 旅游者的构成（主要是旅游者的人口统计特征）会影响旅游者的消费结构。旅游者的受教育程度、职业等都可能影响旅游者的收入，进而影响旅游消费。旅游者人口统计因素中的其他因素，诸如年龄、性别等，也会影响旅游者消费的能力和具体消费项目，如年轻人在观光游览、娱乐购物方面的消费开支较大，而对于住宿、交通上的要求可能不高，但老年人则更倾向于选择舒适的住宿、良好的饮食条件和交通设施；女性更倾向于购买化妆品、时装及家庭生活用品，男性的购物支出则主要集中在烟酒类；等等。

(3) 旅游者的旅游方式会对旅游消费结构产生影响。因为旅游者的消费会受到特定的购买境况的影响，随团旅游的旅游者可能更容易受同伴消费行为影响而产生冲动性消费。

(4) 旅游者的偏好同样会影响其消费选择，从而形成不同的旅游消费结构。比如，喜欢购物的旅游者在购物方面的消费比重自然就高一些，而喜欢美食的旅游者则可能在餐饮方面会花更多的钱。

(5) 旅游者的消费技术，即旅游者对各个单项旅游产品进行组合的能力会对旅游消费结构产生非常重要的影响。有时候旅游者之所以会形成现在的消费结构，并不是他们偏好这样的消费组合，而是他们不知道应该怎样组合这些消费项目以获得更好的效果。因此，现有的消费结构是旅游者在其自身消费技术约束下的选择，而这种选择不一定是旅游者最满意的（或者可能只是没有不满意而已）。这一点必须引起旅游目的地和旅游相关供给企业的重视。

从旅游目的地的角度看，也有以下两个方面的影响因素值得关注：

（1）旅游目的地的性质。旅游目的地核心旅游吸引物类型的不同预示着提供给旅游者的核心利益也会截然不同，旅游消费结构自然也就不尽相同了。比如，旅游者在度假型旅游目的地、观光型旅游目的地与娱乐型旅游目的地的消费显然不可能是一样的。

（2）由于旅游消费是一种整体性、合成性消费，因此单项旅游消费会受到整个旅游相关系统协同程度的影响。如果旅游相关企业的供给不能很好对接，那么其中“长边”部分供给的实现就会受到“短边”供给的技术约束。如饭店可提供 1 000 张床位，但由于旅游交通跟不上，只能带来 800 个游客，那么必定有 200 张床位是空闲的（这里假设景区可接待 1 000 个游客，每个来的游客都住在饭店里）。如果这些旅游供给的质量、价格存在问题，则受到供给之间替代关系的影响，旅游者将放弃对其中质量差、价格高的供给的消费，而选择消费质量好、价格低的供给，甚至可能有一部分潜在旅游者因此而放弃到该目的地的旅游计划。

（二）旅游消费结果

作为旅游者，当他们花钱、花时间、花精力游景区、住饭店、吃美食后，最终会形成对这次旅游行程的整体评价：或者好，或者不好；或者值，或者不值。这种评价就是旅游者消费行为产生的结果，即旅游经历。在现实中，我们会观察到这样一种现象，即面对同一种“旅游原材料”（如景区），不同的旅游者会产生不同的旅游体验，这种体验的好坏不仅会影响这个旅游者自身是否会成为回头客，而且还会通过他影响其周围的其他潜在消费人群。旅游企业应力争提供高水平的服务，让旅游者产生好的体验。但是，在旅游者从离家到返回的整个过程中，影响旅游经历的因素众多，有些因素，如突发事件，是旅游者和旅游企业无法控制的，因此，旅游企业只能尽可能地做好防范工作，并建立一套完善的突发事件处理机制，以降低突发事件等对旅游体验的负面影响。

从旅游者的角度看，旅游者的个性特征、社会阶层、生活方式、旅游阅历、态度和预期等因素都会对其旅游经历产生重要影响。比如，对历史感兴趣并有一定研究的旅游者会对莫高窟、兵马俑等景区（点）表现出浓厚的兴趣，并产生一种震撼的感觉，从中得到较大的满足，并希望尽可能多停留一些时间；而一位对历史一无所知或知之甚少的旅游者可能对此就不会留下什么深刻印象，如果在这类景点停留过久，他甚至会觉得很烦，并对这趟行程不满意。

此外，旅游者的消费能力和技术也是影响旅游经历的不可忽视的因素。可以想象，如果消费者购买的是汽车、冰箱等涉及所有权转移的实物商品，那么，即使消费者在此之前对该商品的具体使用方式不太熟悉，他也完全可以在买回家后逐渐学习使用技术，不断提高使用的满意程度。旅游消费则不同，旅游者面对的旅游产品不同于制造业产品，它的所有权具有不可转移性，使用权具有空间固定性和消费时限性等特征，旅游者只能在特定的时间、特定的旅游目的地进行旅游产品的消费活动。这种特殊的消费方式使得消费技术显得更为重要。如果旅游者在旅游消费现场没有运用恰当的能力或技术进行消费，那么在本次消费活动中就失去了对这些“旅游原材料”进行组合、加工的机会，如果想重新对这些“旅游原材料”进行组合、加工，就必须付费再次到该目的地进行旅游消费。比如，一个旅游者花钱买了一张故宫的门票，从午门进去，从神武门出来，好好地逛了一整天。第二天他想起来还有一个景点没看，想再去看看，那他就必须重新购票，这是很简单的常识。还有，如果旅游者的第一次经历是不愉快的，或者说是不满意的，尽管有时候这种不愉快或不满意是旅游者自身的消费技术或能力所造成的，但旅游者是不会考虑到这一点的，他必定将这种不满意的原因归结为“某地没什么好玩的”，那么他又会有多大的可能性“故地重游”呢？不仅如此，他还将这种不愉快或不满意的经历向其周边的人广泛传播，从而造成该目的地在某一群体中形成了较差的旅游形象，进而导致该地丧失部分潜在的旅游者。

每一个旅游者当然也深知旅游消费技术不足对自己的不利影响，因此在旅游景点经常能看到三三两两的散客看不懂某个景点时就会去“蹭听”旅游团导游的讲解。由此可知，在整个的旅游活动过程中，旅行社的参与往往能起到帮助旅游者对旅游相关消费要素进行组合的作用，而导游人员的参与、目的地或景区（点）解说系统的建设和完善可以帮助旅游者提高加工能力（见图 3－2）。随着新的技术在旅游业中的应用，目的地或景区在导游方面也需要作出相应的调整和改变，目前已经有不少目的地或景区开始应用扫描二维码为旅游者提供电子讲解服务，旅游者只需要用手机扫描景点的二维码，就可以观看或收听景区预先录制好的景点讲解。

在没有旅行社等中介机构、没有导游人员等中介服务参与的情况下，旅游者要想获得合理优化的旅游经历，就更要依赖于旅游者自身的消费能力和技术了，尤其是当旅游者面对人文古迹或人文山水时。比如说黄鹤楼，大多数人只知道它是我国四大名楼之一，或者还可能知道“故人西辞黄鹤楼，烟花三月下扬州”的诗句，但对黄鹤楼所包含的我国古代“登山临水以显发达的山水意识之楼阁选址观，登高望远以抒空间之博大与时间之亘古的中国时空观，以一统万、以小见大、与自然合一的中国审美观，以木结构为中国人务实求本、扎根大地、注重整体和谐的一种表象”等内涵则了解不多。要求旅游者全凭自身能力获得一个好的旅游效果恐怕不容易，也不现实。现在许多旅游景区（点）在评估自身的旅游资源，尤其是人文旅游资源时，往往从专家的角度出发阐述旅游资源所具有的高价值，但绝大多数的旅游者都不是专家，我们不能苛

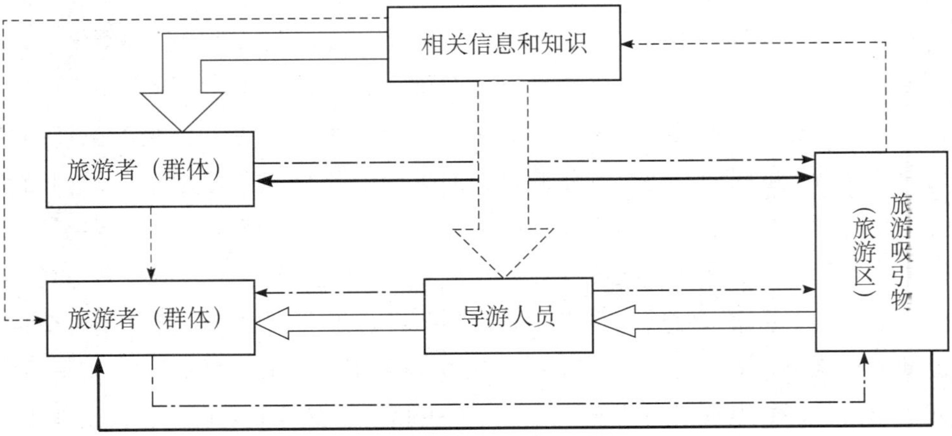

图 3－2　旅游审美与信息传递示意图

求每一个旅游者都能很好地理解这些旅游资源的丰富内涵；在民俗文化旅游中，我们也应该注意到，对于旅游消费者来说，充分理解这些当地文化的含义和象征是需要有深厚的人类学知识的。因此，由于不能理解隐含在诸如土著狂欢节或印度尼西亚殡葬仪式等文化活动中的宇宙观，旅游者把这些活动只是当作“奇异的”“美妙的”习俗来看待也就不足为怪了。

从这里我们可以得到两点启示：

（1）旅游目的地及旅游景区（点）应该加强相关解说系统的建设和完善。著名哲学家维特根斯坦曾经指出，一个不习惯在森林里寻找花朵、浆果或植物的人是不可能找到它们的，因为他的眼睛没有受过发现它们的训练，而且他不知道必须在什么地方专心致志地进行搜索。训练旅游者发现美的眼睛，引导旅游者搜索体验的兴奋点，帮助他们发现“花朵”“浆果”的重任，就落在了旅游解说系统的建设与完善上。解说系统的建设与完善不仅是增加旅游者满意度的要求，也是不断创新（尤其是文化创新）和发展核心竞争力的要求。对于人文性较强的旅游景区（点），文化创新主要是将内化在景点、景观内的文化挖掘出来，使内化的文化内涵能够遵循“外化-内化”的转换模式，通过完善的旅游解说系统，形成旅游者的旅游经历。这种解说系统可以是一种静态文字显示系统，比如简单的解说牌（见图 3－3），也可以是一种“人-机”系统，比如便携式的语言导游设备，或者是“人-人”系统，比如旅游景区（点）为散客提供的导游解说服务。随着科技的发展，现在以二维码为代表的更为方便的解说系统和解说方式（见图 3－4）出现了，旅游者只需要扫描一下展品或者景点的二维码，就可以用随身携带的手机方便地享受到导览解说服务。

图 3-3　庐山老别墅的解说牌

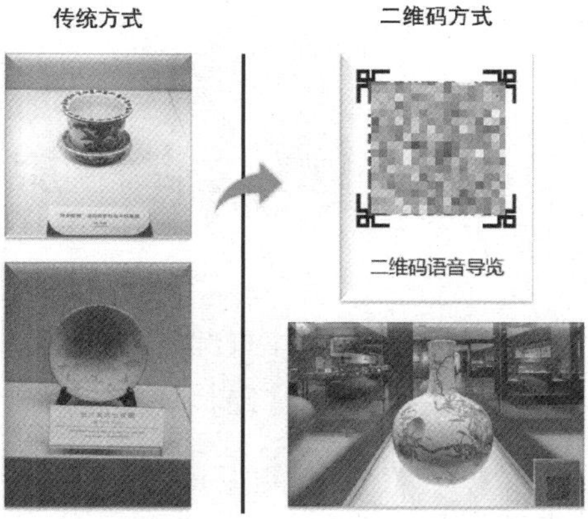

图 3-4　以二维码为代表的更为方便的解说系统和解说方式

（2）旅行社或者旅游目的地营销机构应该大力宣传目的地相关消费对象的主要特性，从而帮助潜在的旅游者认识这些重要的特性，降低旅游者组合、加工的成本，相对提高旅游者的消费能力和技术，改善旅游经历的质量。

当然，由于旅游者往往会将自己的预期作为对旅游活动的评价目标和标准，因此这种预期对其最终的经历质量会产生重要影响。不过，旅游目的地或旅游景区（点）需要清醒地意识到，这些预期的形成可能是来自旅游目的地或景区近期的宣传促销，也可能来自旅游者以前甚至是很久以前获得的关于目的地或景区（点）的知识和印象，还可能来自这些旅游者周围相关参照群体的“口碑效应”。因此，为了使旅游者的旅游经历尽可能地达到所设计的理想状态，旅游企业就需要充分重视这些信息传播渠道，注意及时、准确地传递信息，以防范过时信息对旅游者预期造成负面影响。

就信息传递对旅游者预期的影响而言，我们还要注意来自旅游中介组织（如旅行社）宣传促销的影响。旅行社组织的团队游客可以稳定客源，保证旅游景区（点）收入的稳定性。同时，旅行社的线路设计及市场推广引领了散客的大规模进入，促成了很多旅游景区（点）的兴起。这是旅行社在旅游景区（点）进入市场的正面渠道作用。如果旅行社提供的服务存在不足，不仅会影响旅行社自身的形象和声誉，还会影响旅游景区（点）的发展。比如，旅行社将一个适合单身年轻人市场且运作得非常成功的度假产品向“2＋1”（三口之家）市场推广，可能会造成“2＋1”市场的旅游者对旅游度假区的不满，因为适合单身年轻人的旅游度假地并不一定就适合有小孩的三口之家。那些不满的旅游者最有可能成为意见领袖，影响其周围的一大批人的旅游购买决策与行为，从而影响旅游景区（点）的发展。另外，如果旅行社等中介机构的夸张宣传使旅游者形成对旅游景区（点）的不合理预期，则旅游者对旅游景区（点）的印象也会大打折扣。

第二节　旅游消费行为决策

上一节分析的一个隐含前提是旅游者只有一个旅游目的地可供选择。事实上，现实中旅游者有多个旅游目的地可以选择。因此，目的地选择也是旅游消费行为的重要内容之一。

一、旅游消费行为

一般来说，旅游消费行为是指旅游者购买、消费、处置旅游产品的行为以及决定这些行为的决策过程，但不包括消费者在旅游行为之前及之后的消费行为，如购买照相机的消费、打印相片的消费等。

从定义可以看出，旅游产品的购买者与旅游产品的实际消费者可以是同一的，即由实际出游的旅游者自己决定旅游产品的购买；也可以是分离的，即实际出游的人可能无法决定旅游产品的购买，这时支付旅游费用的购买者也往往不是旅游者本身，比如奖励旅游、会议旅游、商务旅游以及有些单位组织的以福利形式出现的旅游。正是考虑到这种旅游花费不由旅游者支付的情况，联合国/世界旅游组织在确定了“旅游消费”的概念的同时还界定了“旅游支出”的概念——旅游支出是旅游者或为旅游者在旅行期间或在目的地停留期间所消费支出的总额。本章所指的是由旅游者自己作出相关旅游决策的情况。

二、旅游消费决策

（一）旅游消费决策的影响因素

有很多研究分析了影响消费者选择旅游目的地的因素。普莱德于 1967 年较早地构建了度假者决策行为矩阵，他强调了距离和信息对度假者目的地选择的影响，认为只有被感知的、经济能力承受范围之内的目的地才可能成为旅游者的候选目的地。很多案例表明，旅游目的地的形象可能比其他的事实性信息更容易对旅游者的选择产生影响。克朗普顿于 1977 年提出了目的地选择的两阶段模型：第一阶段是与诸如“究竟应不应该进行一次度假”等基本问题有关的一般阶段，一旦决定要进行度假，则进入考虑“到哪个目的地”的第二阶段。该模型强调了可感知限制（如时间、费用、旅行能力等）与目的地形象对目的地决策的影响，并认为目的地形象对偏好的形成起首要作用。

梅奥和贾维斯认为影响旅游决策行为的内部因素包括感知、学习、个性、动机、态度等，外部社会影响因素包括社会阶层、角色和家庭以及参照群体、文化和亚文化。

资料3-1

会展旅游者行为决策影响因素

影响会展旅游者决策行为的因素包括以下四个：旅游者个人因素、会展旅游参加人员因素、区位因素及涉入机会。

1. 旅游者个人因素

（1）个人健康因素。会展举办期间，由于个人暂时的健康恶化，也许不愿意或不堪会展旅行的劳苦奔波而放弃参加。

（2）个人财务状况。个人财务状况也许会影响是否参加会展旅游，尤其是当会展旅游花费的大部分（如旅游交通、食宿及会展注册费等）不得不由自己支付时，这有可能是不参加会展旅游活动的首要因素。因此，是否有第三方赞助是会展旅游者决策过程中的重要助推器。会展旅游主要受参加者收入水平、旅行费用及会展注册费等财务因素的影响。

（3）个人家庭事务。家庭责任和义务也许是一个重要的决定因素。当会展旅游活动正好能使个人家庭团聚和能够提供家庭和睦机会（如携带配偶前去非常有特色的会展旅游举办地观光、度假、休闲、娱乐等）时，人们就有很大可能参加这次会展旅游活动。

（4）个人时间可得性。是否与个人计划冲突及会展是否重叠，是决定个人是否参加会展旅游活动的又一大影响因素。

2. 会展旅游参加人员因素

会展旅游活动的参加者的构成是会展旅游活动能否成功举办的关键因素，也是会展旅游者决定是否参加的一个重要影响要素。衡量会展质量高低的标准是专业人士到会情况。另外，还有其他因素影响潜在的参加者，如与其他参与活动的专家学者、同事、朋友的个人关系等因素。

3. 区位因素

区位如果与个人及会展旅游参加人员因素结合起来加以考虑，对会展旅游者的决策过程也会起到重要影响。如果会展旅游举办地位于潜在会展旅游者的附近，那么他们就有可能不假思索地选择参加，因为参加的花费不是非常高。在大城市区域和气候条件良好、目的地形象好的区域办会展，也会吸引到更多的会展旅游者。

4. 涉入机会

如果会展旅游者被某一较高等级的会展旅游活动邀请，那么他有可能会放弃其他会展旅游机会。

资料来源：卞显红．会展旅游参与者决策过程及其影响因素研究［J］．旅游学刊，2002（4）：59-62.

（二）旅游消费行为决策过程模型

对旅游消费行为方面的学术研究是在 20 世纪 70 年代才开始的。瓦哈、克朗普顿和罗斯菲尔德较早研究了旅游购买决策过程。他们认为度假消费是有意识计划的过程，而不可能是自发的，也不可能是一时兴起的结果，这个过程无论是在瞬间完成，还是经过多年才完成，都将经历同样的步骤，即“初始刺激→概念性框架→收集情况→确定费用→设计选择方案→预测结果→计算各种方案的成本收益→决定→结果”。

米德尔顿于 1994 年也提出了一个“刺激-反应”消费行为模型（见图 3-5）。

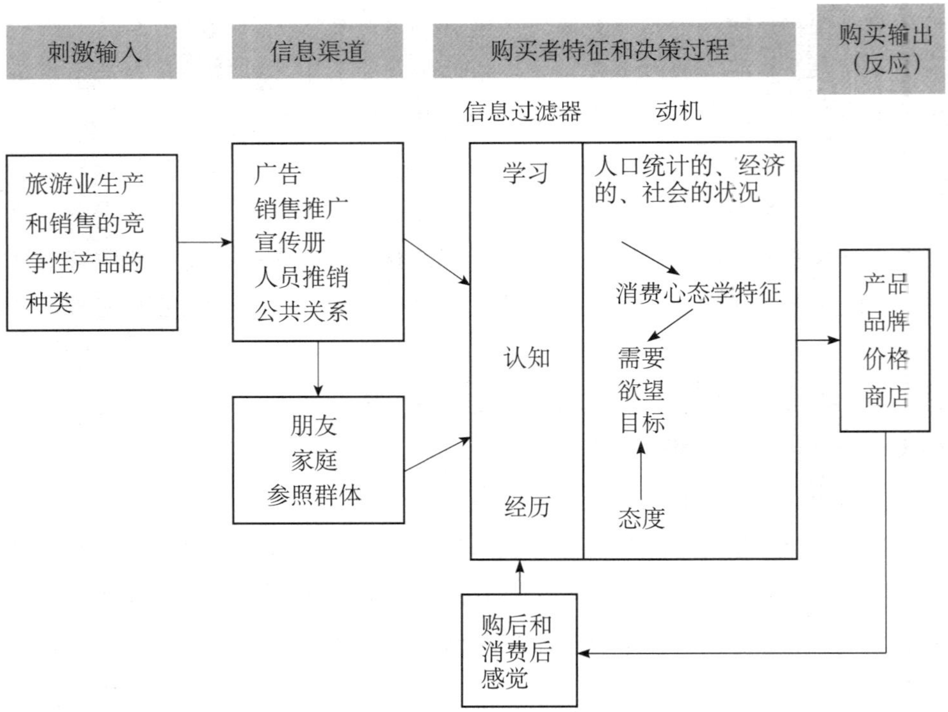

图 3-5 “刺激-反应”消费行为模型

从这个模型中我们可以很清楚地看到，旅游业生产和销售的竞争性产品通过广告、销售推广等多种营销手段对旅游者产生刺激，这些产品也可能通过亲朋好友等口口相传的方式传递到旅游者那里。由于不同的旅游者有不同的特点，因此会产生不同的欲望和目标，旅游者对这些接收到的信息在学习和认知后进行区分，按照自己的需要和自身具备的条件选择购买相应的产品，在旅游消费过程中增加自身的经历。这些经历会提高旅游者的学习和认知能力，而旅游者对其购买消费过的这些产品的态度会影响其下一次旅游的需要、欲望和目标。

在分析旅游者的旅游消费决策中，我们需要注意每个旅游者都是不同的，因此可以根据影响潜在旅游者个人购买决策的主要因素进行相应的市场细分，这些因素包括他们是独自旅行还是与家庭或其他团体一起出游、他们曾经有什么样的经历以及作为旅游者的阅历、他们是花很长的时间进行决策还是看最后折扣来进行决策等。要考虑到特定动机及其决定性因素对购买决策的影响，比如蒸汽机车之旅、攀岩旅游等。实际上旅游者对目的地的信息并不完全了解，在旅游过程中他们也会进行一些非理性的冲动消费。

案例 3－1

旅游决策过程

王家骏 1997 年在无锡的调查中发现的一个旅游决策实例很具有典型性：旅游者是一位中年教师，准备夏季自费单身出游。年初开始筹划，打算旅游五六天，花费四五百元，拟在鲁南、豫东、皖南、赣东北、闽北和浙南中选择旅游目的地（可达机会），随后他着手搜集资料，主要是从旅游报纸杂志、导游小册子和地图中搜集，也曾向旅游经历丰富的人请教过，从而对该区域内的国家级风景名胜区和历史文化名城有了一定程度的了解（感知机会）。由于他本人酷爱大自然，又擅长摄影和美术，认为游览自然风景区容易获得较大的旅游满足，因此决定以山地、湖泊、海滨和自然风景区为候选旅游目的地（考虑机会）。对于自然风景区，他考虑过两种方案：一是多样性方案，即设计一条线路，串联几种类型的自然风景区；二是单一型方案，即玩透一个著名的自然风景区。他最中意的一种多样性方案是：无锡→太湖→杭州→富春江→梅城→建德→新安江→深渡→黄山→无锡。但是限于金钱与时间，以及对车船衔接连续性的顾虑，他不得不忍痛割爱。于是他倾向于单一型方案。在山地、湖泊、海滨和自然风景区四种类型中，他认为山地景观丰富，观赏性强，自己又在山区当过十年知青，对大山感觉既熟悉又亲切，因此他决定这次游览一座名山（选择机会）。通过比较，在待选的名山名单中仅剩黄山、泰山、天柱山、雁荡山和武夷山。他认为，黄山风景无与伦比，可惜的是夏季游人如织，山上吃住成问题；泰山历史遗产丰富，但风景逊于黄山；天柱山刚刚开发，资料不多，对于风景质量是否高、接待设施是否全他没把握；去雁荡山若乘汽车则辗转劳顿，转海轮又怕晕船影响游兴；武夷山丹崖碧水，风景有特色，还可参观自然风景区，虽说远了一点，可坐火车直达邻近的邵武很方便（决策机会）。最后，他选择了游览武夷山。

资料来源：保继刚，楚义芳．旅游地理学［M］．3版．北京：高等教育出版社，2012.

随着社会经济的发展、旅游者旅游经验的丰富，以及科学技术发展导致的信息获取更为便捷，旅游者在做旅游决策的过程中，影响因素也在发生变化。比如随着网络上“旅游攻略”的出现，餐饮、住宿、景区景点介绍、购物，甚至是如何在当地打车或者换乘公交，都有很详细的信息。因此现在的旅游者一般在出游前都会通过网络渠道获取“旅游攻略”，通过网络确定好旅游目的地，制定好行程安排，预订好酒店，甚至确定好具体哪顿饭在哪家餐馆吃。这种变化也使得很多原来不为旅游者所熟知的目的地和景区（点）有了更直接、更方便、成本更低的营销渠道，值得各旅游目的地和景区进行深入研究，以应对市场的变化。

（三）旅游特性与质量确认成本：目的地形象的解说

古多尔和阿什沃思于1988年提出，旅游者的度假选择是建立在个体特有的动机以及目的地的特性上的，也就是所谓的“推-拉”因素。动机“推动”潜在旅游者进行目的地选择，目的地形象则“拉动”潜在旅游者最终确定要前往的目的地，在潜在旅游者进行多个目的地权衡时，目的地形象就成了影响旅游者决策最重要的因素。因此，各个目的地需要建立自己独特的旅游目的地形象，以区别于其他目的地，尤其是邻近的竞争性目的地。

不仅如此，旅游的特性与质量确认成本之间的特殊关系，也要求加强这种目的地形象塑造工作。

“购买旅游”的一个显著特性就是旅游者无法取得景区（点）、交通、住宿设施中任何一种对象物的所有权，只能借助旅游企业提供的这些相关“生产设备”，完成一次体验过程。也就是说，“购买旅游”具有更多的体验属性，在决定付费购买之前无法准确判断质量优劣，消费者只有购买并消费以后才能知道这类产品的质量。这显然与买电视机、买音响等电器时可先试后买不同，旅游产品的购买不存在试用的可能性。另外，旅游活动内在的异地消费性增加了消费者进行体验的难度，旅游者“故地重游”再次体验同一旅游产品的可能性也不大，所以对旅游质量的判断就成了旅游者进行目的地选择的重要障碍。

尽管现代社会的信息已经足够丰富，但是消费者寻求这些信息并不是没有成本的，尤其是旅游消费的异地性和消费关联性，使得要通过搜索旅游相关信息并对潜在购买对象的质量进行判断或确认需要消费者支付更多的成本——质量确认成本。作为一个理性的消费者，旅游者自然会考虑选择简单方便的判断方式进行质量确认，比如通过价格、其他消费者的评价、广告等来判断质量，而目的地的形象则因为是综合了目的地各种因素后的整体感知，所以对旅游者进行质量确认具有很大的影响。

需要注意的是，真正影响潜在旅游者选择的是旅游者心中的目的地形象。如果旅游者心中的形象超出目的地的真实形象，则可能会因为实际感受不如预期而降低旅游者的满意度，反之则不能充分反映目的地的特点以及给潜在旅游者带来的效用，这显然不利于目的地的“销售”。例如，在东北老工业基地振兴的过程中，很多老工业城市也在转型发展旅游，像鞍山这样的地方，的确有很优秀的旅游吸引物，而且它的7个主体厂区都已经通过了ISO 14000认证，游客进入厂区欣赏其主体旅游产品“钢铁是怎样炼成的”时，旅行社还会给每位游客发放白手套，但潜在旅游者一听到鞍山的名称往往就将它与“烟囱林立，黑烟滚滚”联系在一起（见图3-6），这就属于第二种情况——旅游者心中的目的地形象低于目的地的真实形象。对此可以考虑采取以下措施：（1）将积极部分从整体形象中分离出来并充分加以利用；（2）举行诸如体育及文化盛会等大型活动以吸引媒体注意力，并吸引投资以改善相应的旅游基础设施；（3）组织旅游代理商、旅游经营商等能够对旅游者出行选择产生重要影响的意见领袖进行“熟悉之旅”；（4）承办有国际或地区性影响力的旅游会议；（5）充分利用网络媒体和社交平台，通过图片、视频等手段拉近与目标市场的距离。

游客在进入生产车间参观时往往可以得到旅行社发的一副白手套。熟悉饭店管理的人都知道，白手套原则是领班检查客房卫生是否合格时常使用的方法。

图3-6　鞍山钢铁公司外景与生产车间

案例3-2

上海旅游局新聘10位会议大使助推会展旅游业发展

2011年7月5日上午，上海市旅游局举行隆重的颁证仪式，成功新聘第6批10位“上海会议大使”。上海市政府有关领导出席仪式并为新聘“上海会议大使”颁发证书。上海市旅游局局长致辞。上海市旅游局分管领导及相关处室负责同志参加。

此次获邀受聘的10位新任“上海会议大使”来自医学、信息、半导体、会展、科技等领域。据了解，自上海市旅游局2005年聘任“上海会议大使”以来，目前已有71位专家受邀担任“上海会议大使”。近些年，在“上海会议大使”和有关各方的共同努力下，已有数十个具有国际影响力的重要会议在沪举办，上海在国际协会会议的世界排名已经从2005年的第37位上升到2010年的第21位。今后，“上海会议大使”聘请工作将作为制度延续完善，促进上海会展旅游业稳步发展。

资料来源：上海旅游局新聘10位会议大使助推会展旅游业发展 [EB/OL].（2011-07-07）[2020-03-25]. http://www.china.com.cn/travel/txt/2011-07/07/content_22941961.htm.

第三节 旅游效用最大化

一、旅游效用最大化的简单原则

所谓效用，是指消费者从消费产品或产品组合中所获得的满足程度，效用最大化可以通过“满足最大化”和“成本最小化”来判定。在旅游消费中，旅游效用最大化是指旅游者在一定的货币支出（I）与时间（T）约束条件下，通过旅游活动或旅游活动中的不同组合所获得的精神上或物质上的最佳感受。假设有两种旅游产品A、B，则旅游效用最大化是指旅游者在货币支出和时间的约束下，对产品A、B的消费进行了最佳的组合，在这种组合中，旅游者能够得到最大的满足，如果再多消费或少消费一个单位的A（或B）都可能使旅游者的这种满足感下降，或者说旅游者不愿意改变目前的这种产品组合，此时旅游效用就达到最大化。

看旅游效用是否最大化，在旅游活动实践中有两个简单的判断原则。

（一）最大游旅时间比

旅行即旅游者的空间位移，是完成一次旅游活动最基本的前提条件，没有旅行就无法完成空间位移，旅游活动就不可能实现。但是旅游效用主要是旅游者从对目的地相关对象尤其是旅游景区（点）的消费中获得的，如果旅行时间在整个出游时间中占的比例太大，那么在闲暇时间一定的条件下，势必会减少旅游者对主要对象物的消费时间，如果旅游景区（点）的游览时间不足，旅游者自然就不能最大限度地享受对旅游景区（点）的消费所带来的满足感，旅游效用最大化也就无从谈起了。“旅快游慢”这种最大游旅时间比的规律同样适用于不同旅游景区（点）之间的空间位移。因此，在实践中要尽可能地改善旅游交通状况，提高景区的可进入性，尽量减少旅游者花在旅行中的时间，从而相对增加旅游者在景区内的游览时间；或者将交通道修建成景观道（见图3-7），从而让旅游者于不知不觉中在一个又一个沿途“兴奋点”中完成空间位移，这就是所谓的“一路风景一路行”。

水杉林荫道的尽头是湖水，浪漫的氛围深受情侣喜爱。

图 3-7　水杉林荫道

案例 3-3

黄山市十大旅游风景道

为了顺应自驾游市场的发展趋势，推进黄山市世界一流旅游目的地建设、全域旅游发展和旅游“品质革命”，2018 年以来，黄山市围绕“一道一特色、一道一精彩、一道一品牌”的目标，发挥旅游风景道区域合作黏合剂、全域旅游催化剂和旅游升级营养剂的作用，进一步整合全域旅游资源，推进一批旅游重大项目建设，丰富旅游新产品新业态，促进旅游业转型升级、提质增效，把黄山市真正打造成为“中国东部自驾游天堂”。

一、皖浙 1 号旅游风景道：一江人间烟火，一路心旷神怡

该风景道以“三江”沿岸自然风光、古村落、土楼群、山水田园等为依托，有机整合沿线各景区（点）、百佳摄影点、民宿客栈、农家乐、采摘园等旅游业态，形成绿水青山、滨水如画的旅游风景公路，让游客能够切身体验“中国东部自驾游天堂”的美好情景。

二、世界遗产旅游风景道：中国旅游路，世界遗产道

该风景道兼具底蕴浓厚的徽州文化和钟灵毓秀的自然风光，因串联黄山风景区、宏村、西递三处世界遗产而得名。其中黄山风景区至宏村路段的宏儒公路生态绝佳、风景秀美，收藏了皖南 99%的春秋绝色，被赞为眼睛的天堂、自驾的伊甸园，每年吸引着数百万海内外游客慕名而来。

三、徽州文化旅游风景道：徽韵山水，梦里徽州

从屯溪出发，连接古徽州文化旅游区（唐模、呈坎、潜口民宅、鲍家花园、徽州古城）5A级景区及许村、灵山、蜀源、西溪南等历史传统村落的风景道，汇集了古村落、古城官署、民居牌坊、水口园林、风水文化等古徽州最具代表性元素，是一条集深度体验徽州文化、民风民俗及休闲养生为一体的绝佳旅游风景道。

四、醉美218旅游风景道：一路古村斜阳里，千年徽州水墨间

该风景道串联黄山区甘棠、焦村和黟县宏村、西递、碧阳、渔亭6个乡镇。这里道路蜿蜒起伏，两旁古树林立，竹海茫茫，粉墙黛瓦，小桥流水，既可在千年古村感受人文徽州的岁月故事，又可在自然风光中领略画境之美，还可在房车露营地感受现代旅居的时尚魅力。

五、城市环线旅游风景道：一路千年荟萃，一品六美屯溪

该风景道起点为高铁黄山北站，经屯溪老街、程大位故居、新安江滨水旅游区、花山谜窟、醉温泉、文峰桥、杨业功纪念馆等，衔接中心城区旅游观光巴士线路，有机串联沿线景区景点、特色街区、城市景观、研学示范点等，是黄山最美城市休闲体验风景线。

六、经典205旅游风景道：游走黄山，最美国道

该风景道是国家旅游风景道——“华东世界遗产风景道”的精华路段，起于黄山区汤口镇，经休宁县蓝田镇、海阳镇、万安镇，过屯溪区，至休宁县东临溪镇、龙田乡等地，止于浙江衢州市。

七、名山秀水旅游风景道：趣享名山秀水，领略天地自由

这是一条连接太平湖、黄山风景区、丰乐湖的绝佳山水风光自驾线路，夜间可以在主题酒店尽享一站式度假体验，或是选择宅在看得见风景的徽州民宿里。

八、问道探秘旅游风景道：问道奇门异术，探秘奇山异水

该风景道以屯溪为起点，向西经万安、海阳、齐云山、牯牛降等，终点至郭村，连接醉美218旅游风景道。

九、环太平湖旅游风景道：栖美太平，浪迹山湖

该风景道以省道103、省道322、环湖旅游公路为基本交通框架，环绕“黄山情侣”太平湖。环太平湖旅游风景道有机串联沿线水上运动中心、观光茶园、品牌酒店、精品民宿、宗祠故居、雷笋基地、蚕桑文化园等旅游业态，是一条集山水观光、户外运动、民俗体验、农事采摘、摄影写生、休闲养生等于一体的环湖旅游风景道。

十、心安月潭旅游风景道：湖光山色，养身宁心

该风景道从屯溪出发，围绕月潭湖，依托独特的徽州文化和优越的自然旅游资源，串联集新安江溯源、观光游赏、休闲度假、养生养心、科普研学、红色教育等功能于一体的国际慢城旅游区，让游客体验到原汁原味的当地文化。

（二）旅游目的地最大合意性

旅游效用主要来自对目的地的相关对象物的消费。因此，旅游目的地选择是否合意将对旅游者是否能够获得最大效用起到很大作用。在现实的大众旅游活动中，旅游目的地合意程度往往与目的地的知名度具有非常紧密的联系。知名度大的旅游地往往比知名度小的旅游地有更大的稀缺性，旅游者到高知名度旅游地旅游所获得的效用也较大。

但是在特定的旅游活动发展阶段或特定的旅游者偏好结构中，具体到某次特定的旅游活动中，旅游目的地数量的多少与旅游者效用的高低并不存在必然的联系。为了获得最大的效用，旅游者既可能选择某个旅游目的地进行“一地滞留”式旅游，也可能在有限的时间内选择在更多的目的地进行“多地流转”式旅游。

案例 3-4

特种兵式旅游 VS 城市漫游

文化旅游的消费并不是一成不变的，更多的是“变是常态，不变是非常态”，从初期的走马观花式的“拍照”旅游，逐步发展到如今观光、休闲、度假“三足鼎立”“共分旅游之天下”，旅游消费的形式和花样也是越来越多，玩法也是层出不穷。近期旅游业中就出现了两种不同的旅游休闲方式：“特种兵式旅游”和“城市漫游”。

“特种兵式旅游”，顾名思义，就是类似于部队中的特种兵拉练，高强度、快节奏，这种打卡式的旅游方式意味着旅游者花费在某一旅游景区景点或者某一旅游目的地的时间和金钱相对较少。这个暑期，杭州在读大学生苏某和好朋友选择了马不停蹄的特种兵式旅游，5 天 4 城，扬州、南京、武汉、南昌。打卡了富春茶社、去了黄鹤楼、吃了正宗的鸭血粉丝汤、看了晚上的滕王阁……苏某此次旅行花了不到 1 000 元，其中，从南京到南昌选择的是夕发朝至的硬座，“上车秒睡，省了住宿的钱，早上满血复活”。在苏某看来，“每天徒步 2 万步的感觉很爽。走马观花也是旅行的意义，最重要的是开心。网络上不是有一句经典文案嘛，‘青春没有售价，快乐就在当下’。”“00 后”陆某是历史和地理爱好者，他和朋友策划的旅行是翻越秦岭，从洛阳到西安、汉中再到成都，计划 5 天内和白马寺、龙门石窟、陕西历史博物馆、拜将坛、杜甫草堂等景点“打个照面”，到达汉中的时候会去熊猫谷。“我是看纪录片《大秦岭》得到的旅行灵感。以前是蜀道难，现在交通发达了，不可能有那种‘云横秦岭家何在，雪拥蓝关马不前’的苍凉。但秦岭南北气候、植被、风土人情差异巨大，秦岭北麓是关中地区，秦岭南麓和四川接近，如果旅行中某些瞬间有很强烈的反差感，也是旅行的收获。”陆某说。

与之相反，年轻人中还有另一股旅游新潮流，那就是城市漫游，他们不做计划，漫无目的，更加随意，更注重沉浸式的深入体验，以将自己深度融入当地的人文历史和自然资源等各个场景中，体会城市的多元，体验城市的内涵，感受城市的脉动。“我在旅行交通上很节省，城市交通方面，我觉得打车就是奢侈，但我在‘吃’上很舍得，有时候甚至不计成本。”“00后”大学生晓琳说，她和同学来北京旅游，为了吃南池子大街的四季民福烤鸭，排了5个多小时，因为就餐可以直接观赏到窗外的故宫。之后又去了莫斯科餐厅，为了体验“老莫”的味道。当夜幕降临，她们还去了朝阳门的银河SOHO拍照。“相当酷，建筑的光影和曲线很有未来感。”从以上这些旅行经历看，晓琳不是一个“旅游特种兵”，而是“漫游品鉴家”。

“让生活变得有趣，让人生变得有价值。”世界旅游城市联合会专家王笑宇说，打卡与沉浸式体验并存于年轻人的旅行过程。特种兵式旅游和城市漫游并不矛盾。在他看来，这也解释了在不同场景下同一群体会有分层式的消费爱好。“选择特种兵式旅游的年轻人可能在交通方面的花费很节省，但如果是体验当地文化大餐，花掉大把的钱也舍得，因为后者有更多的互动感受，可以带来多角度、全方位的体验，有更好的文化感悟，能够开阔视野，提升自己的认知，也有更多的仪式感。”

资料来源：曹燕．聚焦“年轻力” 顺应新玩法［N］．中国旅游报，2023-07-13（06）．

二、条件约束下的旅游效用最优解

（一）预算约束下的旅游效用最优解

在旅游者收入一定的条件下，旅游者总是需要考虑在市场价格既定的条件下如何购买产品才能最大化自己的效用，即在支付同等货币的情况下，旅游者总是倾向于购买自己最需要的产品或者说更能给自己带来满足感的产品或组合。这里隐含着一个假设条件，即旅游者购买的产品中，每一种产品带给旅游者的效用都是一样的。假设现在有一个旅游者，他准备将一笔钱用于旅游或者购买非旅游产品，那么我们可以将该旅游者的消费状况用图3-8来表示。

从图3-8中我们可以清晰地看到，在无差异曲线 I（该曲线上的任何一个点带给消费者的效用都是一样的）与预算线 TG 相切的 D 点是旅游者的最优选择，因为此时他刚好花完了他的预算，并且获得了 T_1 个旅游产品和 G_1 个非旅游产品。如果他选择无差异曲线 I_1 上的 F 点，尽管他获得的效用更高了（无差异曲线离原点越远表明效用越大），但此时已经超出了他的经济承受能力，所以 F 点是他力所不能及的；如果他选择了无差异曲线 I_2 上的 E 点，那么他可以获得 T_2 个旅游产品和 G_2 个非旅游产品，尽管这时的花费是在他的经济承受能力范围内，但此时他获得的总效用没有达到在预算内的最大化。因此他的最优选择就是购买 T_1 个旅游产品和 G_1 个非旅游产品。

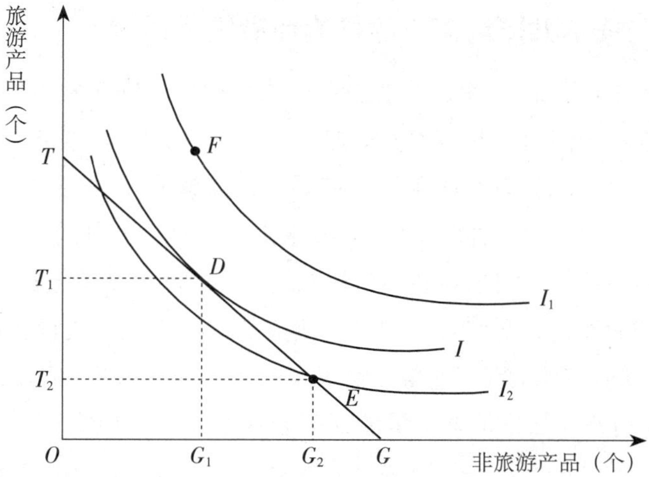

图 3-8　预算约束下旅游者的消费状况

案例 3-5

假设某旅游者有 500 元钱准备用于旅游和购买衣服，旅游每天的花费是 40 元，衣服每件是 100 元。无差异组合见表 3-1。那么该旅游者应该怎么花这 500 元钱才能获得最大的效用呢？

表 3-1　无差异组合表

组合方式	A	B	C	D
旅游（天）	1	5	10	12
买衣服（件）	8	3	2	1

解：该旅游者可以有表 3-2 所示的几种购买组合。

表 3-2　旅游者购买组合表

组合方式	A	B	C	D
旅游（天）	0	5	10	12
买衣服（件）	5	3	1	0

如果我们将无差异组合表和旅游者购买组合表画成预算约束下的旅游者消费最优解图就可以发现，旅游天数为 5 天并且购买 3 件衣服时，刚好无差异曲线和预算线相切，此时为在预算内的效用最大化。如果他选择将 500 元全部用于购买衣服，他可以买到 5 件衣服，但此时他就没有多余的钱用于旅游，因此效用没有达到最大；如果选择旅游 10 天，那么他需要购买 2 件衣服才能达到同样的效用，但这样他就需要花费 600 元，超出了 500 元的预算，所以是不可能的。

（二）时间与成本共同约束下的目的地最优选择

在上面的分析中，我们只考虑了旅游者在预算约束下的消费可能性，但旅游者在外出旅游的过程中不可能只有预算约束，还会存在时间约束，因此我们在分析旅游者效用最大化时还应该考虑到时间的限制。如果旅游者既有足够的预算，又非常想去A地旅游，但需要花费10天的时间，实际上该旅游者只有6天时间，在这种情况下，他是无法成行的，最终可能只好选择并不是最想去但在时间和金钱上都允许的B地旅游。

当然，现在交通发达，我们可以选择更快捷的旅行方式。假设旅游者想去A地旅游，他有3天的时间，参观完A地需要2天半时间。他选择坐火车的话来回需要1天时间、300元的交通费，如果是乘飞机的话只要3个小时，但需要1 500元的交通费。在旅游者预算允许的情况下，他可以选择乘飞机，这样他就能参观A地的全部景点了；如果旅游者的预算是一定的，那么他选择乘飞机的方式虽节省时间，但他也在交通上花费了更多的钱，则他可以花费在游览上面的钱就减少了，他可能就无法参观A地的全部景点。因此，在时间和预算的双重约束下，他就可能会重新选择目的地，放弃A地而改去更省时间、更省钱、带给他的旅游效用差不多的B地旅游了。

正是由于旅游目的地决策受到闲暇时间与可自由支配收入的共同影响，因此，在实践中，可以在不改变消费者收入结构的情况下，通过休假制度的改革来有效地扩大旅游消费，进而通过旅游消费的扩散带动作用带动社会消费的增加，促进经济进一步发展。黄金周制度推行以后形成的旅游高潮就是一个现实的例证。

案例点评>>>>>>

云南省黑井短程文化旅游客源市场行为模式研究

一、黑井概况

黑井镇位于云南省楚雄彝族自治州禄丰市西北部，距省会昆明200千米，距州府鹿城75千米，西倚牟定，北连元谋，总面积133.6平方千米，总人口约19 000人。黑井是“西南丝绸之路”上著名的盐都，其采盐历史延续千年，曾经是滇中“四大名井”之一，孕育了浓郁独特的盐巴文化，保留有传统小城镇格局、大量民居建筑、宗教遗址、碑刻牌坊等文化旅游资源，风貌独特，素有“明清社会的活化石”之称。

二、旅游者行为分析

1. 旅游者基本信息

（1）来源：旅游者中大多数来自昆明，占64.3%；其次是州府及附近城镇，占23.5%；省外旅游者占12.2%，多来自攀枝花市。旅游者空间分布具有鲜明的短程特征。

（2）性别比：黑井独具韵味的历史文化资源吸引了较多的男性旅游者，占旅游者总数的60.2%，女性旅游者仅占39.8%。

(3) 年龄比：不同年龄层次有着不同的旅游偏好。分析的样本中，19～30岁这一年龄段旅游者居首位，占63.9%；其次是31～45岁年龄段，占29.6%，18岁以下的旅游者极少。

(4) 受教育程度：到访旅游者总体上呈现出文化层次较高的特点，具有大学（大专）学历者占56.1%，中专（高中）学历者占30.6%，初中及以下学历者占10.0%，另有少数拥有硕士、博士学位的旅游者，占3.3%。

(5) 职业构成：旅游者的职业构成总体上以教师所占比例最高，占31.4%，企事业单位员工略低，占28.7%，自由职业者占17.3%，学生与离退休人员占6.1%，此外还有少数摄影师、干部和农民。

(6) 收入状况：在对旅游者月收入水平的调查中发现，旅游者平均收入呈中等偏低趋势，月收入低于1 000元的旅游者占34.7%，1 000～1 500元者占38.8%，1 500～2 000元者占16.3%，2 000～3 000元者仅占9.2%，另有极少数旅游者收入不稳定。

2. 旅游者出游动机与出游方式选择

出游动机是促成旅游者出游的重要因素之一。调查显示，旅游者出游动机中为愉悦自我者占57.1%，陪朋友或同事者占29.6%，陪家人者占18.4%。这说明大多数旅游者属于个性旅游者，出游目的在于“愉悦自我”，故黑井开发的旅游项目须特色鲜明、内容丰富。陪朋友、同事或家人的群体，其旅游行为受他人影响较大，但消费水平较前者高，吸引这类群体同样很重要。

旅游者出行大多以小团体或家庭为单位，另有少量散客。在调查中没有发现随旅行团前来的旅游者，说明黑井旅游还未形成品牌，旅行社没有参与黑井旅游的营销。短程文化旅游地更应该注重自我营销，通过旅游者的口碑扩大其知名度。

3. 旅游者出游交通、住宿条件选择

交通是旅游业发展的限制性因素。黑井与外界的交通主要依赖于成昆铁路，另有广通至黑井的公路。调查发现，旅游者中乘火车者居多，占55.1%，自驾车者占33.7%，乘长途汽车者占11.2%。

在住宿方面，选择农家接待的旅游者最多，占54.1%，其次是招待所，占38.8%，另有7.1%的旅游者在亲戚、朋友处住宿。这说明此类旅游目的地的开发很容易吸引当地居民参与，为社区发展带来很强的经济效益与社会效益。

4. 旅游者旅游信息采集方式及出游满意度

旅游者中通过朋友介绍前往黑井者比例最高，为55.1%，21.4%的旅游者通过宣传广告了解目的地信息（包括户外广告、电视、报纸或杂志），另有1.2%的旅游者通过网站了解旅游目的地信息。这表明口碑宣传是主要手段，黑井旅游需要提高服务质量，获取更好口碑以赢得更大市场。

价格是旅游活动中最敏感的要素，合理的定价会使旅游地与旅游者实现双赢。调查显示，认为“黑井之旅”价格便宜者占48.0%，46.1%的旅游者认为价格一般，仅极少数人觉得昂贵。这表明古镇旅游产品开发尚处于初级阶段，产品类型单一，提供给旅游者消费的项目不多，激发旅游者消费欲望的产品少。

在服务质量方面，64.3%的旅游者认为一般，仅20.4%的旅游者认为服务质量好，8.2%的旅游者认为不好，另有7.1%的旅游者认为无所谓。

在旅游者印象总体评价中，56.1%的旅游者认为一般，满意者占25.5%，非常满意者仅为4.1%，另有7.1%的旅游者不满意，6.1%的旅游者表示很不满意。在对城镇景观的评价中，56.1%的旅游者认为一般，21.4%的旅游者认为好，19.4%的旅游者认为差。

此外，旅游者对古镇文化内涵的体会为：觉得一般者居多，占44.9%，31.6%的旅游者认为深厚，17.3%的旅游者认为平淡；在旅游者对民风民俗的体味中，绝大多数旅游者认为民风淳朴，占83.7%，13.3%的旅游者认为一般。

5. 旅游者出游天数、重游率及相关花费调查

旅游者中有79.8%是首次来黑井，第二次到访者占16.1%，前来旅游者中大多停留两天，占59.2%，停留一天者占27.6%。有关旅游花费的问题，绝大多数旅游者不愿透露，占68.4%。花费为100～200元的占11.2%，50～100元的占10.2%，200～300元的占5.1%，300元以上的占4.1%。

资料来源：蒙睿．短程文化旅游客源市场行为模式研究［J］．经济地理，2004（24）：128－131.

评析：

通过分析案例，我们可以得出以下几点结论：

第一，旅游者的旅游决策主要与旅游者的个人经济收入、文化修养、性别等特征，以及旅游地的形象和地理区位相关。

从案例中我们可以看出，黑井古镇的旅游者主要集中于昆明市和州府及邻近县市，普遍收入水平不高，因此选择了附近的黑井等城市周边地区旅游，再加上黑井与昆明、楚雄鹿城等地区良好的区位关系，使黑井拥有了较大数量的短程旅游客源市场。旅游者的经济水平较低，也使得在古镇的消费结构上呈现出多数人选择农家接待和投宿亲朋好友，即使像招待所这样的住宿业也难有一个好的发展。

此外，黑井镇还拥有少量的外地旅游者，究其原因有两个：一是黑井在历史上是中国西南地区有名的盐都，对外地旅游者有一定的吸引力；二是成昆铁路经过黑井，为大多数四川旅游者的进入提供了便利的交通条件。

黑井古镇的旅游者大多为男性，大学以上学历的旅游者占了60%，这主要是因为这类群体往往对历史古迹有较大兴趣，黑井古镇独树一帜的文化旅游满足了他们的需求。但女性旅游者的旅游兴趣大多集中于山水、饮食、娱乐及购物上，因此女性到古

镇旅游的人数要少于男性。

旅游者在黑井古镇的旅游花费普遍较低，这一方面是因为旅游者总体经济支付能力较弱，另一方面，结合旅游者对古镇的旅游满意度来考察可以发现，目前古镇的旅游吸引力不够也是造成旅游者消费低的一个重要原因。这主要是因为目前古镇是按照常规观光旅游的思路在进行开发，虽然古镇中不少古建筑保存完好，而且观赏性较高，但从整体来看，古镇缺乏质量较高的文化体验项目，黑井本身独特的盐巴文化并未得到有效的挖掘，其所谓的文化旅游产品还远远不能满足旅游者对文化差异或文化认同的需求。

因此，从对该案例的分析中我们可以得知，旅游者的旅游消费结构受到个人的年龄、性别、收入等方面的影响，不同的年龄层、不同的性别、不同的经济实力都会影响旅游者对旅游目的地的选择，还会影响旅游者在目的地的消费构成，尤其对于像黑井古镇这样的人文旅游地，个人的文化修养和素质的影响作用就更大了，这也是古镇的旅游者中大学及以上学历的旅游者占据了60%的主要原因。但学历高并不一定就能深刻了解某一目的地的文化内涵，因此黑井古镇尽管有丰富而独特的盐巴文化，许多古建筑也保护得非常好，但旅游满意度一般也就不足为奇了。旅游者的消费结构还受到一些客观条件的限制，比如黑井古镇因为没有其他更好的进入方式，因此多数旅游者选择了乘坐火车的方式，这也限制了旅游者的消费选择。

第二，旅游消费结构是指在旅游者旅游过程的总消费中，各类消费支出之间的数量比例关系。在该案例中，旅游者的主要旅游消费是交通费用，而住宿因为多居住在农家或者亲戚朋友家，因此这部分消费并不多；古镇在旅游产品开发、旅游项目设置上都显得比较单一，因此在“游”“购”“娱”等方面的消费相对较低。这也是和黑井古镇目前的旅游开发状况相适应的。今后古镇应该在这些方面做一些有针对性的开发规划。

第三，旅游者的消费决策同时受到时间和货币成本的约束，旅游者的旅游目的地选择必须是在自己的时间和经济承受范围内所作出的，由于主要的旅游者来自昆明，离黑井古镇的距离并不远，而且古镇的消费水平也不高，因此旅游者大多在此停留两天。这些旅游者如果有了更高的收入、有了更强的经济支付能力，或许就不会选择黑井，而是选择离昆明更远、消费水平更高但同时也能带给他们更多的旅游满足感的目的地了。

关键术语

旅游消费　旅游者消费　旅游消费结构　旅游消费行为　旅游效用最大化

思考与练习

1. 试分析旅游消费与旅游者消费之间的差别。

2. 影响旅游消费结构的因素有哪些？根据《中国旅游统计年鉴》和相关资料分析我国旅游消费结构问题及旅游购物问题。

3. 旅游目的地如何通过延长旅游者停留时间、增加旅游花费等改善目的地旅游经济？

4. 试分析科技发展和互联网应用对旅游消费效果的影响。

5. 请以图示方式说明闲暇时间对于旅游消费的重要性。

第四章

旅游供给基本理论

导入案例

文创助力故宫博物院增收创益

自2008年国家推动博物馆、纪念馆免费开放以来，博物馆旅游就一改往日门可罗雀的冷清，越来越多的人开始踏入博物馆。博物馆旅游的兴起，也带动了更多的博物馆建设，包括私人博物馆的建设。

近年来，我国博物馆的数量呈现明显加速增长之势。据文化和旅游部统计，截至2019年底，全国备案的博物馆数量已经从1978年的349家增长到了5 535家。同时博物馆旅游的人数也随之快速增长。2017年博物馆接待观众97 172万人次，增长14.2%，截至2019年底，博物馆参观人次已达到12.27亿。近年来，基本上每年博物馆的入馆参观人次增长都在1亿左右。

其中，故宫博物院作为世界上规模最大、保存最完整的木结构宫殿建筑群，每年接待游客数量都在千万人次以上，是世界上游客参观数量最多的博物馆。尽管从2012年开始由于参观人数增长太快，故宫博物院进行了限流分流等一系列措施，包括每日限流8万观众，但游客人数依旧年年增长。2016年游客数量突破1 600万人次，2017年达到1 670万人次，2018年接待1 750万人次，2019年创纪录的接待游客1 933万人次。因日接待游客数量仍处于调整期，2023年暑期故宫博物院的日接待游客数量为4万人次，结果出现一票难求、半夜抢票的火爆场面。

参观故宫的人数不可能无限制地增长下去，而故宫的门票由于公益性，价格限定在旺季60元、淡季40元，所以故宫要增加收益，就需要另辟蹊径。故宫博物院大胆探索文创产品，从“故宫商店”到“故宫文化创意馆”，积极主动开展文化创意产品设计和文创产品的营销。文创产品不断地推陈出新，有效地助推了故宫的文旅融合发展。

数据显示，2013年故宫增加文化创意产品195种，2014年增加文化创意产品265种，2015年增加文化创意产品813种。截至2016年底，故宫文创产品共计9 170种。2017年文创产品已经突破了1万种。据不完全统计，截至2020年10月25日，故宫博物院共申请了384个文字商标，其对外投资企业（包含直接或间接持股）共申请了660个文字商标。另据济研咨询统计，故宫的文创产品销售额从2013年的6亿元增长到2016年的近10亿元。2017年，故宫文创部线下收入近1亿元，线上淘宝网店收入近5 000万元。此外，故宫也有其他部门贡献文创产品收入，故宫所有的文创产品全年总收入达15亿元。

资料来源：根据文化和旅游部、故宫博物院等的统计数据及部分网上资料整理而成.

故宫通过对产品供给进行调整，为游客提供了各种各样的文创产品，不仅有效满足了游客的消费需求，强化了游客的旅游体验，同时也有效地传承了传统文化，进一步提升了故宫的市场形象和影响力。“供给创造需求”，实际上更多时候供给是在需求之前的，并不是有了需求才去创造和生产产品，而是要通过深入了解游客的消费习惯，综合各方面的因素，做好需求研判，用供给创新引导游客的需求。当然，一旦市场上已经形成了明确的需求，当供给明显不足时，就需要增加有效产品供给。如随着游客对住宿的需求增长，我国的旅游饭店业经过 40 多年的发展，已经得到了极大发展，实现了规模上、效益上的巨大变化，完全改变了 20 世纪 80 年代初旅游饭店供不应求的局面。这些变化都是随着我国旅游业的发展而出现的，这些新的、高等级的饭店以及更多的饭店从业人员，都是为了满足旅游者的旅游需求而提供的旅游供给的重要组成部分。那么，什么是旅游供给？旅游供给包括哪些部分？在所有的旅游供给中，核心部分是什么？旅游供给具有什么特点？受哪些因素的影响？会呈现出什么样的规律？这些都是本章将要详细分析的内容。

第一节　旅游供给的构成

一、旅游供给的概念

（一）旅游供给概念的理解

旅游供给就是在一定时期内旅游相关企业根据不同的价格愿意并能够向市场提供的旅游产品的数量。

旅游供给和旅游需求是一对对应的概念，旅游需求是旅游供给的前提条件和客观依据，没有旅游需求，旅游供给就失去了存在的意义；旅游供给是旅游需求得以实现的保证，没有旅游供给，旅游需求就无从实现。随着生活水平的提高，人们对旅游的需求越来越大，对旅游需求的层次要求越来越高，内容要求越来越丰富，因此旅游供给应该根据旅游需求的变化，不断地增加供给的内容，以满足旅游者的需求。

与旅游需求是一种综合性需求一样，旅游供给也是综合性的生产供给，这也就规定了在整个供给系统中，只有形成系统各个组成部分之间相互匹配的生产能力才是实际有效的。假设目的地供给系统中只存在旅游交通、住宿和旅游景区（点）三个部门，则任何一个部门的生产能力的不平衡都会导致整个系统生产能力的不可实现。比如，由于目的地交通发展相对滞后，每天最多只能运输 800 人，这样，即使景区和饭店都能满足 1 000 人的需求，但实际上却只能卖出 800 张门票和 800 张床位，其他的供给就只能闲置了。

（二）旅游供求的主导关系

根据供求实现的“短边原则”可以推断：如果市场上供给是“短边”，则需求的实现面临供给的数量配额限制，供给就在市场力量中处于主导地位；如果市场上需求是“短边”，则供给的实现就要面临需求的数量配额限制，需求就在市场力量中处于主导地位。因此，在需求“短边”的旅游经济中，供给必须密切联系需求，根据旅游需求来设计供给。

问题是，如果旅游目的地的饭店供给为 1 000 个床位，而旅游者需求仅为 800 个床位，在这个需求不足的市场中，我们应不应该继续增加饭店床位的供给呢？一般认为，在需求不足的情况下再增加供给只能是投入越大亏损越大，因此毫无疑问不应该再增加供给。不过，在市场经济环境中，谁被淘汰而谁又能成为市场中的佼佼者是由市场来决定的，应不应该增加供给须由作为市场主体的企业决定，如果企业的供给不被市场认可，企业提供的供给就不能转化为企业的利润，企业就会亏损，这时企业就会慎重进行投资决策。例如，某些企业提供的产品特别受市场欢迎，尽管整个市场是需求不足的，但这些企业仍然可以增加供给，从而扩大其市场份额。

同时，我们需要注意需求与供给的结构。这 1 000 个床位中各类星级的比例如何？旅游者所需的 800 个床位的结构又如何？如果 1 000 个床位中只有 500 个是三星级以下，而 800 个需求中有 700 个是需要三星级以下的话，显然三星级以下的床位供给是不足的，应该考虑增加这部分供给。

旅游投资者在遵循“以需定产”的规律的同时，还需要认识到，有时候消费者在满足了一定的需求后，会因为各种各样的原因而不知道自己下一步究竟需要什么样的产品，或者说消费者对未来的供给的要求将变得比较模糊。这时候我们就不能局限于“需求决定供给”的观念，而应通过供给创新来引导需求，从而引导、促进需求“升级换代”。因此，在目的地发展旅游经济的过程中，旅游供给创新始终不能停止，旅游供给企业应该责无旁贷地成为旅游经济发展中的创新主体。

（三）供给创造需求

经济学一般认为，供给是为了满足消费者的需求而产生的。但实际上，供给并不一定是在消费者产生需求之后才形成的，尤其对于旅游业而言，在很大程度上是供给创造需求，而不仅仅是满足需求。旅游者在不知道或者信息不完全的情况下，很难产生明确的旅游需求。此时，一个创新的旅游产品往往会激起人们的旅游需求。很多的旅游景区或者旅游目的地，最初都是一些摄影爱好者或者写生爱好者最先发现，然后逐步成为旅游热点地区的。以黄山的猪栏酒吧、皇家驿站、宋城千古情系列演艺等新产品、新业态形式出现的创新型旅游产品，往往是先形成了供给，然后才为市场所认可，形成了更大的需求。

资料 4-1

环球度假区溢出效应扩大

北京旅游市场近期持续火热，来自全国各地的游客前往各大景区观光游览。除了传统热门景区，北京环球度假区也是众多游客的打卡之地。多家旅游平台发布的“五一”全国景区热度榜单中，北京环球度假区频频上榜。作为文旅新名片的北京环球度假区如同一块磁石，带动北京旅游消费增长，并产生溢出效应，带动了周边生活服务业。

“五一”假期，环球度假区的火爆人气为环球城市大道的商户带来旺盛客流。

园区外地游客占比过半

根据园区近期对游客来源地的调查数据，随着跨省游快速复苏，截至 2023 年 4 月初，京外地区的游客占比已达一半以上。同时，游客展现出了更加积极的消费意愿：2023 年以来，北京环球影城指定 1.5 日门票、2 日联票销售量同比增长近 5 倍，“酒店+门票”套餐产品销售量增长 228%。在“一日集中式打卡”之外，越来越多的游客选择在园区开启多日假期，享受深度游玩的沉浸式体验。

周边生活服务业升温

伴随着庞大客流的涌入，北京环球度假区对周边生活服务产业起到了消费带动作用，全聚德环球城市大道店屡创开店以来的单日销售额纪录，单日客流比平时的周末多了一倍。酒店民宿、餐饮外卖、出租车网约车、按摩推拿等成为增长明显的品类。

尽管离园区有 20 分钟车程，但北京通州北投希尔顿酒店“五一”假期入住率超九成，多数为外地游客。很多游客会在酒店多住一晚，除了去环球度假区，还会选择到城市绿心森林公园、西海子公园等景区游玩，城市副中心的特色文旅资源正吸引更多游客的目光。在距离园区 10 分钟车程的张家湾皇家新村，多家民宿“五一”假期的客房也是提前十天就预订一空。

带动主题公园游玩热

据北京市文旅局披露，2023 年“五一”假期，本市旅游总收入 134.6 亿元，同比增长 752.3%，按可比口径较 2019 年增长 13.9%。主题公园经济日渐成为拉动文旅产业的重要力量，北京环球影城在假期第二日即创下开园以来单日接待入园人数的新纪录，带动全市主题公园再度掀起热潮。

官方数据印证了园区强大的经济拉动效应：在北京环球度假区的有力带动下，2021 年通州区规模以上文化、体育和娱乐业收入同比增长 367.4%，2022 年同比增长60%。

中青旅遨游科技董事长韩某认为，北京环球度假区对北京旅游消费升级有着显著的拉动作用，不仅带动酒店、餐饮、交通等相关产业的发展，主题公园的建设和运营还涉及建筑、设计、广告、文创等多个领域，这些行业的发展都会带来新的就业机会和经济增长点。

从主题公园的长期运营来看，需要打造更多常来常新、吸引游客重游的体验项目，并拓展产生二次消费的增长空间。业内相关人士建议，园区周边需在规划中预留出足够的空间发展餐饮、娱乐、演艺等多种产业，相关部门可在人才引进、金融、税收等方面出台相关政策，更好地对周边产业进行培育。

资料来源：潘福达．外地游客和多日深度体验者增加　环球度假区溢出效应扩大［N］．北京日报，2023－05－08［2024－10－28］．https://baijiahao.baidu.com/s?id=1765284995877971176&wfr=spider&for=pc.

二、旅游供给的基本组成

一般来说，旅游供给包括对旅游者产生基本吸引作用的旅游景区（点）以及保障旅游活动顺利开展的旅游交通、住宿设施等方面的供给。

（一）旅游区

这里的旅游区包括两个方面：一是传统意义上的旅游景区（点）；二是新的发展阶段中出现的旅游（休闲）度假区。

在旅游发展的初期，旅游者以观光为主，因此我们比较强调的是旅游景区（点），那时对旅游者最大的吸引力就是景区（点）中具有标志性的旅游吸引物，比如泰山景区的泰山、西湖景区的西湖等。毫无疑问，旅游景区（点）曾经是目的地环境的重要组成部分，是吸引旅游者前往的主要因素，在很大程度上决定着消费者的选择并影响着潜在购买者的动机。没有景点，其他旅游服务也就失去了存在的意义。

随着旅游业的发展，越来越多的人已经拥有了更多的旅游经历，其旅游经济消费能力也在不断提升，此时，传统意义上的旅游景区（点）已经无法满足旅游者的需求。于是，一批在原有旅游景区（点）基础上进行转型升级，以及本身不具备高品位高等级“旅游景区（点）”，但有较高生态环境优势的全新的旅游区（旅游度假区）开始出现。如长白山国家级旅游度假区就是在长白山5A级景区的基础上转型升级而建成的，而浙江的太湖国家级旅游度假区和广东河源的巴伐利亚庄园国家级旅游度假区等，则是在“一穷二白”［并不具有传统意义上的旅游景区（点）］的基础上，通过休闲度假服务设施的建设形成旅游核心吸引力。

资料 4-2

表 4-1　国家级旅游度假区（截至 2023 年 5 月）

省（自治区、直辖市）	名单		
江苏	南京汤山温泉旅游度假区	天目湖旅游度假区	阳澄湖半岛旅游度假区
	宜兴阳羡生态旅游度假区	常州太湖湾旅游度假区	常熟虞山文化旅游度假区
	宿迁骆马湖旅游度假区		
浙江	东钱湖旅游度假区	湘湖旅游度假区	湖州市太湖旅游度假区
	湖州市安吉灵峰旅游度假区	德清莫干山国际旅游度假区	淳安千岛湖旅游度假区
	泰顺廊桥-氡泉旅游度假区	鉴湖旅游度假区	
吉林	长白山旅游度假区		
山东	凤凰岛旅游度假区	海阳旅游度假区	烟台市蓬莱旅游度假区
	日照山海天旅游度假区	烟台金沙滩旅游度假区	荣成好运角旅游度假区
河南	尧山温泉旅游度假区	三门峡市天鹅湖旅游度假区	
湖北	武当太极湖旅游度假区	神农架木鱼旅游度假区	
湖南	灰汤温泉旅游度假区	常德柳叶湖旅游度假区	岳阳洞庭湖旅游度假区
广东	东部华侨城旅游度假区	河源巴伐利亚庄园	
广西	桂林阳朔遇龙河旅游度假区	北海银滩国家级旅游度假区	大新明仕旅游度假区
重庆	仙女山旅游度假区	丰都南天湖旅游度假区	
云南	阳宗海旅游度假区	西双版纳旅游度假区	玉溪抚仙湖旅游度假区
	大理古城旅游度假区		
四川	邛海旅游度假区	成都天府青城康养休闲旅游度假区	峨眉山市峨秀湖旅游度假区
	宜宾蜀南竹海旅游度假区		
海南	三亚市亚龙湾旅游度假区	琼海博鳌东屿岛旅游度假区	
福建	福州市鼓岭旅游度假区		
江西	宜春明月山温汤旅游度假区	三清山金沙旅游度假区	新余仙女湖七夕文化旅游度假区
	大余县丫山旅游度假区		
安徽	巢湖半汤温泉养生度假区		
贵州	遵义市赤水河谷旅游度假区	六盘水野玉海山地旅游度假区	
西藏	林芝市鲁朗小镇旅游度假区		

续表

省（自治区、直辖市）	名单		
黑龙江	亚布力滑雪旅游度假区		
河北	崇礼冰雪旅游度假区	秦皇岛北戴河度假区	
上海	佘山国家旅游度假区	上海国际旅游度假区	
陕西	宝鸡太白山温泉旅游度假区	商洛牛背梁旅游度假区	
新疆	那拉提旅游度假区		

案例 4-1

中国游客大批涌入美国蒙特利半岛　旅游局筹划迎接

美国蒙特利县旅游局的鲍勃表示，由于北京至圣荷西航线的开通，大量的中国游客涌入了这座精致的海滨文艺小镇，当地的旅游大巴更是加开了班次。

据当地旅游局统计，中国游客平均一次旅行的花费在 6 000 美元。然而美国当地的一些商店老板表示，要想让中国游客在自己的商店里真正掏腰包买东西也不是一件容易的事，中国消费者更注重一些大品牌而忽略了当地自有产品。对于中国游客而言，品牌认知的确是个非常重要的因素，他们购物之前都会先问问是不是国际知名品牌。

为了帮助当地小商户克服文化障碍，当地旅游局打出了“为中国游客做好准备”的推广计划。该计划内容包括指导应如何欢迎中国游客进入商店的工作室和提供信息咨询服务；如何为中国游客偏爱的支付系统提供服务；增加货物介绍及价格的中文说明。

旅游局的鲍勃表示：“我们实际上还分发了很多能够贴在橱窗上用中文书写的‘欢迎来到蒙特利’的标语，同时我们鼓励商家把它们贴出去，让中国游客知道商店已经为他们做好了特别的准备。”

鲍勃说，他十分希望蒙特利旅游局在中国的组织机构可以使得中国的旅行公司在蒙特利县预订更多更长的旅行行程。蒙特利县旅游局表示，尽管这是一项十分艰巨的任务，同时要经历多方面的考验，但考虑到中国游客的强大购买力，一切都是值得的。

资料来源：中国游客大批涌入美国蒙特利半岛，旅游局筹划迎接［EB/OL］.（2015-08-05）［2020-03-25］. http://www.chinaqw.com/hqly/2015/08-05/59511.shtml.

（二）旅游交通

旅游交通是指为满足旅游者从常住地到目的地的往返，以及在旅游目的地区域内的旅游活动的需要而提供的交通设施和服务。旅游交通一般分为三个层次：旅游客源地到旅游目的地的大尺度交通，主要涉及的交通方式是航空交通和铁路交通；旅游目的地交通集散地（中心城市）到旅游景区（点）的中小尺度交通，主要涉及的交通方式是公路交通；旅游景区内部交通，主要涉及电瓶车、索道、游步道等交通（见图 4－1）。

左边两幅图中，一幅通过石板将游步道与草坪很好地融为一体，同时也引导游客不要踩踏草坪；另一幅将游步道与花架巧妙结合，形成了空中花园，既有交通功能，又有游览功能，别具匠心。

图 4－1　昆明世博园和云南民族村内的游步道

尽管交通因素本身不是消费者出游的动机，但是它与旅游之间存在非常密切的关系，便捷的交通是推动旅游目的地成长和发展的最重要的决定因素之一。一方面，两地之间是否有火车、汽车或者飞机、轮船等交通工具决定了旅游者能否成行，所以交通因素是实现旅游活动的前提条件之一；另一方面，交通的发展将提高旅行的舒适度、减少旅行费用，并可以通过减少旅行时间从而相对地增加用于游览观赏的时间，因此交通因素还具有刺激旅游需求的作用。随着我国高铁网络的形成及运营模式的完善，交通变革对旅游的影响将日益显现。

案例 4－2

高铁助推旅游发展

中国铁路总公司数据显示，截至 2022 年底，中国高铁营运里程达到 4.2 万千米，“四纵四横”高速铁路主骨架全面建成，“八纵八横”高速铁路主通道正在加快形成，我国已成为世界上高铁营运里程最长、运输密度最高、成网运营场景最复杂的国家。高铁动车组逐渐成为国家铁路的主力，十年完成旅客发送量 259.1 亿人次，中国高铁的安全可靠性和运输效率世界领先。

2022 年暑假伊始，途牛旅游网近 15 天的预订数据显示，以高铁为主要交通方式的出游人次环比涨幅达 132%。马蜂窝旅游关于“高铁游”的搜索热度上涨 310%。高铁建设不仅改变了人们的生活方式和工作方式，还对旅游业作出了巨大贡献。高铁以速度快、舒适性强等运营优势，给人们带来了方便快捷的出行体验。随着高铁网络不断完善，高铁沿线逐步形成了一条条新型城镇带、黄金旅游带、产业聚集带、经济繁荣带，有效带动了区域经济发展和产业优化升级，高铁旅游迎来了新的发展机遇。

高铁与旅游的融合，涌现一批“高铁＋”模式的新产品。高铁无轨站、城市候机楼、高铁＋酒店、高铁＋旅游景区、高铁＋共享汽车等产品，以高铁为载体，将高铁站的交通功能与旅游休闲、商业商务功能衔接，满足旅客多样化、个性化、多层次出行需求，促进旅游服务升级，实现功能复合与多元共生。如高铁无轨站的建设，给曾经的国家级贫困县栾川县带来了人流和信息流，助推栾川优质旅游资源走出深山。数据显示，2019 年，栾川接待游客 1 638 万人次，实现旅游收入 96.3 亿元，带动 1.3 万余名贫困群众脱贫致富。

2022 年 7 月 1 日，铁路暑运正式启动，面对暑运出行潮，铁路部门根据旅游客流的增长，精准增开旅客列车，定制红色文化游、浪漫山海游、双休周边游等特色旅游线路，为旅客出行提供更多选择。相信在中国高铁的助力下，我国旅游业有望向着高质量旅游服务转型升级、蓬勃发展。

资料来源：吴星霓．搭乘“高铁快车”进入旅游新时代［EB/OL］．（2022－07－14）［2023－10－09］．https://cn.chinadaily.com.cn/a/202207/14/WS62cfd489a3101c3ee7adf334.htm．有改编．

（三）住宿设施

住宿设施是旅游活动（除当日往返的一日游外）得以继续的必要保障，其提供者主要包括向各类游客提供的商业性或准商业性过夜设施的所有机构。这里所指的住宿设施不包括目的地居民提供给前来探亲访友的亲友的住宿，也不包括私人拥有的第二居所、旅游房车等住宿设施。

一般来说，作为住宿设施的代表，商业性饭店的供给能力是判断目的地接待能力的重要参考指标。我们平时所指的饭店就是指饭店的建筑物。但从其实质来看，饭店是以建筑物、内在的设施设备以及管理和服务人员的集合为依托，主要为离开常住地的旅游者提供住宿服务的组织。

饭店在一定程度上可以成为当地旅游经济发展的“推进者”。有关研究表明，在度假目的地，饭店、公寓和其他住宿设施的外观既是目的地自然环境的一部分，又是目的地形象的组成部分，如迪拜的阿拉伯塔酒店（见图 4－2）同时也是迪拜非常重要的旅游景观。另外，越来越多的营地和民宿也开始成为旅游的一大吸引力，如安徽齐云山的“自由家”树屋世界和黄山西溪南民宿村、浙江桐庐的茆坪民宿村等。

走进这个酒店，就好像走进了阿拉丁的洞穴，豪华的设计非笔墨可形容，从带你走进阿拉伯塔海鲜餐馆的小型潜艇，到每个房间的 17 个电话筒，再到用作机场巴士的 8 辆劳斯莱斯，都可略见些许。你甚至可以要求直升机接送，经过 15 分钟的航程，从高空鸟瞰迪拜的市容，欣赏壮丽的景观后，才徐徐降落在 28 楼的直升机坪上。餐厅位于海底，在窗外珊瑚、海鱼所构成的流动景象中，客人享受整顿惬意的晚餐。

图 4－2　迪拜阿拉伯塔酒店

三、旅游供给的特点

（一）关联性

众所周知，旅游者在旅游过程中的需求是多方面的，包括食、住、行、游、购、娱等，这些需求单靠某一旅游企业的供给是无法满足的，必然涉及许许多多的旅游企业。因此，旅游供给不是单一企业的孤立行为，而是一个完整的体系，其各个组成部分是具有内在制约的关联特征的。我们不能光看旅游景区（点）行业的生产能力是否能够满足旅游者的需求，因为如果住宿设施不能满足需求的话，景区的生产能力是无法有效发挥的；我们也不能光看住宿行业的供给能力是否能满足旅游者的需求，因为如果交通设施跟不上，旅游者就无法进入旅游目的地，住宿设施再多、再好、再便宜也没有旅游者会光顾；同样，我们也不能光看旅游交通行业的运送能力是否能够满足旅游者的需求，因为如果景区接待能力不足的话，旅游者进入旅游目的地也不能顺利地游览。系统组成中任何一个部分的供需力量对比都可能影响另一个部分的供给能否实现，从而决定着目的地系统供给能力的实现程度，并最终影响目的地旅游经济的质量。

（二）空间的固定性

无论是旅游景区（点）还是饭店等住宿设施，其供给能力一旦形成，就很少可以移动，如在上海的旅游供给是没有办法移动到西藏去的。因此，一般来说，旅游供给一旦形成，就只能在当地供给，无法像一般物质产品那样通过将产品外运到异地市场的方式直接运送到消费者手中，我们可以将这种特性称为“不可贸易性”。

因此，在旅游经济中要注意以下四点：

（1）在旅游市场中不能仅仅考虑总量关系对比的“短边原则”，更需要考虑结构问题，包括地区结构、产品结构等。比如，现在北京有 1 万间客房、上海有 1.2 万间客房，市场对两地客房的总需求是 2.2 万间，从供需总量上看两地是平衡的，但这种总量平衡是没有意义的，因为总需求的结构可能是对北京和上海分别形成 1.1 万间客房的需求，那么上海多出 1 000 间客房的供给，而北京则存在 1 000 间客房的缺口。

（2）供给体系中住宿供给只能是区域性的竞争。如上海饭店业的激烈竞争并不会影响西藏饭店业的竞争状况。由于竞争程度不一样，不同区域的住宿业之间利润不一样也就很自然了。

（3）供给的空间固定性使得投资建设饭店之前的选址变得异常重要。很有可能两家饭店前后就差一条街，但经营状况却相去甚远。

(4) 尽管供给是空间固定的，但在近域意义上，这种不可移动性程度是可以通过恰当的方式适当降低的，可以在近域范围内通过交通条件的改善使住宿供给能力达到一定程度的变相转移。

案例 4-3

北京如何解决奥运会期间的住宿问题

奥运会期间，国内外的客人来到北京，首先要保证让客人们住得下，同时还要让客人们住得好，住宿环境必须干净、整洁、舒适，服务到位。否则，我们就不能说北京的饭店业、住宿业已经为办一届人文奥运、绿色奥运、科技奥运，以及办一届高水平有特色的奥运做好了准备。

奥运会期间，北京有 31 个比赛场馆举办赛事，总共有 700 万张入场券。借鉴以往举办奥运会的经验，其中 92%的入场券可以售出，也就是说将会出售 644 万张；根据国际奥委会的规定，644 万张的入场券中必须有 20%的票券售往国外。一位外国客人到我国观看奥运比赛，不会只买 1 张入场券，平均为 5 张。由此可计算出，奥运会期间北京要接待专为观看奥运而来的外国旅游者大约 25 万人。再加上正常情况下到北京的观光旅游者，以及国内的来京观看比赛者和旅游者，奥运会期间北京的饭店、住宿业每天估计要接待 55 万人次。

但是北京没有能力接待这么多的客人。2005 年，北京市旅游局会同有关部门，对北京住宿设施的接待能力做了一次比较彻底的调查。结果显示，北京市 2005 年有星级酒店 626 家，未进入星级序列的特级旅馆和一、二级旅馆以及各单位的招待所、度假村、公寓、培训中心等住宿设施总共为 5 312 家，有床位总共 486 597 张。从总量上来看，这样的接待规模大体可以满足 2008 年举办奥运时来客的需求。

但这些住宿设施未必全能用得上。上述住宿设施分布在八个城区的有 3 852 家，有床位 388 061 张，从交通环境、周边服务设施环境来看大体良好。分布在近郊区即通州、顺义、大兴、昌平的住宿设施有 603 家，床位 47 844 张，从交通环境和周边服务设施环境来看也还可以。但是还有 857 家、50 692 张床位分布在 6 个远郊区县，即怀柔、密云、房山、延庆、门头沟、平谷。这些区县交通环境尚不理想，周边服务环境也相对比较差，因此奥运会举办期间不能分流多少客源。

这样算下来，到 2008 年北京的住宿接待设施大约会出现 10 万张床位的缺口。但这个缺口大可不必通过新建住宿设施的方式来填补，而是应该跳出北京市，将眼光放得稍微远一点。在北京的周边还有不少隶属于河北省、天津市但距北京行程却只有 1 小时左右路程的星级饭店，这些饭店条件不错，如位于河北省香河的天下第一城，被命名为宜居城市的廊坊地区的酒店，也都可以纳入我们的视野之中。据了解，北京周边的酒店有近百家。这对于解决奥运期间住宿设施短缺问题具有非常现实的意义。

资料来源：根据北京市旅游局相关领导在2005年北京国际酒店业论坛上的讲话改编．

（三）时间的固定性

旅游供给的时间固定性，一方面，它是指其生产能力的发挥是有严格的时间限制的，尤其饭店等住宿设施的生产能力基本上是严格地受到“一天”这样的时间限制的，不存在生产能力的储存可能。这不像制造业，生产能力闲置的时候，尽管也存在一定的自然损耗，但基本不会影响今后的利用，在某种程度上生产能力是可以后延使用、可以储存的——今天不开工可以通过今后机器更长时间的运转来弥补。旅游经济中的供给就不具备制造业的这种特点，今天没有“开动”的生产能力就永远失去了今天的价值——这使得收益管理显得尤为重要。一间客房如果昨天空闲了，今天就是有四个人的需求，饭店也不能通过把这个床位同时出售给这四个人而把昨天的损失给弥补回来。另一方面，它是指供给数量短期变动的不可能性，供给一旦形成，就不能在短期对旅游需求的变化作出及时反应。当需求扩张时，供给数量在短期内不能快速增长；当需求缩小时，供给也不可能随着需求的缩小而迅速缩小，即供给能力的不可逆性。比如，饭店一旦建成，其客房供给数量就固定了，不可能在两三天之内就增加1 000间客房的供给来满足黄金周猛增的旅游需求，因为这些设施的增加不仅需要大量的资金投入，而且也需要一定的建设周期；一旦这1 000间客房建成了，那么在旅游淡季的时候，这些空闲的客房也无法随时调整为其他用途。这种时间的固定性也决定了旅游供给是低弹性的。

在一般的经济中，供求之间的矛盾可以通过涨价或降价这样的价格变动和减产或增产这样的数量变动来调整，但是在旅游经济中，一般只能通过价格调整来应对需求的变化，因为需求的变化不能引起短期内供给数量的变化。如果需求大于供给，由于供给存在这种特性就只能通过提高价格来限制一部分需求，现在某些著名景点就希望通过这种方式来达到保护景区的目的；如果供给大于需求，则旅游供给企业为了最大限度地出售企业的产品，除了降低价格外别无他法。

四、旅游供给的层次分解

（一）旅游供给的层次

与对旅游需求进行层次分析一样，我们同样需要对旅游供给进行层次分析，以提高把握旅游经济活动的准确度。旅游供给层次演进关系见图4－3。

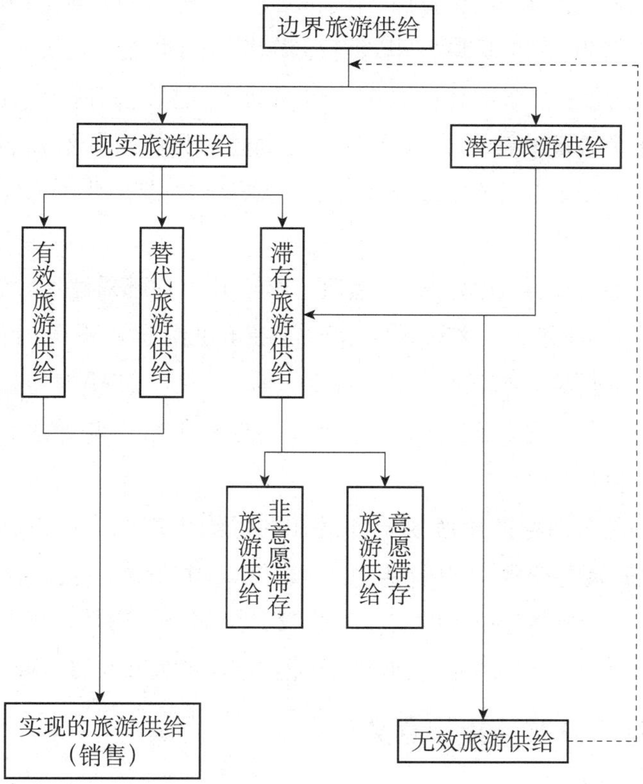

图 4-3　旅游供给层次演进关系

1. 第一层次

旅游供给主要是指旅游产品生产能力的供给，旅游供给就是在一定时期内，旅游相关企业根据不同的价格愿意并能够向市场提供的旅游产品的数量。这就意味着旅游供给就是指在现存制度、现有技术条件、现有价格的前提下，利用现有资源，愿意并能够生产的旅游产品的数量，即旅游供给企业能够产出相应数量产品的生产能力。旅游目的地的各个旅游相关供给企业都可以形成各自的生产能力，住宿企业可以形成住宿业的生产能力，旅游交通企业可以形成旅游交通业的生产能力，旅游景区（点）企业可以形成旅游景区（点）行业的生产能力，等等。这些供给企业形成的生产能力都可以是现有技术、现有制度和现有资源条件下的最大生产能力。

2. 第二层次

在现有制度、现有技术和现有价格条件下形成的现实旅游供给又可以进一步分解为有效旅游供给、替代旅游供给和滞存旅游供给。

有效旅游供给是指旅游供给企业根据既定的生产技术和销售数量的限制，为达到最大利润所形成的与旅游需求相对应的供给。这部分供给能够满足旅游者的需求，因此能够在市场中顺利完成交易。但是能够完成市场交易的并不一定就与旅游者的意愿相吻合。由于旅游者在需求实现的过程中想要找到完全合意的旅游供给时会面临供给量的限制，因此就存在不得不购买非合意旅游供给的可能。比如某一北京旅游者在“十一”黄金周原本想去敦煌莫高窟旅游，但因为敦煌莫高窟的门票已经预约售完了，所以他只好选择了敦煌的鸣沙山和月牙泉以及附近的其他一些不知名景点。这部分完成的非合意交易同样也产生了经济效益，这部分非合意供给因其实现的强制替代性特征而被称为“替代旅游供给”。

市场上还有一部分供给却没有这么幸运，由于其“货不对路”、找不到愿意购买的旅游者而无法完成市场交易，这部分供给不是由于供给企业不愿销售而产生的滞存，因此可以称为“非意愿滞存旅游供给”。当然，信息不畅、供需时空错位、旅游者空间移动困难、关联供给能力的制约等其他原因也会导致供给厂商无法完成销售，从而成为非意愿滞存旅游供给。

理论上还有一部分滞存的旅游供给和潜在的供给生产能力可以称为“意愿滞存旅游供给”。比如，某旅游企业完全有能力生产 1 000 个单位的旅游产品，但只生产了 800 个单位，实际上 1 000 个单位的旅游供给没有全部进入市场，而是富余了 200 个单位。这种意愿滞存往往是有关供给企业出于竞争的需要而采取的一种策略性行为。

（二）供给层次分解的指导意义

1. 供给不同于销售

从供给层次分解中我们可以知道，只有替代旅游供给与有效旅游供给进入了旅游者的实际消费，只有提供这部分供给的企业才能够实现产品的价值，其投入能够得到回报。因此，这里要明确供给与销售的区别，要明确树立“并非所有现实的供给都能进入旅游经济循环”的思想观念，那些“货不对路”的供给是没有市场的，是无法在市场上被出售的，只有那些对旅游者“胃口”、能满足旅游者需求、在市场上进行了交易的供给才是被销售出去的供给。供给实际上只是供给厂商在交换行为发生之前向市场发出的一种信息，是其交换愿望的最初表示而已，并不能简单地将供给与销售等同起来。

2. 替代供给实现的非稳定性

从上面的分析我们已经了解，并非所有实现了的旅游供给都是有效旅游供给，完成市场交易的旅游供给中除了有效旅游供给外，还有一部分属于替代旅游供给。替代旅游供给和有效旅游供给是两种不同性质的供给，替代旅游供给具有实现的不稳定性。比如，由于三星级饭店在旺季时无法满足旅游者的需求，从而使得一些四星级或二星级饭店的客房成功售出，但是一旦旅游地的三星级饭店建设得到发展，这些二星级、四星级的饭店就可能再次沦为少人问津的供给。忽略了强制替代供给的存在，忽视了强制替代供给实现的非稳定性，则极易被“虚假繁荣”——比如二星级或四星级饭店销售火爆的“假象”——所迷惑。如果不认清旅游市场上这种现象的本质，那么就很容易导致旅游供给能力的过度扩张，形成无效供给增加而有效供给不足的局面。我国旅游经济发展过程中的观光型饭店和商务型饭店、观光型旅游产品和参与型旅游产品的反差就是这种情况的真实反映。同样的，在没有认清强制替代旅游供给内涵的情况下，盲目削价竞争也是无效的，因为一旦有效旅游供给得到充分的发展，则属于替代的旅游供给部分再怎么降价也是徒劳。所以，旅游经营者不能一碰到经营状况不好就使用削价竞争的撒手锏，否则只能是损人不利己，徒劳无功。

3. 无效供给退出困难

尽管滞存供给中有一部分是无效供给，但是由于旅游供给自身的特征（如有些饭店是企业为了特定的、非营利的目的而建立）以及在特定产权制度下（如负盈不负亏的国有性质的供给），这部分无效旅游供给还会在很长的一段时间内在市场上存在，具有存在的长期性，比如有些旅游饭店已经严重亏损，但是由于存在各种退出壁垒，因而会长时间地存在于旅游饭店市场，并对供给市场的竞争有效性产生负面影响，成为削价竞争的根源之一。

第二节　旅游供给的影响因素

影响旅游供给的因素除了旅游产品价格以外，还有旅游吸引物因素、经济因素、政策（投资、贷款、税收）因素、管理和服务因素、科技因素等。

一、旅游吸引物因素

一个国家或地区的旅游产品的总供给量首先取决于该国或该地区可供开发的旅游吸引物的状况。新的旅游吸引物的发现、吸引物的创新利用、新的旅游吸引物的创造等，比如新的考古发现、新的自然奇观的发现、主题公园的建设等，都会增强目的地吸引力，增加旅游供给。在冰雪旅游开展以前，北方的冰雪并不是旅游吸引物，随着人们旅游兴趣的变化，我国东北三省的冰雪就像海南的阳光沙滩一样深深地吸引着旅游者，成为旅游市场上的新宠；在旅游业发展的初期，“老少边穷”同样是旅游供给扩大的限制因素，但是现在这些甚至也成了发展旅游业的一个优势。老区可以发展红色旅游，少数民族地区因其具有独特的民族风情与文化而吸引越来越多的旅游者，边远地区生态保护较好，甚至地区的穷也成了发展旅游的优势。相反，经济越发达，城市化速度越快，对历史遗存的破坏也可能越快，最后往往“建了假古董，毁了真古董”。

当然，围绕旅游吸引物开发而成的旅游景区（点）是一个自然单元，所以面临着自然容量的限制。旅游景区（点）以及其他相关旅游配套供给主要存在于目的地，目的地是一个经济、社会空间，因此供给同样会受到目的地经济容量、社会容量等的限制。

二、生产要素的价格因素

我们知道，旅游产品的供给数量受到其组成要素的影响，旅游产品各生产要素的价格如果发生了变化，那么旅游产品的价格也必然会发生相应的变化。旅游产品生产要素的价格上升，就意味着企业的生产成本增加，此时若旅游产品的价格不能保持协调一致地上涨，旅游供给企业的正常利润就会受到影响甚至亏损，企业就得转产甚至关门，那么供给就会减少；反之，如果生产要素的价格下降，则企业的生产成本降低，企业就会增加供给，如果相关产品的价格没有随之下降，就有可能造成供过于求的局面，最终还是会促成旅游产品价格的下降。

三、经济因素

旅游目的地能否及时扩大旅游供给的规模，提升旅游供给的质量，其中一个关键的影响因素是：它是否有足够的经济实力来及时地投资开发当地的旅游产业。这一点对发展中国家和地区的影响尤其明显。我们知道，发展中国家或地区在发展模式上大多选择走优先发展国际入境旅游的道路，但同时它们原有的发展旅游业的基础都比较薄弱。随着国际入境旅游的发展，这些国家或地区需要迅速更新和完善原有设施条件，大力开发旅游资源，增建旅游服务设施；在发展旅游初期，这些国家或地区还缺少专门的旅游人才，尤其是高级旅游人才，往往需要从外地引进，而这些都需要以大量的资金投入作为保障，这就与这些国家和地区希望借助发展旅游业带动经济发展的初衷相矛盾。经济发展水平低限制了旅游供给在规模和质量上的迅速发展。相反，经济发达国家与地区有足够的经济实力及时地根据旅游发展的需要进行旅游硬件和软件的投资，迅速扩大旅游供给规模，提高旅游供给的质量，能够及时赶上旅游者需求变化发展的潮流，获得较高的旅游者满意度，从而使旅游业较顺利地进入良性循环。

四、政策因素

旅游目的地的政策是支持还是限制旅游业发展，将会影响该地的旅游供给。旅游业已经成为世界第一大产业，世界各国都在采取各种政策支持本国旅游业的发展。我国从 2009 年出台《国务院关于加快发展旅游业的意见》（国发〔2009〕41 号）之后，2013 年又出台了《国民旅游休闲纲要》和《中华人民共和国旅游法》，2014 年再次出台《国务院关于促进旅游业改革开放的若干意见》（国发〔2014〕31 号），各省、市也都出台了相应的旅游促进政策，这有利于扩大旅游供给。这些政策和措施包括税收政策、财政政策等。对旅游企业的低税率或进口关税的减免等优惠税收政策将会引导旅游供给增长；对旅游企业的财政补贴等积极的财政政策和提供低息贷款等积极的投资政策也将刺激对旅游业的投资，促使旅游供给不断扩张。我国旅游饭店设施之所以能够在一个比较短的时间内迅速增加，很大程度就是因为实施了积极的扶持政策。1985年，中央政府提出了“国家、地方、部门、集体、个人一起上，自力更生和利用外资一起上”的方针，此后各种渠道的资金投向饭店业，形成了一波又一波强劲的发展势头。由此我国旅游住宿设施短缺的状况得到了改善，同时部分城市由于客源增长的滞后，开始出现供大于求的局面。

五、观念因素

尽管从全国范围来看，我国大部分地区都将旅游业列为当地发展的支柱产业，但从一些市县的实际情况来看，在实际执行中往往很大程度上受到主管领导和当地居民旅游观念的制约。比如，我国一些资源型城市（从长远来看，资源型城市必须实现发展的转型），由于当地具有非常丰富的矿产资源，而旅游业则处于刚刚起步阶段，还属于“高投入、低产出、低效益”的产业，因此尽管当地政府在口头上非常重视旅游业，其实观念上还是轻视旅游业，对一些较好的旅游资源视而不见，不重视旅游规划，不愿意进行旅游发展的前期投入，从而导致了“投入不足—发展缓慢—没有效果—不愿投入”的恶性循环。国内旅游业发展近几年比较成功地形成了“婺源之路、修武创造、栾川模式、岚皋特色、泰宁路径、凤县精神”等几种县域旅游经济发展模式，比如河南焦作在面临资源枯竭之际，市委、市政府领导带头，从思想上真正重视旅游业，并将之落实到行动中去，经过短短几年的发展，焦作就成了全国优秀旅游城市，创造了神奇的“焦作现象”“焦作速度”。

六、管理和服务因素

旅游供给的外延式扩张是单纯地通过增加数量而达到的。以餐饮为例，由于管理落后，现有的餐饮设施只能满足70人的需要，要满足100人的需要就必须再增建餐饮设施。旅游供给的内涵式扩大需要管理和服务层面的支持，良好的管理和服务可以促进供给效率的提高，从而相对地提高旅游供给。比如，我们可以通过改进管理和服务，在现有的餐饮服务设施基础上，通过管理挖潜来满足100人的需要。

服务本身也是旅游产品供给的组成部分。因此，良好、迅速的服务将很自然地提高旅游供给的能力和质量。良好的管理可以更加合理地组合生产要素，使各种要素之间协调一致地参与供给能力的创造，促进供给效率的提高，从而相对地增加旅游供给。

良好的管理同样有助于扩大旅游景区（点）的自然容量，对旅游景区（点）的供给产生积极影响。

七、科技因素

科学技术是第一生产力。科技因素对旅游供给的影响主要表现在科技因素对旅游供给因素的影响上。科技越发达，则利用同样数量的生产要素就可以生产出更多的产品，或用较少数量的生产要素的投入生产出较多数量的产品；科技越发达，则预示着建设同样的旅游项目将可以在越短的建设周期内得以完成，使供给结构可以在越短的时间内作出调整，形成越多的旅游供给能力；科技越发达，保护旅游资源、实现旅游资源的可持续发展就越有可能，相当于间接增加了旅游供给的数量和提高了质量。在以自然景观为主的旅游景点中，运用高科技手段可以使这些自然景观的供给更具有广泛性，比如旅游索道的建设就使得许多原来游客无法进入或欣赏的景点现在都可供人们欣赏。

八、预期因素

供给企业对旅游市场未来的预期是进入或退出市场的重要影响因素。如果相关的供给企业对旅游业前景看好，它们就会有动力增加旅游供给；如果它们对旅游业前景不看好，则会减少旅游供给。为此，政府会采取各种措施以改善投资者的预期。我国早期发展旅游时，政府积极介入旅游饭店建设。中央政府从 2000 年至 2004 年在长期建设国债资金中安排 67.2 亿元旅游国债资金用于旅游基础设施建设；2015 年 8 月 4 日，国务院办公厅印发《关于进一步促进旅游投资和消费的若干意见》，明确提出通过改革创新促进旅游投资和消费。这都向市场发出了旅游业发展前景良好的信号，极大地增加了投资者的信心和对未来的预期。一些投资保全措施客观上也起到了改善投资者预期的效果。投资保全措施主要有保证不收归国有、自由提供外汇、允许利润自由汇出国境等。

案例 4-4

以服务让旅游者满意　用烧烤带火旅游

最近一段时间，山东淄博凭借烧烤爆红网络，无数网红达人、青年学生等“撸串”爱好者陆续涌入淄博。有报道称，淄博高铁站一日到达乘客最高时超过 5 万人次，比春运还要忙，甚至淄博特地为游客开通了“烧烤专列”。为了吸引更多的旅游者，淄博针对年轻人消费烧烤推出系列举措，比如发放烧烤消费券，为游客设计烧烤三题一日游、两日游线路；在高铁上，免费发放各式各样的文创产品、文旅礼包，在高铁站，安排专门的“烧烤志愿者”，无缝对接游客；新增21条烧烤公交线路，专门定制“淄博烧烤地图”；207家党政机关事业单位向社会免费开放停车场和厕所，划定女士优先停车位，外地人路边违章停车电话提醒而不轻易贴罚单……

在城市更新和现代化进程中，涌现很多典型的案例，而成功的案例中多数都属于大型或超大型城市，它们多数都有着强大的内在消费市场作为支撑，但围绕着外来流动人口推动一个城市社会治理变革的例子并不多见，或许淄博就是这样一个以“开放”促“改革”的新的典型例子。淄博在推动烧烤发展的过程中，既有雷厉风行的严格监管、铁腕治理，更有贴心暖心的公交专线、志愿服务，如此等等。这是淄博作为全国城市治理样本的最大价值。

淄博烧烤能够红火不容易，这里面有地方政府的长期推动、有大学生群体的感恩推动、有广大市民的暖心推动，有各地游客“进淄赶烤”的实实在在推动，是多方力量共同努力的结果，需要大家共同呵护。

淄博烧烤的成功出圈，给当下激活消费、扩大内需提供了很好的样本，值得充分肯定。除了网络上已经广泛谈论的当地政府所采取的各种持之以恒的鼓励性、支持性政策和配套性服务保障外，关键因素主要有以下几个：

第一，“民以食为天”，吃是最容易激发公众消费欲望的最佳切入口。在消费不振、需求萎缩的大背景下尤其如此。再加上淄博烧烤在烤炉、卷饼等方面还具有很强的独特性，对市场尤其是“草根市场”的消费具有不错的吸引力。当然，我们也必须正视一点，那就是我们不应该只是“吃货”。

第二，淄博烧烤跟别的餐饮有一个很大的差别是其中的过程参与性和通感体验性，这显著增强了其脱颖而出的可能性。淄博烧烤是消费者需要积极参与其中的一种餐饮消费，需要消费者自己动手烤，而且在烧烤的过程中不仅有视觉、嗅觉、味觉的参与，更有烧烤过程中发出的声音带来的听觉体验，以及周围环境乃至后来发展出来的与演唱有关的听觉体验。多方位的感官体验也增强了淄博烧烤的吸引力。

第三，与社交媒体的积极推动、持续强化有很大关系。早在2021年就有媒体关注到“淄博烧烤”这个IP并进行了相应的报道，但只有在这次社交媒体通过广泛介入并聚焦特定消费人群、特定消费场景并进行有效扩散之后，淄博烧烤才迎来了全网爆火。尤其是通过烧烤专列、长时排队等现场画面，以及各种“故事”的渲染叙事，持续不断推高了市场热情。就这样，气氛搞起来了，事情就好做了，出圈爆火就水到渠成了。

当然，淄博烧烤乃至淄博未来整体发展的根本还是品质，包括烧烤本身的品质与服务品质、环境品质。同时还要看有没有建立良性协同的产业生态，吃一顿就返回的远程消费毕竟有限；要看当下为烧烤出圈的投入的可持续性，如果不能高效转化烧烤客流增加整体效益，投入产出就会不匹配，而且投入产出不匹配的情况还会处于绑定状态而深陷“泥塘”，无论是政府的政策和财政投入、商家的资金投入还是当地居民的热情投入；要看到烧烤城等新增供给出现之后烧烤品质保障状况，以及供给迅速增加后导致热闹氛围消解所带来的正向关注度的下降；要看到“成也流量、败也流量”，要看社交媒体催动的“消费狂热”在理性认知中降温带来的影响、要看火出圈初期出现的“被动卷入”消费热潮消退的速度；要看烧烤之后能不能出现持续轮动的现象级单品。

淄博烧烤很火，但需要研究和解决的问题也很多。解决好了，持续红火，解决不好，就容易很快“熄火”。

第三节　旅游供给规律

一、旅游供给基本规律

供给规律表明，在其他条件不变的情况下，某产品的供给量随该产品价格的上升而增加，随该产品价格的下降而减少。旅游供给也受供给规律的影响，当旅游产品的价格上升时，该产品的供给将增加，当该产品的价格下降时，该产品的供给将随之下降。因此，旅游供给规律就是指在影响旅游供给的其他因素保持不变的情况下，旅游供给量和旅游产品价格之间呈正比例关系。这一规律既适用于住宿产品、旅游交通、旅游景点等单项供给，也适用于整体旅游产品。

如果将旅游产品供给数量与旅游产品价格变化的相关关系描绘在坐标图上，连接这些数据点，就形成旅游供给曲线（见图 4－4）。

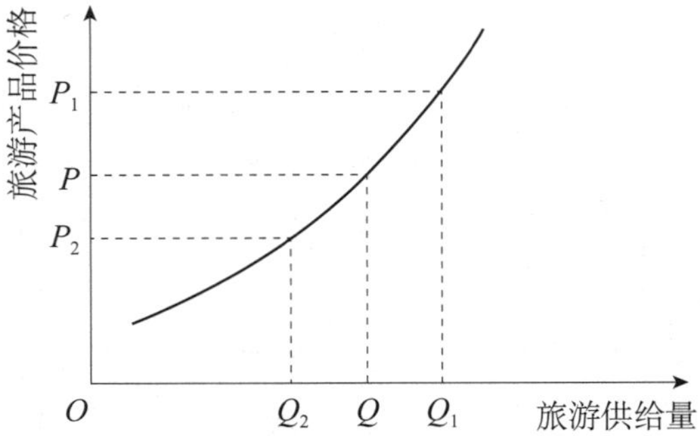

图 4－4　旅游供给曲线

从图中可以看出，旅游产品价格为 P 时，旅游供给量为 Q，当旅游产品价格上升到 P_1 时，旅游供给量也将上升到 Q_1，当旅游产品价格下降到 P_2 时，旅游供给量将下降到 Q_2。也就是说，如果其他因素不变，那么旅游产品价格的变化将会导致旅游供给量沿图 4－5 所示曲线移动。

除了价格以外，影响旅游供给量的还有其他因素，如果这些因素发生变化，那么旅游供给曲线也将会发生向左或向右的移动，但旅游供给曲线的形状不会发生变化，而只是旅游曲线位置的移动。比如，生产旅游产品所需要的投入品价格的变化、旅游产品生产技术的变化、自然环境的变化、社会环境的变化、预期的变化，甚至是获得信贷难易程度的变化等，都会影响旅游供给曲线的移动。也就是说，由于价格以外的其他因素的影响，会使得旅游供给在原来的价格水平下增加或减少。

如果旅游住宿设施的建筑技术有了重大的突破，将会降低产品的生产成本，此时可能会导致旅游供给曲线向右移动；如果厂商相信随着人们收入的增加，会有更多的人选择旅游的方式来丰富知识、怡情养性，那么厂商会增加旅游供给，从而使旅游供给曲线向右移动；如果政府发现旅游业是一个高盈利的产业，因此决定增加针对旅游企业的税收，那么旅游供给曲线将向左移动。

总之，除了旅游产品价格以外，如果其他因素的变化对旅游业的发展有益，则旅游供给曲线将从 S 向右移动到 S_2 的位置，如果这些因素发生对旅游业不利的变化，则旅游供给曲线将从 S 向左移动到 S_1 的位置（见图 4－5）。

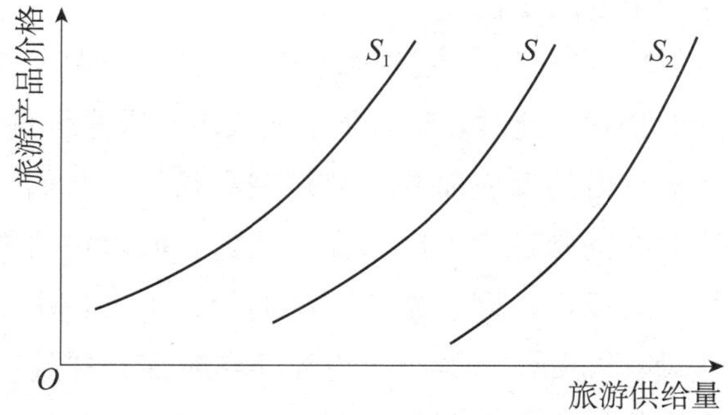

图 4－5　旅游供给曲线的移动

二、旅游供给价格弹性

旅游供给量随旅游产品价格的变化而发生变化的程度，称为旅游供给价格弹性，简称旅游供给弹性，也就是旅游供给量变化的百分比除以旅游产品价格变化的百分比。

点弹性公式为：

$$E_s=\frac{Q_2-Q_1}{Q_1}\div\frac{P_2-P_1}{P_1} \tag{4-1}$$

弧弹性公式为：

$$E_s=\frac{Q_2-Q_1}{(Q_2+Q_1)/2}\div\frac{P_2-P_1}{(P_2+P_1)/2} \tag{4-2}$$

式中：E_s——一定时期内旅游供给弹性系数；

Q_1——期初旅游供给量；

Q_2——期末旅游供给量；

P_1——期初旅游产品价格；

P_2——期末旅游产品价格。

由于旅游供给量与旅游产品价格之间是一种正相关关系，因此该系数始终是正数，具体有以下几种情况：

（1）$E_s=0$，旅游供给无弹性。在这种情况下，无论旅游产品价格如何变动，旅游供给量都不发生变化。此时，旅游供给曲线表现为一条与纵轴平行的线。比如，目前敦煌莫高窟实行的是严格控制旅游者数量的措施，即使旅游者为了能够参观莫高窟而愿意将门票价格从目前的100元/张提高到1 000元/张，莫高窟也不可能增加供给量。此时，供给是一定的，不会受到价格变化的影响。

（2）$E_s<1$，旅游供给弹性不足。在这种情况下，旅游产品价格若发生变化，只会引起旅游供给量较小幅度的变化。此时，旅游供给曲线表现得比较陡峭。

（3）$E_s=1$，旅游供给处于单一弹性。在这种情况下，旅游产品价格若发生变化，则会引起旅游供给量相同幅度的变化。

（4）$E_s>1$，旅游供给弹性充足。在这种情况下，旅游产品价格稍有变化，便会引起旅游供给量更大幅度的变化。此时，旅游供给曲线表现得非常平缓。

当然，旅游供给量对价格的反应需要区分短期和长期。我们一般认为长期供给曲线的弹性要比短期供给曲线的弹性大。因为在长期内，旅游供给的各种要素可以进行调整，但是在一个较短的时间内，即便旅游产品的价格上升，由于旅游供给量的增加涉及资源开发、设施建设、人员补充等，这些都存在时滞，并且有效旅游供给量的扩大受到环境容量和社会合作等多方面因素的制约，同时旅游设施一般有较强的资产专用性，退出壁垒较高，所以旅游供给弹性往往较小。

以上分析是建立在对一个大尺度旅游目的地的分析上的。如果将分析的空间转移到一个小尺度的旅游地区的旅游供给，则情形可能会发生一些意外的变化：

（1）如图4-6所示，在价格与供给量之间的关系示意图中，将会在曲线的高端出现与价格轴平行的直线，在高端，供给数量将不随价格的变动而变动，因为此时该旅游目的地的供给能力或者说接待能力已经达到了极限，尽管价格上升，供给也不可能有任何的增加了；在A、B之间，由于价格的提高，供给企业改善了管理或者提高了利用能力及效率，从而相对地供给数量也随之增加。

（2）如图4-7所示，价格与供给量之间的关系表现出跳跃性，当价格上升到一定程度以后，供给量呈跳跃性增加；当价格下降的时候，供给量表现为跳跃性减少。当价格在一定区间内时，价格的下降不会导致住宿供给的数量变化，但是当价格突破这个价格区间的时候，只要这个企业是真正的自负盈亏的市场主体，将出现住宿企业的

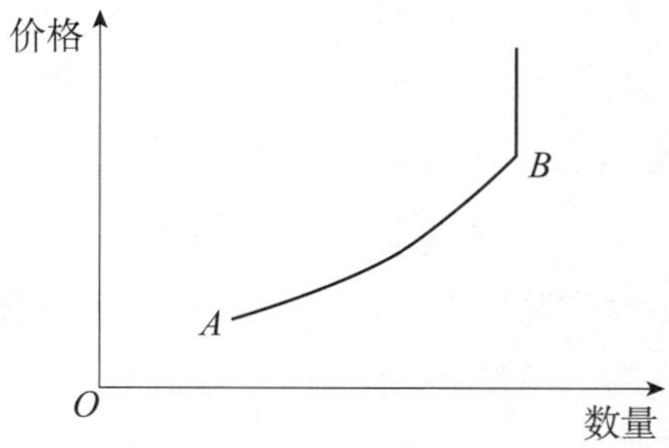

图 4-6 旅游供给与价格的关系一

亏损甚至倒闭，供给数量呈现跳跃性减少；同时，在某一价格区间，价格的上升也不会导致住宿供给数量的增加，但一旦价格突破了这个价格区间，就会吸引更多的企业进入住宿业，从而导致住宿供给的数量跳跃性增加。这种供给的跳跃性变动是由于供给量一旦确定就比较固定，旅游供给要素不可能在短期内进行大的调整所导致的。

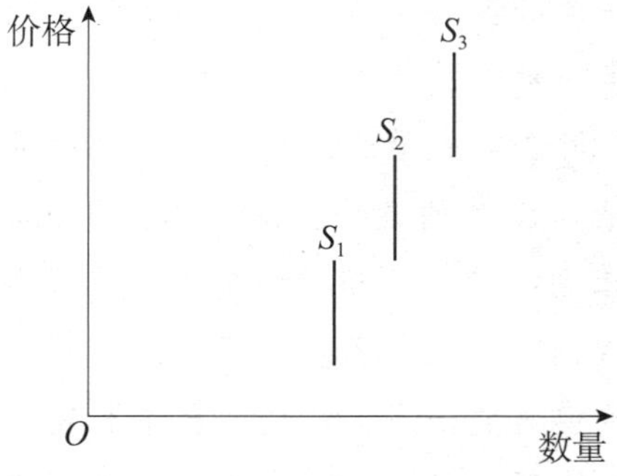

图 4-7 旅游供给与价格的关系二

案例点评 >>>>>>

西班牙马罗卡岛旅游发展的启示

马罗卡是西班牙贝里瑞群岛中的一个岛屿，有着宜人的气候和秀美的自然景观，宁静的海边小村庄、金黄色的海岸沙滩、银白色的盐田、绿色的沼泽、农田和胡吉花都是马罗卡岛宝贵的旅游资源。该岛发展旅游业已有 40 多年，旅游资源的开发、旅游业从繁荣到萧条的历程以及当地政府所采取的措施等，都可以给我们处理旅游供求关系、解决保护与发展的问题带来一定的启示。

一、马罗卡岛旅游业的崛起

20 世纪 60 年代以前，马罗卡岛只是贝里瑞群岛中一个普普通通的小岛，岛上的居民仅靠落后的农业和简单的经济作物维持贫困的生活。20 世纪 60 年代以后，首批游客——一些冒险家、艺术家和好奇的旅行者登上了马罗卡岛，马罗卡岛封闭宁静的环境、优美约自然风光和古老的农耕文化吸引了他们。到 20 世纪 70 年代初，大量的游客开始涌入马罗卡岛。随着游客的不断增加，岛上建起了各种旅游设施，旅游景点也不断被开发出来。由于岛上的旅游投资回报丰厚，源源不断的外资被引向小岛，新一轮的设施建设重又掀起。在这个过程中，马罗卡岛也逐渐成为著名的旅游度假胜地。岛上50%的居民从事旅游业，80%的国民收入来自旅游业，旅游业创造的大量就业机会使越来越多的外地人口涌入马罗卡岛，为海岛旅游业的发展提供了丰富的劳动力。岛上居民的收入水平不断提高，家庭拥有汽车的数量在西班牙居首位，而失业率在西班牙却最低。旅游业给岛上居民的生活带来了深刻的变化。

二、马罗卡岛旅游业的变化

进入20世纪70年代以后，马罗卡岛旅游业的发展发生了一些新的变化。首先是世界性的石油危机使油价飞速上涨，提高了各类产品的成本，人们用于基本生活支出的费用上升，而可自由支配收入却在下降，于是游客开始重新安排旅游计划，削减旅游开支预算，马罗卡岛上的高档饭店变成了奢侈品。为了应对这种情况，马罗卡岛开始寻找新的解决办法，如建造廉价的住宿公寓替代正规的饭店客房，广泛采用旅馆高层建筑技术，尽可能在每平方米的面积上增加床位数等。建筑成本的降低使住宿设施数量快速增长，并且超过了游客数量增长的速度，旅游接待能力出现了供过于求的局面。于是，降低旅游价格成了必然的选择。降价刺激了旅游需求，带来了部分游客。其次，在20世纪80年代末期，马罗卡岛的主要客源国英国发生了严重的经济危机，导致到马罗卡岛旅游的人数锐减，旅游客源市场不断萎缩。再次，旅游业发展前期所积累的一些问题也开始大规模爆发出来。这些问题主要集中在设施、环境和资源的冲突方面：(1) 马罗卡是一个地下水资源稀缺的地方，岛上的过度开发使地下水水位不断下降，海水随之大量涌入，使原有的淡水资源受到污染，水资源更加稀缺，水盐浓度状况进一步恶化。(2) 大量的游客带来了大量的垃圾。在马罗卡岛上，据统计，外来游客产生的垃圾要比当地居民高出50%；在一家饭店的4年经营当中，游客量增加了30%，而遗留在饭店客房后的垃圾却增加了50%。(3) 大肆扩张的旅游设施破坏了最宝贵的旅游资源，海滩和沼泽消失在钢筋水泥当中，岛上80%的海岸地带被占用，许多珍奇动植物濒临灭绝，马罗卡岛对旅游者的吸引力越来越小。

三、当地政府的措施

为了控制旅游业严重下滑的局面，当地政府和旅游经营商采取了积极的措施。这些措施包括：制定旅游发展的总体规划，并通过颁布法律来严格控制岛上旅游设施的建设；改善现有的旅游设施，保证旅馆内外有足够的空间安排绿地，建设体育设施和游客休息活动空间，提高住宿设施的舒适程度；开辟海上游艇活动区域，分流岛上的游客，减轻岛上旺季的拥挤压力；开辟原始自然风光区，保持大自然的原始魅力；开展农业旅游和田园旅游，增强旅游活动的参与性和愉快感；建设高尔夫球场以提高荒地的土地利用率，防止自然环境恶化，并通过高尔夫球场吸引高消费的旅游者，提高海岛的旅游经济效益，调整海岛夏季人满为患的状况等。这些措施与对策在实施中逐步发挥出应有的作用。

资料来源：田里．旅游经济学［M］. 3版．北京：高等教育出版社，2016.

评析：

从马罗卡岛的旅游发展经验可以看出：

（1）旅游供给就是在一定时期内旅游相关企业根据不同的价格愿意并能够向市场提供的旅游产品的数量。旅游供给的核心是旅游景区。马罗卡岛发展旅游的主要动力就在于其优美的自然风光和美丽的海滩。

（2）在旅游市场上，在短期内旅游供给设施不可能发生大的变化，因此旅游供给的弹性小，旅游设施特别是固定旅游设施的建设必须有长远的考虑和规划，不能一哄而上，跟风模仿。

（3）旅游供给具有关联性、空间固定性和时间固定性等特点。关联性表现为旅游供给各个构成部分一旦发生变化，就会引起整个旅游供给市场的变化。如马罗卡岛的旅游业因为主要客源国英国的经济危机、世界性石油危机等因素的影响而受到沉重的打击。空间和时间的固定性也使得即使旅游需求发生了重大的变化，供给也不可能随着需求的转移而移动到旅游需求旺盛的地方。

（4）积极开发新的旅游项目及旅游活动，可以有效地引导旅游需求，一定程度上缓解旅游供求矛盾，因此供给需要不断创新，这样才能保持永久的竞争力。

（5）旅游供给规律表明，旅游供给的数量随着旅游价格的变化而变化。由于旅游发展的初期的旅游投资回报比较丰厚，因此外来的投资大量涌入，使得旅游供给量急剧增长。

关键术语

旅游供给　旅游吸引物　住宿设施　旅游供给的空间固定性　旅游供给的时间固定性　有效旅游供给　替代旅游供给　旅游供给规律　旅游供给价格弹性

思考与练习

1. 请对下列说法作出分析判断：

（1）旅游需求决定旅游供给。

（2）旅游供给总量均衡则系统供求均衡。

（3）旅游交通工具也能成为旅游吸引物。

（4）旅游供给能力就是旅游生产能力。

（5）凡实现了的旅游供给都是符合旅游需求的供给。

2. 为什么各旅游目的地正逐渐将旅游工作的重点转向旅游景区（点）的开发与建设？

3. 试分析旅游供给层次分解的主要意义。

4. 旅游供给有哪些特点？影响供给的主要因素是什么？

5. 案例分析题：阅读下面的案例，并回答问题。

据统计，全国星级饭店客房出租率按照饭店的星级高低排列：五星级 65.12%，四星级 64.96%，三星级 60.34%，二星级 53.35%，一星级 46.33%。

按饭店的规模大小排列，客房的出租率高低为：500 间以上规模的 66.98%，300～499 间规模的 63.64%，200～299 间规模的 60.97%，100～199 间规模的 59.61%，100 间规模以下的 51.74%。规模大，出租率高；规模小，出租率低。

根据以上数据可以得出这样的结论：星级高、规模大的饭店出租率高；星级低、规模小的饭店出租率低。

资料来源：袁学娅．对"星级饭店统计公报"中两组数据的思考［N］．中国旅游报，2002-09-11.

问题：

请结合旅游供给的特点就以上内容进行分析："饭店星级越高、规模越大，出租率越高"是否符合实际情况？这种表面现象背后的深层次原因是什么？

第五章

旅游目的地的建设与发展

导入案例

大力发展冰雪经济　打造吉林冰雪旅游目的地

吉林市冰雪经济高质量发展试验区（以下简称“试验区”）以冰雪旅游为主导产业，内含有北大湖滑雪度假区、万科松花湖滑雪度假区及松花湖风景名胜区。辖区内的北大湖滑雪场、万科松花湖滑雪场地处北纬43°世界滑雪黄金纬度，与北美落基山脉、欧洲阿尔卑斯山脉并称为“世界三大粉雪基地”，是国家重点滑雪训练基地和滑雪旅游度假目的地。

一张蓝图绘到底　乘势而上求突破

随着2022冬奥会的成功举办，大众冰雪运动的激情被极大地点燃，冰雪项目已经成为广大市民冬季休闲娱乐的重要生活方式。吉林市冰雪试验区抢抓“后冬奥”时代冰雪经济高质量发展机遇，坚持“一张蓝图绘到底”，明确以“培育世界级冰雪产业，打造世界级冰雪品牌”为目标，进一步挖掘冰雪“冷资源”，加快建设客流量中国第一的单体雪场、中国首个百万人次滑雪度假区，打造亚洲第一、世界一流的世界级超大体量滑雪度假区，使之形成可持续发展的“热产业”。

试验区深入贯彻落实“冰天雪地也是金山银山”的发展理念，按照“一个攻坚、两个突破”的总体思路，充分发挥吉林冰雪资源优势，努力均衡“冬热夏冷”的季节性淡旺季问题，开发四季旅游产品，不断扩大非雪季旅游收入，推动试验区从“一季养三季”转向“一季带三季”。

冰雪避暑双驱动　唱响旅游“四季歌”

吉林市域内旅游资源丰富，四季皆美景。试验区如何实现冰雪旅游与避暑休闲双轮驱动，一景游四季呢？

坚持做好“无中生有”“有中生新”文章，加强区域资源整合和统筹谋划，做足全域、全季、全业的文章，补短板、强弱项，加快开发四季旅游产品，不断壮大非雪季旅游收入比重，同时着力促进冰雪旅游提质增效，实现旅游人数和旅游收入新突破。2022—2023年雪季，北大湖滑雪度假区设施设备实现了全面升级，雪道由27条增加至47条，雪道长度由48千米增加至61千米，高速缆车由6条增至8条，床位数由3 500张增至6 800张，北大湖度假区商业街、极乐汤温泉酒店相继正式投入使用；始祖鸟全球最大滑雪体验中心以及博格纳、伯顿等众多国际一线品牌竞相入驻，度假区的商业氛围更为浓厚。

推进实施四季旅游项目建设。深入推进实施田园综合体试点项目，加快推进田园冰雪北大湖文旅产业融合提升，北大湖田园休憩场地、北大湖田园露营场地、美丽田园农庄、林果采摘园、北大湖田园高山花海等项目形成夏季旅游拳头产品。同时继续深度谋划一批“春可踏青赏花、夏可露营避暑、秋可登山赏叶、冬可戏雪泡泉”的四季旅游产品，进一步完善四季旅游体系，形成“四季火”的局面。

丰富冰雪旅游娱乐文化。推广“景区＋娱乐”“景区＋剧场”“景区＋演艺”等景区娱乐模式，丰富游客在度假区的活动内容。2022—2023 年雪季先后举办了北大湖新春游园会等文化类活动 19 项；全国超级定点滑雪公开赛（北大湖站）、2023“搜狐杯”全国滑雪登山挑战赛、X GAMES CHINA 2022 滑雪巡回赛总决赛等赛事类活动 6 项；举办北大湖青少年滑雪训练营、大神公园训练营、吉林省校外冰雪体育课，通过大学生免费滑雪、省内优惠畅滑等活动将 260 万元冰雪消费券惠及百姓，推动全民上冰雪；圆满完成第 28 届中国·吉林国际雾凇冰雪节开幕式，在一定程度上提升了试验区的品牌影响力和知名度。

冰雪旅游与乡村振兴相融合。打造以高标准酒店为主体，以乡村民宿、农家乐等特色配套服务为补充的多元化、多层次、多业态的配套服务体系，多方位培育游客群体，多渠道招引旅游客源，通过冰雪经济发展带动乡村经济发展，使“冷资源”变成“热产业”，促进冰雪旅游提质增效，助力乡村振兴。

高标准承办体育赛事和文旅活动。坚持以赛事活动聚拢人气，扩大影响。2022 年试验区高质量承办了超级定点滑雪公开赛北大湖总决赛等 21 项雪上赛事；创新开发了 2022 年吉林松花湖首届冬捕冬钓节和草坪文化节系列活动。同时强势推介独具北大湖特色的冰雪旅游资源、底蕴深厚的冰雪历史文化、朝气蓬勃的冰雪产业发展，让“来北大湖体验冰雪”成为一张北国冰雪新名片、吉林打卡新地标。争取更多有影响力的品牌赛事和峰会、论坛等落户冰雪试验区，逐步提高区域品牌影响力和知名度，不断聚拢人气，进一步提升冰雪旅游人数和旅游收入。

加强生态环境建设。坚持生态优先，绿色发展，加强区域生态环境保护，加强区域环境精细化管理水平，打造生态宜居、环境优美度假区。

持续强化宣传推介。创新现代冰雪传媒方式，利用各媒体平台，讲好冰雪故事，擦亮“北纬 43°、粉雪胜地北大湖”“22℃夏天”“世界山地度假黄金地带”等冰雪名片。

曾经是旅游弱项的冰天雪地，如今也成了吉林旅游的金山银山，这一方面得益于冰雪旅游的兴起，但更多的是吉林市能够顺应市场需求，充分利用地区的资源优势，不断提升和创新发展冰雪旅游产品，完善基础设施，提升旅游服务的结果。冰雪旅游的高质量发展，不只是建几个滑冰场、滑雪场那么简单。规范的冰雪运动学校、专业的冰雪运动教练、优质的冰雪运动服务、配套的冰雪旅游业态、便利的冰雪消费环境、丰富的冰雪运动赛事、可持续的冰雪旅游战略、完善的冰雪旅游政策等，都是冰雪旅游高质量发展需要予以重视的。在自身优势的旅游资源基础上，建设全体系的高质量旅游产品，提供全方位的高品质旅游服务，才是一个旅游目的地具有核心竞争力之所在。

资料来源：北大湖管委会．吉林市冰雪试验区：抢抓机遇乘势而上　奋力开创冰雪经济高质量发展新局面[EB/OL]．(2023-04-04)[2023-10-10]．http://www.jlcity.gov.cn/bmwz/jlbxsyq/bxxmjs/202304/t20230421_1124101.html．有改编．

在本章，我们将介绍分析旅游目的地空间关系。在简要区分旅游吸引物与旅游资源后，着重从主体吸引力、辅助吸引力和整体吸引力的角度分析旅游地资源的概念，提出旅游目的地发展中的生命周期问题，以及与生命周期规律密切相关的目的地竞争和目的地形象“时滞”问题；从旅游目的地竞争中的长远发展出发介绍旅游目的地容量体系，分析基于可持续发展理念的生态旅游问题；从目的地竞争的角度分析我国旅游实践中景区（点）投资突破性发展变化（包括民营化进程）的内在原因。

第一节　旅游目的地的吸引力

一、目的地的空间相互关系

在复杂的竞争型多目的地分析中，必然会涉及特定旅游目的地与其他目的地之间的空间相互关系。在旅游经济研究中，所谓特定旅游目的地与其他目的地之间的空间相互关系，是指在一定的区域范围内，该目的地在所在区域的旅游格局中的地位。

根据区域内目的地的类型和等级的不同，我们可以将这种空间相互关系分为两种：第一种，目的地间是补充关系；第二种，目的地间是竞争关系。补充关系一般出现在不同类型的旅游目的地之间，竞争关系主要出现在同一类型的目的地之间，但同时并不排斥不同类型的旅游目的地之间存在竞争关系。因为旅游活动的开展受到闲暇时间和支付能力的制约，旅游者要在这两个限制下追求旅游效用最大化，这就导致旅游者在不同类型的旅游目的地之间只能选择其中之一，这些目的地之间也就表现为竞争关系。因此，分析旅游目的地之间的空间相互关系主要是分析目的地之间的竞争关系，也就是旅游目的地的吸引力之间的竞争关系。

案例 5-1

长三角地区率先实现旅游一体化行动纲领

2014年7月24日，长三角地区旅游合作第四次工作会议在上海市召开，四省市旅游局负责人共同签署了《长三角地区率先实现旅游一体化行动纲领》。内容如下：

加快推进长三角经济一体化发展，是国家长江经济带发展的战略要求，是党中央、国务院赋予苏浙皖沪的重要使命，也是苏浙皖沪更好实现科学发展的重大机遇。

近年来，以“合作共赢，创新发展”为方向，以建设具有地域特色和人文特色的，具有世界竞争力和影响力的世界著名旅游目的地、旅游客源地为目标，以“加强联合、资源共享、优势互补、互利互惠”为原则，扎实推进《苏浙皖沪旅游一体化合作框架协议》的实施和落地，为长三角地区率先实现旅游一体化奠定了扎实基础。

日前，党中央、国务院要求我们“依托黄金水道建设长江经济带”，努力“促进长三角地区率先发展和一体化发展”。为实现这一战略目标，苏浙皖沪经充分协商，达成共识。现联合发布、推进实施《长三角地区率先实现旅游一体化行动纲领》。齐心聚力，统一行动，在长三角地区率先完成旅游开发向集约节约和环境友好转型，旅游产品向观光、休闲、度假并重转变，旅游服务向优质高效提升，力争旅游业的创新转型升级，实现长三角地区旅游一体化。

一是构建目标统一、行动协同的旅游合作协调机制。

建立长三角地区旅游一体化建设联席会议，按年度各省（市）轮值，由当值的省（市）政府分管领导任召集人、分管秘书长任副召集人、旅游部门承担办公室日常工作。根据工作需要，经长三角地区旅游一体化建设联席会议决定，可设立专项工作小组，负责推进区域旅游规划、区域旅游产品开发、区域旅游市场管理、区域旅游公共服务、区域旅游应急处置等专项工作。

长三角地区旅游一体化建设联席会议每年召开工作会议，总结区域旅游一体化发展情况。共商推进区域旅游发展的措施，加强与国家相关部门的沟通协调。注重打造跨区域旅游产品、跨区域旅游品牌、跨区域旅游服务平台，扩大整体推介力度，塑造区域旅游形象。

二是率先构建联合开放、充满活力的旅游市场。

率先学习复制中国（上海）自由贸易试验区先进经验，减少相关行政审批项目，通过先行先试，探索推行区域负面清单管理，鼓励扩大对外合资合作，推动旅游市场向社会资本全面开放。加大旅游投融资、用地、宣传推广等方面的政策扶持力度，支持旅游企业做大做强。努力消除行政壁垒，优化行政服务措施，扶持优势旅游企业跨区域强强联合，全面合作，扩大经营，组建战略联盟，打造跨区域大型旅游集团。鼓励旅游饭店在经营管理、提质增效、节能减排、人才使用等方面的合作交流，打造具有国际竞争力的旅游饭店集团。推动旅游与文化、体育及其他行业的深度融合，创造新业态、新产品，构建新型区域旅游产业体系。推动上海空港口岸72小时过境免签政策的放大效应，加强客源市场互动、游客互送，多渠道推动长三角城市群互为旅游目的地和客源地。以大运河、长江、海岸、太湖、钱塘江、杭州湾等水域为依托，构建长三角水上旅游“三沿五环一轴”空间布局，加大政策扶持，引进社会力量，着力挖掘“三沿”旅游资源，发展水上旅游。充分发挥上海邮轮母港的引领作用，积极探索区域邮轮组合母港建设、管理和运营。充分利用古运河旅游资源和申遗成功的契机，打造长三角区域沿古运河地区的旅游产品和线路。加强与长江流域旅游城市的合作，挖掘中西部旅游资源，发展长江经济带旅游。加强与上海铁路局的全面合作，依托苏浙皖沪高铁网络和站点，推进高铁站点旅游咨询、集散和服务设施建设，推出“高铁＋景区门票”“高铁＋酒店”的高铁快捷旅游线路和产品。充分放大上海迪士尼、皖南国际文化旅游示范区、苏州古城等重大项目和浙江省各旅游经济强县的辐射效应，引导长三角旅游客源互动。适时推出高铁与自驾车、房车营地和老年、民俗、养生、医疗等专项旅游产品，推动旅游产品向观光、休闲、度假、体验并重转变。利用网络、报刊、广播、电视、网络等媒体，整体宣传长三角旅游资源、旅游产品。

三是率先构建诚信规范、优质安全的旅游服务示范区。

进一步规范旅游市场，建立区域旅游质量监督合作协调机制。联合开展以“诚信经营、文明旅游”为主题的文明旅游系列活动，加强合作，联手监管，从严治理乱涨价、“黑导游”和强迫消费等违法违规行为，共同营造规范经营的旅游环境。加强旅行社在规范运营、导游管理等方面的合作交流，健全对旅行社分社的监管制度。建立旅游诚信系统和诚信披露制度，构建旅游监管和执法信息共享机制，发布旅游警示和不良旅游企业信息。

进一步提升旅游服务质量，继续加大旅游基础设施、生态保护、公共服务和人才培育的投入，全面提升旅游公共服务能力和品质。统一健全旅游接待相关的服务标准、规范；全面推进《旅游景区（点）道路交通指引标志设置规范》的落实；探索构建旅游应急突发事件的联动协调机制，建立跨区域旅游重大事件和旅游安全事件的应急预案，完善交通异地救援和保险理赔体系。

四是率先构建便捷高效、便民利民的智慧旅游公共服务体系。

通过政府扶持推动，吸引企业积极参与智慧旅游建设，以数字化、网络化、智能化建设为抓手，加快建立长三角旅游信息库，加快建设资源共享、信息兼容的多载体、多语种、全天候的游客咨询服务系统，完善假日旅游预报制度和旅游警示信息发布制度。积极推进旅游智慧营销、智慧管理和智慧服务三大体系建设，逐步实现官方网站互联互通、管理信息精准及时、信息服务实时全面、网上营销诚信无欺、应急管理预警互通。积极推进北斗卫星技术在旅游应急、导览等方面的应用。

推行旅游便利化措施。加强旅游公共服务设施标准化建设，形成相互开放、标准统一的区域旅游服务设施网络，实施统一的服务标准、统一的服务标识、统一的票务系统平台，推出“联动售票、异地换乘”服务。探索建立统一的区域统计指标体系，在条件成熟时推出长三角地区整体旅游发展数据。

二、旅游吸引力

（一）旅游吸引力的影响因素

对于一个旅游目的地而言，旅游吸引力并不仅仅是指旅游资源的吸引力，而是一种由旅游资源决定同时受到其他相关因素制约，对旅游者选择旅游地区以及旅行方式产生作用的影响力。因此，旅游目的地的旅游吸引力强弱受到以下这些因素的影响。

1. 一个旅游目的地的旅游吸引力强弱主要由旅游资源决定

一般来说，如果具有竞争性质的两个旅游目的地中的一个有世界级的旅游资源，而另一个没有，那么在其他条件相同的情况下，有世界级旅游资源的目的地能吸引到更多的旅游者。也就是说，在其他条件相同的情况下，某个旅游目的地所拥有的旅游资源越丰富，该地区的旅游吸引力就越大；旅游目的地所拥有的旅游资源等级越高，旅游吸引力越大。比如，北京的旅游资源要比武汉丰富，拥有世界级的旅游资源也多于武汉，因此北京的旅游吸引力更大，到北京的旅游者人数也远远多于到武汉的旅游者人数。

2. 影响旅游目的地旅游吸引力强弱的还有客源地和目的地之间的经济距离

这里的经济距离不仅包括客源地和目的地之间的空间距离，还包括两地之间的感知距离和交通费用问题。一般来说，如果两个旅游目的地的旅游资源丰富程度和资源品位基本相同，这时客源地与目的地之间的距离衰减规律会发生作用，即与客源地的空间距离远的目的地吸引力小。但随着现代技术的发展和交通工具的技术革新，旅游目的地和客源地之间的空间距离对人们的出游影响越来越小，人们对两地之间的空间感知距离及交通费用问题则变得越来越重要。如果一个旅游目的地距离客源地的空间距离并不远，但可进入性较差，没有直达列车，需要费尽周折才能抵达，此时人们的感知距离就要增加，即认为这个地方比较远；而另一个资源类似的旅游目的地尽管离客源地空间距离较远，但乘飞机一个半小时就可到达，那么人们也会觉得距离很近。当然，与客源地距离相同的两个旅游目的地中，人们会认为交通费用更低、进入更快捷的旅游目的地更具吸引力。综合起来说，就是经济距离近的旅游目的地对客源地的吸引力大。

3. 客源地和目的地之间的文化距离也会影响目的地的吸引力

文化距离主要是指客源地和旅游目的地之间的语言差异、生活习俗的不同和社会文化的差异等。文化距离可以满足人们对未知世界的好奇，成为人们出游的一大推力。因此，对于两个针对同一客源地的竞争型旅游目的地而言，如果一个目的地和客源地不存在文化差异，而另一个存在文化差异，那么在其他条件相似的情况下，文化上存在差异的目的地对客源地的吸引力更大些。需要注意的是，文化的距离可以成为吸引人们出游的推力，也可以成为阻力，因为文化差异过大的时候，人们会觉得不安和恐惧，从而没有安全感，进而失去了前去旅游的动力。

一个旅游目的地吸引力的强弱除了受到上述几个方面的影响外，还要受到目的地服务水平、接待设施、旅游价格水平、目的地社会环境和信息充分状况等多方面因素的影响。比如，两个产品几乎无差异的目的地，如果其中一个加强了针对特定客源地的目的地促销力度，则可以使处于竞争关系中的两个目的地产生“信息差异”，从而改变自身在竞争中的地位。因为消费者在面临目的地选择时，即便存在一项理想的旅游产品，并且该旅游产品可以提供给潜在的购买者，但是消费者却茫然不知，那么对消费者来说该产品亦如同不存在。深刻理解这一点对于旅游目的地的发展具有重要的战略意义。

资料 5-1

中国游客受到真诚欢迎

2023年1月9日，泰国曼谷素万那普机场洋溢着欢快喜悦的氛围，伴随着阵阵欢呼与问好，泰国迎来了自新冠疫情暴发以来首批中国游客。泰国副总理兼卫生部长、交通部长、旅游与体育部长等泰国政府官员亲自到机场迎接，让从厦门飞来的269名首批中国旅客体验了一把“国宾级”礼遇。机场工作人员手举“中泰一家亲，神奇泰国热情依旧，永远欢迎中国家人们”的横幅，让中国游客感到宾至如归。

从政府官员到街头商贩，泰国上下都热切期盼中国游客的回归。在这个以“微笑的国度”著称的旅游胜地，旅游业早已成为其支柱产业。2019年，来自外国游客的收入占到了泰国GDP的11.9%，在当年入境泰国3 980万人次的外国游客中，中国游客就达近1 100万人次，成为泰国旅游市场最大客源。疫情让泰国旅游业遭受重创，国民经济也持续走低。2023年1月8日，中国宣布调整防疫措施后，泰国相关政府工作人员在采访中称：“泰国经济复苏离不开中国游客，我们已为迎接中国游客做足了准备，将充分保障来泰游客的安全与旅游体验。”泰国旅游局局长育塔萨表示：“我们将重点通过中国在线平台推广泰国旅游产品和服务，计划邀请艺人通过直播来推广泰国旅游产品和服务。”

泰国经济机构认为，中国游客的到来将提振泰国旅游业，为餐厅、酒店、购物等旅游产业链相关业务带来更多收入及就业。

资料来源：王思成．中国游客受到真诚欢迎［N］．光明日报，2023-01-17（16）．有改编．

（二）旅游吸引力的特点和层次

1．旅游吸引力的特点

旅游者之所以会离开自己的常住地到目的地旅游，是因为该旅游者觉得到特定目的地进行闲暇消费能够得到比在常住地以及其他备选目的地消费更多更优的效用。也就是说，该特定目的地对该旅游者具有吸引力。在这里，我们要了解旅游吸引力的两个特点：针对性和变动性。

旅游吸引力具有针对性，是指一个特定旅游目的地的旅游吸引力是针对某一特定群体的。对A地旅游者具有吸引力的目的地，对B地旅游者不一定有吸引力，对探险旅游者有吸引力的目的地，康复旅游者可能毫无兴趣，因为人们的旅游需求多种多样，不尽相同。相反，如果人们的需求都是一样的话，那么许多地方的旅游活动就不会存在了，也就不会出现寒冬时节黑龙江的冰雪旅游和海南的度假旅游同时成为旅游热点的现象了。

旅游吸引力具有变动性，是指旅游吸引力会随着时间的变化而变化。对古人没有吸引力的东西在今人看来或许就产生了吸引力，对今人不再有吸引力的东西在将来也可能重新成为旅游吸引物，只不过是在不同的历史时期，由于不同的知识背景、审美框架等因素作用，人们对这些事物的看法可能不同而已。从这个意义上说，旅游吸引物存在“轮回”的潜能。

2. 旅游吸引力的三个层次

作为一个综合性概念，目的地的旅游吸引力可以分为三个层次，即主体吸引力、辅助吸引力和整体吸引力。旅游吸引物产生的是吸引旅游者从客源地到目的地的直接的基本吸引力，以此为基础形成的旅游景区（点）自然就构成旅游目的地的主体吸引力；旅游地的其他设施及服务虽然不是促使旅游者游览目的地的主要因素，但它们会在一定程度上影响旅游者的整个旅游经历，而且当两地旅游吸引物存在替代关系时，服务质量优劣、设施完善程度、交通便捷程度将会对旅游者的目的地决策产生重大影响，从而交通、旅游设施及服务等非基本吸引因素就成了旅游目的地吸引旅游者的辅助吸引力。主体吸引力和辅助吸引力共同构成旅游地的整体吸引力。

从旅游吸引力的三层次分析可以推断，在旅游经济发展中，由旅游吸引物引发的吸引力是基本的，如果基本吸引力足够强，就可以弱化辅助吸引力的负面影响。比如，作为世界文化遗产，莫高窟的基本旅游吸引力非常强，因此，尽管敦煌的交通、服务设施质量可能不如许多大城市，但仍然吸引了不少旅游者。反过来，基本吸引力同样也会因辅助吸引力的增强而增强，因辅助吸引力的削弱而削弱。如果一味地强调旅游吸引物方面的优势，过分夸大资源的独特性，就很容易陷入“泛资源论”的陷阱，从而将大量市场需求小、资源价值品位低的旅游吸引物开发出来。这不仅会影响目的地资金使用效率，还会对市场竞争产生一定的负面影响，对旅游经济内在素质的提升也没有什么好处。对于这一点，那些正在热情高涨地发展旅游经济的地方政府尤其需要引起注意。

从旅游吸引力的三层次分析中还发现，我们应该重新认识旅游活动的客源地-目的地模式，重新回到以目的地为基础的路径上来，强调“大旅游”理念，突出发展目的地的整体吸引力。也就是说，在目的地旅游发展规划的过程中，不仅应该注重旅游产业的规划，还应该注重旅游外部相关环境和产业的联动规划，目的地要发展的不仅是旅游产业，而且是旅游经济的整体。

3. 增强旅游吸引力

要增强旅游吸引力，可以从三个阶段进行创新，即旅游景区（点）创新、配套设施及服务创新、组织管理制度创新。

第一阶段是在交通及住宿设施相对不足的情况下，积极利用目的地优势资源的比较优势或垄断优势，对目的地进行广度（数量型）开发而不是进行深度开发。这表现为旅游目的地不断发现新的旅游吸引物，不断给它们修起“围墙”收取门票，从而获得更多的旅游收入，从销售方式上主要表现为通过旅游中间商进行粗放型包价产品的生产与销售。该阶段为景区（点）创新，或称开发创新。

但是可供开发的新的旅游吸引物的数量毕竟会越来越少，因此目的地旅游经济的长久发展不能只寄希望于这种创新方式。在大众旅游时代，目的地必须从初期的“多样化”发展转向注重大众旅游者的需求，注重针对大众旅游者经历进行专门化设计，大量建设与旅游景区（点）吸引力相适应的交通、住宿等相关配套设施，提升相应的服务，给目标客源市场提供一个被市场证明是最好的标准产品，接近旅游者效用最大化的第一个层面——满足最大化。该阶段是配套设施及服务创新，或称配套创新。

随着进入供给市场的目的地越来越多，目的地竞争越来越激烈，旅游者的选择将越来越多，旅游者追求效用最大化的内在机制促使其在满足最大化的基础上，进一步提出成本最小化的市场要求。此时，目的地极为重视成本、产量和生产能力的充分运用，需要通过组织管理制度创新来达到企业甚至旅游目的地整个旅游产业的组织结构改善和竞争力的提高。该阶段主要是为下一轮创新发展积蓄力量。

资料 5－2

形成旅游目的地吸引力

实践需要旅游目的地形成一套定性的总体要求。它是旅游者对一个完善的旅游目的地的要求，是市场性的要求，同时也是旅游目的地自身谋求长远发展的内在要求。

1. 旅游者的角度

（1）可进入：这是对旅游交通基础设施的要求，区外大交通便捷，区内小交通舒适，总体确保安全。

（2）可停留：这是对旅游服务设施的基本要求，进来之后要散得开，有需要的地方要住得下。

（3）可欣赏：这是对自然景观和人文景观的要求，不仅是可欣赏，而且要赏心悦目，是对环境的更高要求。

（4）可享受：旅游不是受罪，过去的旅游只要能看到、多看就满足了；现在是享受旅游，不仅要满足，而且要满意，不仅要吃饱，而且要吃好。随着经济、社会、文化的发展，旅游者对这方面的要求会越来越高，也就意味着旅游目的地面临着越来越严峻的挑战。

（5）可回味：离开目的地，回到常住地，要向亲朋好友介绍旅游经历，要拿出照片回想，要把购买的纪念品摆出来观赏。可回味程度高，则旅游者向亲友的推荐频率就高。据国外旅游市场研究机构的调查，决定去一个旅游目的地的诸种因素中，口口相传的作用占45%。旅游者的自发的正面宣传也是对一个目的地的最高评价。

2. 长远发展的内在要求角度

（1）可联动：孤立的产品难以形成规模效益，要努力形成联动型产品，形成环形线路。

（2）可拉动：在联动的基础上，形成足够的市场影响力，可以持续拉动市场。

（3）可推动：通过一个旅游目的地的发展，推动当地社会经济文化的进步。回馈社会是一个有长远意识的负责任的企业的必然行为，其中不仅体现企业理念，也洋溢着一种文化精神。

（4）可发扬：要点是持续发扬旅游目的地的特色，尤其是对一些人造景区而言，能否做到这一点往往是其生死成败的关键。

（5）可持续：要在加强环境保护和生态可持续发展的基础上，通过一系列的工作措施，努力达到市场影响力的持续增强，综合质量、经济效益、社会效益和环境效益持续提高。为此更需要管理的持续改进、人才的持续增多、竞争力的持续增强，最终达到全面的可持续发展。

资料来源：魏小安．旅游目的地发展实证研究［M］．北京：中国旅游出版社，2002：55.

第二节　旅游目的地生命周期

如同人会有生老病死一样，任何一个旅游产品都会经历一个进入市场、退出市场的过程。如果我们将整个旅游目的地看作一个综合性旅游产品，那么任何一个旅游目的地也都会面临从成长到衰退的生命周期问题。目的地的产生、成长、成熟等一系列发展进程，直接关系到目的地旅游经济的持续健康发展问题，也关系到旅游供给企业的收益率、进一步投资机会、当地的就业水平，甚至会影响当地自然环境、经济和文化生活。因此，对旅游目的地生命周期的研究具有重要的理论和实践意义。

一、巴特勒旅游地生命周期理论

关于旅游地生命周期，目前比较流行的划分方法主要有“四阶段说”和加拿大学者巴特勒提出的“六阶段说”（见表5-1）。“四阶段说”将旅游地生命周期划分为引入期/开发期、成长期、成熟期和衰落期；“六阶段说”则将旅游地生命周期划分为探索阶段、参与阶段、发展阶段、巩固阶段、停滞阶段和后停滞阶段（包括稳定、复兴、衰落三种可能性），见图5-1。

表5-1　生命周期的阶段划分

“四阶段”说	“六阶段”说
引入期/开发期	探索阶段
	参与阶段
成长期	发展阶段
成熟期	巩固阶段
衰落期	停滞阶段
	后停滞阶段

资料来源：VITOR FERNANDO DA CONCEICÃO GONÇALVES. The concept of life cycle：an application to the tourist product [J]. Journal of travel research，1997 (fall).

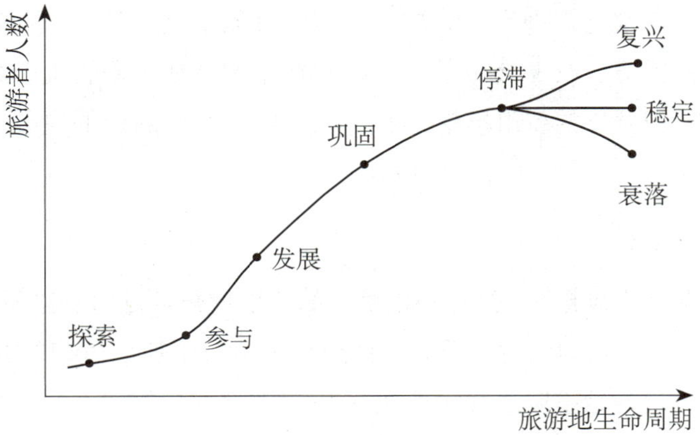

图5-1　旅游地生命周期

无论是“四阶段说”还是“六阶段说”，对旅游目的地发展而言，问题的关键不在于究竟应该划分为几个阶段，也不在于是不是应该按部就班地经过这些阶段，以及每个阶段究竟应该持续多长时间。关键在于，根据模型所提供的框架，我们要努力去发现影响这种发展变化的内在原因，比如产品特性发生变化、企业或政府战略发生变化、不可预见因素的影响等，从而对其中某些条件或影响因素有针对性地加以控制和改善，以延长旅游目的地的生命周期，保持目的地的稳定发展。

下面简要介绍一下巴特勒的旅游地生命周期理论。

（一）探索阶段

这是旅游地发展的初始阶段。在这个阶段，旅游地只有少量的旅游者来访，其经营基本上还不存在什么分销渠道。美国心理学家普洛格将这些旅游者称为冒险型旅游者。这些旅游者往往具有很强的购买力，他们一般是环境爱好者，不喜欢循规蹈矩，喜欢冒险。这个阶段的旅游者不怎么需要宾馆、餐厅等设施，他们追求的是当地居民简单的生活方式，享受的是当地独特的、更贴近自然的、保持原始风味的景致，他们只是被目的地的自然、文化或历史资源等吸引物自然地吸引，旅游目的地还没有为满足旅游者的需要而专门建设基础设施，与旅游相关的供给企业还很少，基本没有竞争，发展战略问题还没有提上议事日程。参与供给的多是非正规部门。所谓的非正规部门，就是指那些为旅游者提供服务的饮食或纪念品销售活动，分散经营，缺乏组织，并且经常处于当地有关部门的有效管理以外的数量众多的小商贩。

（二）参与阶段

此时目的地开始出现了专门为旅游者服务的机构。旅游者的数量持续增长，一些不是冒险型但有点冒险精神的旅游者开始进入目的地。他们较为富裕，喜欢新鲜刺激，仍然希望目的地景观能保持当地自然的感觉。为了迎合旅游者，饭店、餐饮等设施开始出现。旅游市场范围基本确定，旅游的季节性开始显现。地方政府需要着重强化促销活动、拓展分销渠道、改善交通条件，使潜在旅游者能够获得充分的目的地旅游产品信息，从而增加拟开发的新市场旅游者的购买率，但目的地的主要工作仍然是围绕着如何增加现有旅游者的停留时间来进行的。

（三）发展阶段

在该阶段，无论是需求还是供给都以最快的速度增长，目的地需要采取一些基本战略，在继续抓住现有市场的同时，千方百计地从竞争对手那里争夺新的顾客（见表5－2），供给价格可能会开始下降。在吸引更多旅游者方面，旅游经营商的地位变得越来越重要。旅游者数量仍在显著增长，在旅游旺季，旅游者人数甚至超过当地居民，但是消费能力有所下降。在该阶段中，冒险型和近冒险型旅游者开始不再光顾，中间型旅游者成为主流。为了获得更多的旅游者，目的地的供给状况明显改善，供给数量和多样性都在增加，可进入性显著提高。为了迎合旅游者，目的地供给的商业气息越来越浓，甚至开始出现一些粗制滥造的纪念品，成功的发展已经开始埋下了自我破坏的种子。外来（国际）的更强大、更精明的投资者进入目的地，甚至控制了目的地的旅游供给。

表 5-2 选择性需求战略

目标	基本战略
维持现有消费者	保持满意度
	增加品牌数量
	简化购买过程
	发展多方关系
吸引新顾客	争取市场支配地位
	保持价格/成本领先
	差异化
	发现新利基

资料来源：VITOR FERNANDO DA CONCEICÃO GONÇALVES. The concept of life cycle：an application to the tourist product [J]. Journal of travel research，1997（fall）.

（四）巩固阶段

此时旅游目的地的发展进入了稳定成熟期。该阶段旅游者数量的增长速度开始下降，但总游客量将继续增加并超过常住居民数量。旅游地大部分经济活动与旅游业紧密联系在一起。为了扩大市场范围和延长旅游季节，广告投入力度加大。外来投资者对供给的控制进一步增强。由于创造财富和提供就业，目的地依赖旅游的程度很高。常住居民，特别是那些没有参与旅游业的常住居民，会对大量旅游者的到来和为旅游者服务而兴建的设施产生反感和不满，因为这一切会限制居民的正常活动，对居民的日常生活造成了影响。

（五）停滞阶段

该阶段目的地游客量达到最大，吸引新的旅游者的能力下降，目的地承载力已经饱和或者可能已经超载，并将引发严重的社会、经济和环境问题，这种破坏甚至是无法弥补的。在这个阶段，到访的旅游者多是社会经济地位相对较低的阶层，重游率较高，但停留时间短，旅游花费少，旅游地的良好形象已经开始有所下降，旅游市场在很大程度上依赖于重游游客、会议商务游客等。供给企业的数量保持在一个稳定水平上，但是供给企业之间的竞争并没有丝毫减弱，为了吸引更多旅游者，目的地需要付出更多的促销努力。

（六）后停滞阶段

一旦目的地到了停滞阶段，接下来有三种可能：

（1）产品没有什么重大变化，继续维持旅游者的数量，当地政府这时需要通过规划来减少目的地面临的环境、社会和经济压力。

（2）如果能够增加人造景观的吸引力或者开发新的资源，从而重新启动市场，目的地的旅游者数量将可能显著增加，完成目的地的复兴。

(3) 如果目的地的住宿及娱乐等设施无法满足旅游者的需要，其作为旅游地的功能将逐渐弱化，最终原来的旅游地可能完全失去旅游功能。

案例 5－2

深圳世界之窗娱乐项目的开发与生命周期

深圳世界之窗是一个以弘扬世界文化精华为主题的大型文化旅游景区。正式开业11年共接待中外游客3 000万人次，经营收入33亿元，实现利税13亿元。在游客入园人数和经营收入方面连续11个春节黄金周均列深圳市主题公园第一。

深圳世界之窗实现了年年有新项目、年年有新活动、年年有新节目的发展目标。世界之窗根据市场需要不断推出新的旅游产品，先后开发了探险漂流、滑雪场、丛林穿梭、数码影院等10多个大型项目；开发一个新项目、形成一个新景点、推出一种新文化，使景点由开业之初的118个增加到130余个；策划了国际啤酒节、世界歌舞节、樱花节、摇滚音乐节以及埃及、印度、南美文化周等一系列精彩的主题活动；推出了《东方花坛》《梦之旅》《创世纪》《飞跃无限》《拥抱未来》《跨世纪》等多台大型演出。特别是大型史诗音乐舞蹈《创世纪》荟萃世界文明发展史的精彩片段，以战争与和平为主题，运用现代演艺技术，展现出"想不到的恢宏壮丽，看不尽的盛世繁华"，赢得了广泛的赞誉，已演出近2 000场，观众人数超过600万人次，成为全国旅游行业最具特色和代表性、最吸引游客的经典文化产品。深圳世界之窗还推出了一台以爱情为主题的晚会《千古风流》。这样，景区通过不断的创新发展，增加了景区功能，实现了由静态观赏型向观赏、参与、娱乐复合型的转变，不断增强了主题公园景区的生命力。游客重游率持续提高，景区的生命周期也在不断创新中延续。自1998年以来实现了利润持续增长。2000年、2001年、2002年连续三年实现利润超亿元；2003年虽遭遇SARS冲击，但仍超额完成了经营指标；2004年又实现利润超亿元。2005年上半年已实现利润6 048万元。

资料来源：魏小安．创造未来文化遗产［M］．北京：中国人民大学出版社，2006：221－230.

巴特勒提出的六阶段说是对旅游地发展问题进行分析的基本框架，这一理论的提出是要求实践者去发现这种发展变化的内在原因。有研究发现，任何旅游地生命周期的演进都要受到七大因素的影响（见图5－2）。这些因素包括反对旅游业或受旅游开发威胁的环保主义者和其他相关公众；旅游开发商及新旅游目的地或景区的开发者；交通运输企业、旅游经营商、中间商、住宿业及供应商的议价能力；现有旅游地之间的竞争；旅游者的需要、诉求、感知、期望和价格敏感度；旅游体验的替代物；支持或阻碍旅游业发展的政府、政治及监管力量等。新目的地的开发、旅游替代品的发展、反对旅游开发的团体力量的增强都有可能会使一个旅游目的地走向衰落。

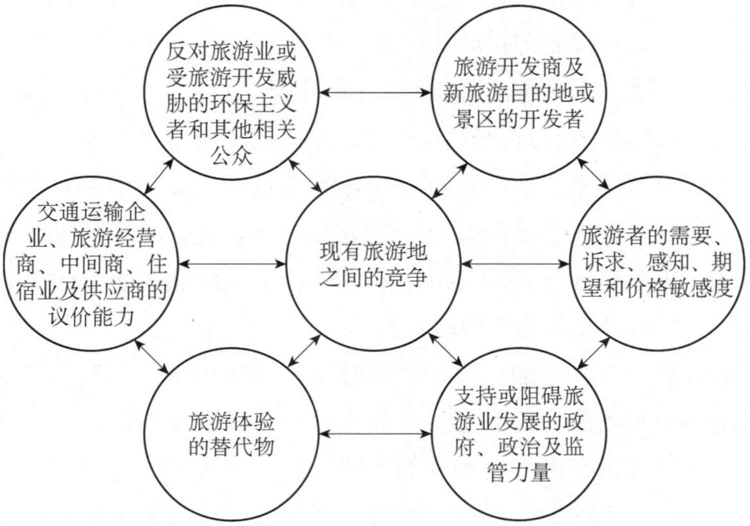

图 5－2　旅游地生命周期影响因素

资料来源：HAYWOOD K M. Can the tourist-area life cycle be made operational? [J]. Tourism Management，1986，7 (3)：154－167.

二、旅游地生命周期与形象时滞

美国学者普洛格认为，在旅游地生命周期的不同发展阶段，旅游目的地会吸引不同类型的旅游者（如图 5－3 所示的心理细分类型正态分布图）。

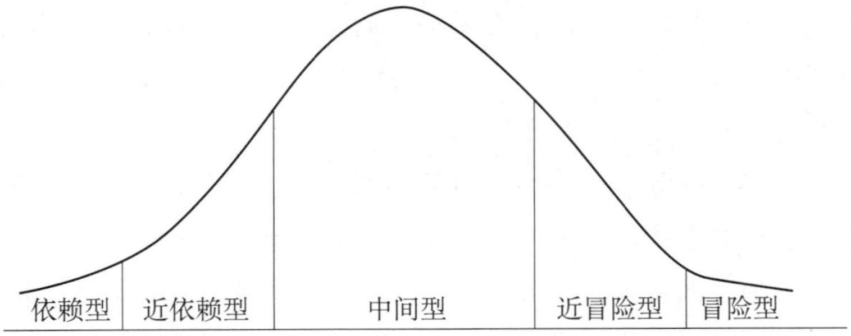

图 5－3　心理细分类型正态分布

资料来源：威廉·瑟厄波德．全球旅游新论［M］．北京：中国旅游出版社，2001：244.

在目的地发展初期，由于前来的旅游者人数较少，冒险型旅游者享受到的旅游质量能够得到保障。同时由于他们更倾向于使用当地居民设施，购买当地居民提供的餐饮服务和向导服务等相关服务，购买当地居民的手工艺品，从而对当地经济有很大的推动作用。比如，在一般情况下，支付给农家旅馆的 1 元钱与支付给大饭店的 1 元钱相比，会有更大比例滞留在当地。但由于这些旅游者在目的地花费的项目较少，这些花费也可能远远低于旅游者住饭店所能够给地方带来的收入，对当地地方政府税收收入的贡献显然也较小。所以旅游目的地发展初级阶段可以说是一个“富民”的阶段。

因为冒险型旅游者在目的地的旅游体验质量较高，所以，通过他们的口碑宣传，目的地的良好形象开始形成并逐渐传播开来，近冒险型旅游者开始光顾目的地。由于大规模开发阶段还没有到来，这些旅游者的体验质量还可以得到一定的保障。相对而言，近冒险型旅游者对当地设施的要求程度要高一些，他们希望享受最好的饭店、餐馆、娱乐等设施，因此地方政府往往可以从发展旅游业中获得更多收入。旅游目的地从“富民”阶段开始向“富地方”阶段过渡。

随着旅游者人数的不断增加，为了从旅游发展中获得更多的利益，地方政府可能批准开发大量能够带来更多收益但过于商业化的设施，当地居民出于功利性目的提供的旅游纪念品的文化气息和人文内涵开始下降，甚至出现粗制滥造现象，这一切都在客观上降低了旅游地经历的供给质量。此时，到这些旅游目的地来的往往是那些比较保守、喜欢选择知名旅游地出游的依赖型旅游者或近依赖型旅游者。由于这些旅游者往往社会经济地位较低，在目的地的消费水平不高，因此对当地经济的贡献也会更少些。

这种变化表现在现实的旅游中，就是我们可能会碰到这类现象：听了曾经到过某景区旅游的朋友的介绍后，你前往该景区旅游，结果发现这个景区并没有像你朋友所说的那么好，你甚至会有一种上当受骗的感觉。这是为什么呢？这就是因为旅游地提供良好的旅游经历与市场上形成关于该目的地的良好形象之间存在时滞。当最先的旅游者享受高品质的旅游经历时，目的地在市场上的良好形象可能还没有建立，毕竟目的地良好形象的建立需要一定时间，有一个滞后的过程。同样道理，当目的地的旅游者数量还在增长的时候，可能意味着目的地的实际形象已经开始受损，如图 5－4 所示。

由于危险从潜伏状态到完全显现之间存在时滞，因此目的地自我破坏的过程往往很难被发现，盛极必衰的危险也往往为目的地所忽视。比如，一些老牌旅游目的地或旅游景区（点）就可能潜伏着这种危险。原先的旅游者的口碑宣传为这些目的地或景区树立了良好的形象，而后来的旅游者对它们的感知是建立在前人树立起来的过去的反映了以往旅游经历质量的总体形象上的（这些形象很可能是过时的），以往的这种良好形象使旅游者潜意识里形成了对旅游经历质量较高的预期。但由于旅游目的地商业氛围已经越来越浓，旅游者人数越来越多，原先那种高质量的旅游经历可能已经不复存在了，因此，后来旅游者的高预期会使旅游者在实际游历过程中觉得没有享受到想

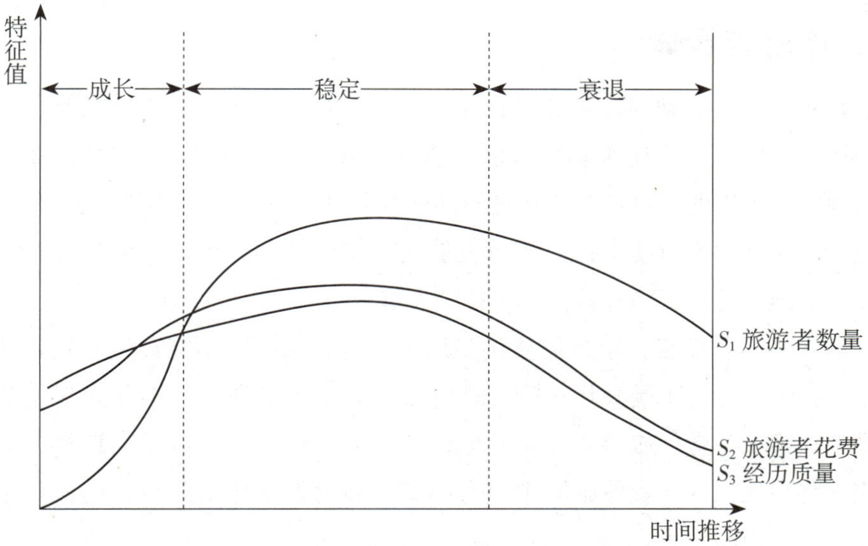

图 5-4 旅游者与目的地形象时滞

资料来源：威廉·瑟厄波德．全球旅游新论［M］．北京：中国旅游出版社，2001：250.

象中的那种美好，这更可能加重旅游者的不满意程度。可见，目的地形象在旅游者人数增长的情况下已经埋下了衰败的隐患。

第三节 旅游目的地容量

旅游地生命周期模型所揭示的旅游地发展演变进程表明，吸引旅游者到某一目的地的原因在于该目的地比其他目的地更有吸引力，能提供给旅游者比其他目的地更高的效用。但是如果目的地在发展过程中开发过度、管理失控，则目的地的原有魅力将退化，目的地高质量的市场需求开始下降，直至作为旅游目的地的功能完全消失。

影响目的地市场需求进而影响目的地可持续发展的因素很多，其中，旅游容量（或称旅游环境容量、旅游承载力等）是最重要的因素之一。我国的黄金周通报中就使用了容量统计。为了保证旅游者的安全，提升旅游者在旅游过程中的舒适度和体验感，很多景区开始采用超过最大容量时限制游客量的做法。2014 年“十一”黄金周期间，九寨沟景区达到最大容量 4.1 万人，景区停止出售当日进景区的门票。2017 年，故宫开始实现全网络售票，推行每日限流 8 万人的措施，并采用游客网上预约和旅行社网上预购等方式进行调剂。随着智慧旅游的建设，目前国内众多旅游景区已经实现门票实名预约预订、流量控制、无接触验票等服务。

一、旅游容量体系

目前，各方都认识到，发展旅游在经济增长、社会进步、基础设施改善等方面具有积极作用，但同时也会带来物价上涨、通货膨胀、社会问题突出、旅游犯罪、环境污染等负面影响。因此，我们需要通过不同的规划和管理方式（如旅游容量管理），采取制定适当的管理战略措施来控制旅游发展所带来的负面影响，从而保证在竞争的环境中推动目的地生态、经济和社会的可持续发展。

就合理旅游容量而言，至少需要满足以下条件：第一，不能过度利用，从而保证自然生态自我更替能力不受破坏；第二，应该充分考虑旅游经历质量，保持旅游者合适的满意度；第三，考虑旅游发展与其他产业发展的配套水平以及当地社区对发展旅游的反应，将当地社区从发展旅游中获得的利益与为发展旅游所付出的代价之间的比例保持在一个恰当的水平。

旅游容量是一个概念体系，一般应该包括旅游生态容量、旅游物质容量、旅游社会容量。其中旅游生态容量和旅游物质容量是基于供给角度的容量度量，而旅游社会容量则主要是从旅游需要角度度量的容量，它还可再分为基于旅游者的社会容量和基于当地社区居民的社会容量。

（一）旅游生态容量

旅游生态容量是指一定时期内，某一特定旅游地域在自然生态环境不致退化到不可接受的破坏水平的前提下可容纳的最大旅游活动量。比如，我国首个城市湿地公园——杭州西溪湿地公园前期核心景区的最佳游客容量为 2 000 人，合理游客容量为 3 000 人。不过，旅游生态容量还与生态环境具体的使用方式、使用时空分布、旅游者的环境意识及旅游景区的管理能力密切相关。可以容纳 1 000 个人散步的旅游区域或许只能容纳 100 个人滑草，100 个环境意识和道德素养很差的旅游者对生态的破坏可能比 1 000 个具有良好环境伦理的旅游者对生态的破坏要大，200 个人分散在一天内的活动对生态的破坏要小于 100 个人集中在半小时内的活动的破坏程度，短期高强度的生态利用方式与常年利用但进行适度管制的方式对生态的影响显然也是不一样的。因此，尽管这个量度有特定生态的内在规定性，但也不是一个绝对固定的“神秘的数字”，只要管理水平高，管理措施到位，完全可能突破这一神秘数字的界限。

（二）旅游物质容量

旅游物质容量一般又称旅游设施容量。旅游物质容量不仅包括环境的承受能力，而且还包括地区旅游接待能力。该容量的量度主要根据每个旅游者的空间要求（平均）与特定资源或旅游设施之间的比值关系而定。一般来说，旅游者的基本消耗为：用水量2吨/床·日、用电量3千瓦/床·日、水果消耗1.0千克/人·日、粮食消耗0.4千克/人·日。也有人提出了我国海滨浴场设施基本空间标准（见表5-3），因此，若要计算某海滩的物质容量，则可以用该海滩的总可用面积除以旅游者人均的适度平均空间量值即可。但是如果该资源或设施有多种用途、客源市场复杂且对适度空间要求不一时，容量的计量就会较困难。

表5-3 我国海滨浴场设施基本空间标准

旅游设施	公共浴场（平方米/千人）	专用浴场（平方米/千人）	备注
更衣室	20～40	150～200	包括办公室、值班、卖票等
保存室	10～20	包括在更衣室内	
净身室	15～30	50～100	
管理室	5～10	30～50	
仓库	10～15	30～50	
厕所	5～10	包括在净身室内	
停车场	100～150	500～1 000	

资料来源：保继刚，楚义芳．旅游地理学［M]．3版．北京：高等教育出版社，2012.

（三）旅游社会容量

该容量可以从旅游者和当地社区居民这两个角度进行分析。从旅游者角度看，旅游社会容量是旅游者在某一区域进行旅游活动时，在不降低旅游经历质量的前提下，该区域能够容纳的旅游活动的最大量（见表5-4和表5-5）。

表5-4 旅游活动基本空间标准

旅游活动及场所	世界旅游组织		日本	
	基本空间标准	单位空间合理容量	基本空间标准	平均滞留时间
森林公园	667平方米/人	15人/公顷	300平方米/人	2.5小时
高尔夫球场	667～1 000平方米/人	10～15人/公顷	0.2～0.3公顷/人	5.0小时
滑雪场	100平方米/人	100人/公顷	200平方米/人	6.0小时
滑水	667～2 000平方米/人	5～15人/公顷水面	—	—
垂钓	333～2 000平方米/人	5～30人/公顷水面	80平方米/人	5.3小时
徒步旅行	—	40人/公顷	400平方米/团	3.5小时

资料来源：保继刚，楚义芳．旅游地理学［M]．3版．北京：高等教育出版社，2012.

表5-5 旅游者对环境的基本要求

旅游者类型	基本要求
荒野爱好者	不希望有商业性设施；寻求自然随意的环境，视野内的人要少；期望宁静、清新、与世隔绝的环境
运动爱好者	希望有基本设施；追求自然气氛；期望有好的运动条件和较宁静的环境

续表

旅游者类型	基本要求
野营者	一般以家庭或亲朋为活动团体；寻求自然的气氛，要求较大的活动空间，愿意看到周围有一些同类型的旅游者；希望有基本的设施
海浴者	一般为小集群活动；希望看到较多的同类旅游者；追求略微热闹的气氛；要求设施完备
自然风景观赏者	希望充分体验自然美景，不愿意赏景人太多而破坏宁静气氛

资料来源：保继刚，楚义芳．旅游地理学［M］．3版．北京：高等教育出版社，2012.

总体而言，基于旅游者的社会容量特征主要表现为：

（1）随着游憩空间利用度加大，人均占有空间面积减少，满意度将降低。

（2）游憩地提供的旅游活动方式不同会导致不同的社会容量，游憩地布局也会影响社会容量，如远离城市的资源依托型游憩区的社会容量要低于设施依托型游憩区的社会容量。

（3）社会容量与旅游者的经济文化背景、心理类型有关，如来自大城市的旅游者比中小城镇或乡村的旅游者对人群拥挤程度有更强的忍耐力。

（4）旅游地越成熟、用途越单一、旅游者技能越高、旅游者人群种族越接近，社会容量越大。

从当地社区的角度看，虽然发展旅游业可能带来经济收入，甚至促进当地经济的繁荣，但是繁荣的同时带来了自然环境被破坏、独特景致消失、文化和道德价值受到冲击、当地居民与旅游者共用基础设施及服务以致出现供给瓶颈、通货膨胀等问题。当这些因素对当地居民生活的影响超出他们所能忍受的程度时，旅游者与当地居民之间的关系就可能紧张，甚至导致对抗。一般情况下，旅游地社会容量方面的问题并不突出，但在一些落后地区进行旅游开发过程中这一问题就比较明显。夏威夷在发展旅游业初期曾出现很多居民表示不满的现象；非洲西海岸中部和北部地区的一些国家还曾经出现过当地居民攻击旅游者的现象；法国的一些沿海旅游地，当夏季旅游旺季来临时，一些农村居民由于担心外来的旅游者过多会改变他们的生活方式而对旅游者抱有敌意和排斥心理。

二、旅游容量管理

旅游地在发展旅游的过程中，如果没有很好地规划和管理，很容易就会造成旅游超载和饱和的现象，从而对当地的环境造成影响，进而会影响当地的经济发展。比如，法国阿尔卑斯山麓的旅游小城佩里耶，其生产的同名矿泉水曾是世界各大名牌矿泉水中销量最好、品质最佳的抢手货，小城也因此从一个无名小镇一跃而成为阿尔卑斯著名的旅游胜地。但由于旅游旺季饱和超载带来的一次严重污染事件，使佩里耶牌矿泉水声誉一落千丈，小镇的旅游业从此衰落。尽管现在污染早已得到治理，矿泉水品质也恢复到了原来的水平，厂商也做了大量的广告推销，但该品牌矿泉水仍远未恢复至它原来的销量，小镇也不如原先繁华了，旅游者人数也有了较大的变化。因此，在发展旅游过程中必须重视旅游容量的管理，旅游容量管理在解决旅游地接待能力的饱和和超载方面具有重要的意义。

不过，旅游容量的影响因素错综复杂（见图5-5），使测算容量数值的工作变得非常困难。因此，除继续探索具体的测算方法外，从现实的选择看，经营管理者需要明确，承载容量本身并不是目的，而是达到目的的一种手段。为了保持对旅游者的持久吸引力，目的地管理机构应该将注意力更多地放在合意条件的建立，以及基于旅游可持续发展的管理原则的确立上，从而形成一套可以控制的管理指标体系。

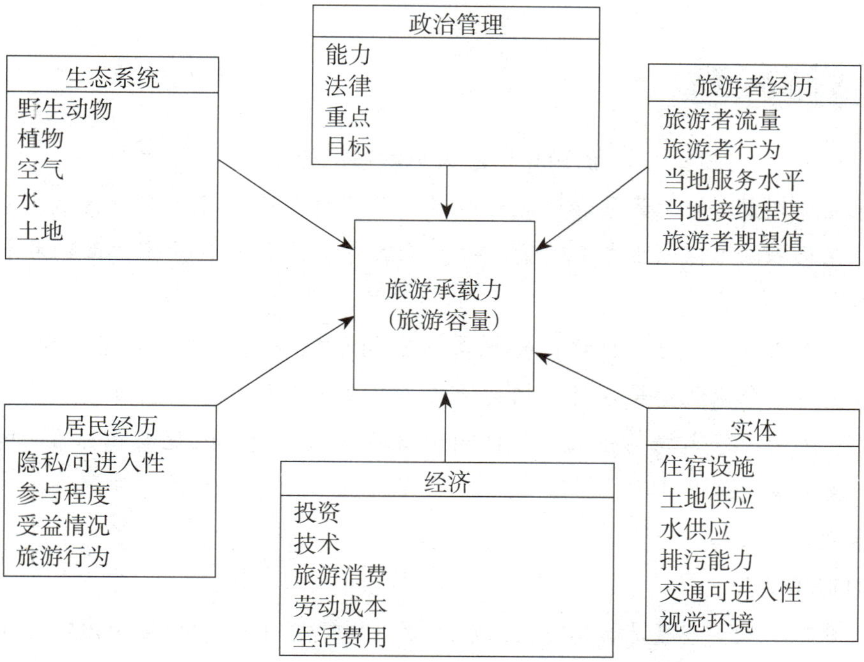

图5-5 旅游承载力（旅游容量）的影响因素

资料来源：威廉·瑟厄波德．全球旅游新论［M］．北京：中国旅游出版社，2001：227.

旅游容量管理中应注意以下几个问题：

（1）在旅游目的地实际管理过程中，所制定的旅游发展目标应注意与当地的社会经济发展规划相吻合，制定出一整套反映目的地旅游容量的经济社会影响指标，通过实施管理战略来引导旅游业朝既定目标发展，通过所制定的指标来监测旅游发展实践，并据此对管理战略在控制旅游所带来的影响方面的有效性进行评估，根据监测和评估结果判断所制定的相关指标体系的有效性。如果确有需要，则还得考虑制定新的管理战略。

（2）在对旅游容量进行管理的过程中，还需要根据环境的变化对优先考虑群体和目标进行调整。在旅游地发展初期，为了吸引旅游者的到来，需要尽快使吸引物的开发与相关设施建设达到必要的规模，为此，鼓励投资往往是该阶段的主要工作目标，而社区和当地居民的需要往往被忽略。在短期看来这样做并没有什么不妥，但却可能会给目的地的长远发展带来麻烦。也正因为如此，需要重视旅游目的地（尤其是发展中国家的旅游目的地）本地小型旅游企业如当地家庭经营的旅社或客栈的发展。但有研究表明，由于当地居民的经营能力和资产状况等方面的原因，这种努力往往会被精明的外来者击溃。因此，需要制定有效提高当地控制权的措施，使目的地居民能够真正持续地从发展旅游中获利，从根本上树立起友好待客的民风，推动旅游目的地的可持续发展。

资料 5－3

旅游景区最大承载量的核定

景区应测算出空间承载量和设施承载量，并根据实际情况确定景区最大承载量的基本值；在此基础上，以生态承载量、心理承载量、社会承载量等方面的指标或经验值作为参考。

在进行承载量核定时，应收集整理景区空间承载量、设施承载量、生态承载量、心理承载量、社会承载量等方面的相关资料，包括但不限于：景区面积、有效游览面积、年均客流量、停车场泊位数、景区周围缓冲区承载量、绿化面积标准、噪声管理标准、垃圾最大处理量。

具体核定方法如下：

1. 瞬时承载量。

景区瞬时承载量一般是指瞬时空间承载量，瞬时空间承载量 C_1 由以下公式确定：

$$C_1 = \sum X_i / Y_i$$

式中：X_i——第 i 景点的有效可游览面积；

Y_i——第 i 景点的旅游者单位游览面积，即基本空间承载标准。

当景区设施承载量是景区承载量瓶颈时，或景区以设施服务为主要功能时，其瞬时承载量取决于瞬时设施承载量，瞬时设施承载量 D_1 由以下公式确定：

$$D_1 = \sum D_j$$

式中：D_j——第 j 个设施单次运行最大载客量，可以用座位数来衡量。

2. 日承载量。

景区日承载量一般是指日空间承载量，日空间承载量 C_2 由以下公式确定：

$$C_2 = \sum X_i / Y_i \times \mathrm{Int}(T/t) = C_1 \times Z$$

式中：T——景区每天的有效开放时间；

t——每位旅游者在景区的平均游览时间；

Z——整个景区的日平均周转率，即 $\mathrm{Int}(T/t)$ 为 T/t 的整数部分值。

当景区设施承载量是景区承载量瓶颈时，或景区以设施服务为主要功能时，其日承载量取决于日设施承载量，日设施承载量 D_2 由以下公式确定：

$$D_2 = \frac{1}{a} \sum D_j \times M_j$$

式中：D_j——第 j 个设施单次运行最大载客量；

M_j——第 j 个设施日最大运行次数；

a——根据景区调研和实际运营情况得出的人均使用设施的个数。

通过系数 a 去掉单一旅游者使用多个设施而被重复计算的次数。

当旅游者在景区有效开放时间内相对匀速进出，且旅游者平均游览时间是一个相对稳定的值时，日最大承载量 C 由以下公式确定：

$$C = \frac{r}{t} \times (t_2 - t_0) = \frac{r}{t_1 - t_0} \times (t_2 - t_0)$$

式中：r——景区高峰时刻旅游者人数；

t——每位旅游者在景区的平均游览时间；

t_0——景区开门时刻（即景区开始售票时刻）；

t_1——景区高峰时刻；

t_2——景区停止售票时刻。

第四节　全域旅游目的地建设

一、全域旅游是一种全新的旅游目的地建设模式

全域旅游目的地是指全域范围内一切可资利用的旅游吸引物都被开发形成吸引旅游者的吸引节点，旅游整体形象突出、旅游服务设施完备、旅游业态丰富多样、能吸引相当规模的旅游者的综合性区域空间，是以全域旅游理念打造的全新旅游目的地。

我国旅游业在发展初期，以吸引入境游客创收外汇为主，所以那时第一批推出来的景区景点都是顶级的资源，也基本上都是后来大家耳熟能详的资源，如桂林、黄山、兵马俑、故宫、长城等。之后国内旅游逐渐发展起来，因为国民的旅游经历还很少，以观光为主，所以仍是以景区景点的发展为主。

随着国民经济水平的提升和旅游者旅游经历的增加，越来越多的人已经不再满足

于“走马观花”式的观光旅游，不再追求“上车睡觉，下车尿尿，景区门口拍个照”的赶鸭子式的旅游方式。一地停留式的休闲度假旅游逐渐兴起，同时国家也将旅游业提升为国家战略性支柱产业，将旅游发展和乡村振兴、旅游扶贫结合起来。在此背景下，原国家旅游局根据我国旅游业发展的现实，提出旅游业的发展必须从景点旅游模式转变为全域旅游模式。也就是说，旅游业发展再也不能仅仅盯在一些具象的景区景点上，而是要进一步拓宽发展旅游的视野，深化对旅游的认知，探索新的旅游发展模式。

全域旅游的“全”不是指全部，“域”也不只是空间，“全域”不是“全能”，全域旅游并不是有些人理解的全面开花，更不是“村村点火、户户冒烟”的模式，而是一种在旅游发展过程中，在新时代面临诸多旅游问题的时候，应该采取的一种新的发展理念。全域旅游目的地就是一个旅游相关要素配置完备、能够全面满足旅游者体验需求的综合性旅游目的地、开放式旅游目的地，是一个能够全面动员（资源）、立足全面创新（产品）、可以全面满足（需求）的旅游目的地。

建设全域旅游目的地就是通过提供遍在性的访客服务体系，通过提供无处不在、形式多样的便利化措施，包括综合交通体系的便利性、旅游解说系统（包括传统的物理形态和现代的虚拟形态）的便利性、产品购买平台的便利性等，来保障每个旅游者都能在旅游的时间和空间，拥有旅游体验所需的最基本的能力，真正让“行万里路”和“读万卷书”一样成为每个旅游者的修身养性之道。

二、建设文旅融合发展的全域旅游目的地

全域旅游就是要全面挖掘自然旅游资源、人文旅游资源和社会旅游资源，跳出景区看旅游、跳出旅游看旅游、跳出区域看旅游。

（一）文旅融合是全域旅游目的地的核心和根本

文化是旅游的灵魂，旅游是文化的载体，文旅融合能够实现资源共享、优势互补、协同并进，为文化建设和旅游发展提供新引擎、新动力，形成发展新优势。因此我们要打破文化和旅游行业边界，“宜融则融、能融尽融”，找准文化和旅游工作的最佳连接点，推动文化和旅游工作各领域、多方位、全链条深度融合，建设有特色生命力、有持续发展力的全域旅游目的地。

（二）文旅融合拓展了全域旅游目的地发展空间

1. 文旅融合拓展了旅游工作空间

文化和旅游两个部门的整合，打开了旅游工作和产业发展空间。原来，当旅游发展过程中涉及文物、文化馆、博物馆等资源时，往往会和文物部门之间产生一些矛盾，

不能充分利用文物等遗存，同时对非物质文化遗产的利用，文化部门往往也是动力不足。随着两个部门的整合，对文物和非物质文化遗产等的利用，就可以进行统筹规划，形成合力，旅游工作的空间和对文化资源的利用都有了很大的提升。

2. 文旅融合拓展了旅游资源空间

在散客化的潮流中，人们所瞄准的旅游资源会越来越多样，产品会越来越多元。传统的旅游景区景点在旅游目的地发展中的核心地位会逐渐下降，而文化资源，包括文物、博物馆等物化的文化元素和非物质文化遗产等非物化的元素，则大大拓展了全域旅游发展的吸引物。通过公共文化机构、对外文化交流等平台的使用，也能够促进旅游推广，为旅游者提供更加丰富的服务。

3. 文旅融合拓展了旅游产品空间

通过加大文化资源和旅游资源普查、梳理、挖掘力度，以文化创意为依托，推动更多的资源转化为旅游产品，进而促进具有文化内涵的旅游商品开发，形成研学、寻根、文化遗产、旅游演艺等专题文化旅游线路和项目。比如在旅游演艺方面，不仅通过演出形成门票消费，更要通过在演出中融入的文化元素，让旅游者在消费中体验当地的历史文化和民俗风情。同时文旅融合发展，可以产生很多小型博物馆群、特色民宿、文化小剧场等消费业态和产品，也淡化了旅游的淡旺季概念。

4. 文旅融合拓展了旅游产业空间

实施“文化＋”“旅游＋”战略，推动文化、旅游及相关产业融合发展，不断培育新业态。推动传统技艺、表演艺术等门类的非遗项目进重点旅游区、旅游度假区，推进博物馆/美术馆旅游、红色旅游、旅游演艺、文化遗产旅游、主题公园、文化主题酒店等已有融合发展业态提质升级。

但是在文旅融合发展过程中，也要注意避免文化的符号化。以往在没有完全了解对象文化的情况下，把目的地文化符号化、异化了，甚至出现过度消费的现象。在文旅融合过程中，要减少简单粗暴的符号化文化消费，更多地向市场传递文化符号背后的意义。现在很多文创产品如果放到这些产品所依赖的文化资源所在地（空间）以外的地方去卖，如果不看这些产品上面印制的××博物馆、××文化文物场馆开发或许可之类的标识的话，人们基本上不会把这些文创产品跟它所依赖的深厚文化联系在一起，当然更不知道产品背后的文化信息。同时，文旅融合也要处理好传承与创新的关系。一方面，要意识到“任何文化，固化和回头都不是正道”，不能一味地向历史要文化资源，不能一味地觉得只有历史的才是文化的；另一方面，要处理好继承和创新的关系，要能在厚重的文化和轻松的表达之间进行有效转换，让古老的文化能够融入现代的潮流。

（三）文旅融合的路径

文旅融合要按照“宜融则融，能融尽融”等原则，积极探索文旅融合的新路径，促进旅游业的高质量发展。

1. 资源组合

文化拥有的资源是“物”，旅游拥有的资源是“人”，“人”和“物”的融合是高质量文旅融合的前提。因此，文物文化资源要以更开放的思维、更多地用于旅游消费；旅游也要为文物文化资源价值变现提供高质量的消费者，为其转化为独具魅力的旅游产品贡献智慧。不能只做文化资源利用上的“啃老族”，而是要用更多的创新创意，推动旅游与革命文化尤其是社会主义先进文化之间更深入地融合。这样，文旅融合才能在“历史中国”的基础上彰显“现代中国”的新形象。

2. 产品整合

总体上看，文化更多是面向当地居民的，文化的养成需要足够的时间沉浸；旅游更多是面向流动的消费者的，是在非惯常环境中的暂时性消费。因此，要在重新认识“文化是旅游的灵魂，旅游是文化的载体”的基础上，遵循文化和旅游各自的规律，理性、有序地推进文旅融合。所以，在文旅融合高质量发展中，需要“以人民为中心”，推动主客共享，促进面向居民的公共文化服务和面向旅游者的旅游公共服务之间的融合；要让文化更有市场服务意识，释放公共服务空间的旅游体验价值，让旅游更有社会责任意识，满足广大人民群众的文化认知期待，真正让文化空间成为旅游消费的新场景，让旅游空间成为文化传播的新舞台。

3. 渠道结合

文化和旅游在传播上有着显著差异。文化可以脱离现场，以在线化的方式来高效传播；旅游必须亲临现场，以在地化的方式开展有效体验才是主流（虚拟旅游无法替代在地旅游）。因此，通过科技赋能，文化的创新呈现和在线传播的确为目的地旅游营销提供了新渠道，同时，文化传播之外的价值变现必须通过旅游供给侧结构性改革，用线下的产品创新迭代和产业生态优化来承接，让在线的文化体验高效地转化为在地的旅游消费，完成从“线上叫好”到“线下叫座”的转换，是高质量文旅融合的必由之路。

4. 体制磨合

高质量文旅融合有赖于以往重保护的体制与现在重效能的体制之间的转换与磨合。文物文化资源要在研究属性基础上叠加消费属性，通过从资源思维到产品思维再到空间思维的螺旋演进，辅以科学开发、精准利用、措施到位、管控有力，这些资源完全可以也应该成为更多人体验的对象。对待文物文化资源不是一味地保护，而是要突出保护、利用、传承、弘扬四位一体的平衡，解决好文旅融合过程中文物文化资源愿不愿意、可不可以、能不能够用于大众体验和旅游消费的问题。要从体制机制设计上明确文化资源数字化所形成的文化数据要素在所有权、使用权、收益权等方面的权属关系，以推动文旅深度融合及文创产品发展。

案例 5－3

秦淮灯会彰显文旅融合新生态

江苏南京的秦淮灯会有“天下第一灯会”和“秦淮灯彩甲天下”之美誉。自举办以来，主办方不断开拓创新，通过灯景融合、文娱同步、招商联动、科技支撑等有效举措，将非遗项目与“吃、住、行、游、购、娱”旅游要素深度结合，成为秦淮旅游的核心支撑和代表作。

秦淮灯会很好地践行了“宜融则融，能融尽融，以文促旅，以旅彰文”这一文旅融合的原则要求，而且在秦淮灯会这个首批国家级非遗与旅游融合发展中，坚持体验式传承、系统性谋划、品牌化发展、全面性融合的发展路子，取得了骄人的成绩，已经成为我国持续时间最长、参与人数最多、规模最大的民俗灯会和具有广泛市场影响力与知名度的节庆活动。

文旅融合非一日之功，而是一件久久为功的大工程、系统工程，秦淮灯会的发展很好地体现了这一点。在融合推动过程中，不仅形成了传承和保护的领导小组、工作小组等组织机构，而且出台了多项规划、制度、办法，为非遗传承提供了良好的制度和组织保障；融合政府、企业、非遗传承人、金融机构等多方力量，保障对非遗传承和旅游利用的资金投入，从而实现“大投入、大产出、大效益”的文旅融合新格局；以会带旅，以旅促会，灯会带动非遗挖掘，非遗挖掘带动传承人保护，传承人带来传承产品，产品销售带动传承积极性，传承积极性保障了非遗传习所，传习所优化了景区吸引力，如此等等，通过秦淮灯会形成了丰富的、可进化的非遗传承的生态链。

秦淮灯会还有很重要的一个经验，就是品牌化发展、国际化推广。通过统一形象标识体系的设计，与境内外主流媒体密切的传播合作，与时尚、科技元素的有效结合以及走出去交流办展和邀请驻华使馆官员等参与灯会模式，不仅让非遗在国内得到弘扬，也在国际上形成了广泛传播和影响，让中国非遗走向世界，让世界了解中国非遗。

资料来源：厉新建．秦淮灯会彰显文旅融合新生态［EB/OL］．（2019－06－10）［2020－04－18］．http://news.ctnews.com.cn/zglyb/html/2019－06/10/content_353054.htm?div=－1.

资料 5－4

全域旅游示范区验收标准

国家全域旅游示范区验收标准包括 9 个方面，验收总分 1 200 分。其中，基本项 1 000 分，创新项加分 200 分。

一是体制机制。要求建立适应全域旅游发展的统筹协调、综合管理、行业自律等体制机制，现代旅游治理能力显著提升。具体包括领导体制、协调机制、综合管理机制、统计制度和行业自律机制等5个方面内容，总分90分。

二是政策保障。要求旅游业在地方经济社会发展战略中具有重要地位，旅游规划与相关规划实现有机衔接，全域旅游发展支持政策配套齐全。具体包括产业定位、规划编制、多规融合、财政金融支持政策、土地保障政策和人才政策等6个方面内容，总分140分。

三是公共服务。要求旅游公共服务体系健全，各类设施运行有效。具体包括外部交通、公路服务区、旅游集散中心、内部交通、旅游停车场、旅游交通服务、旅游标识系统、游客服务中心、免费厕所和智慧旅游等10个方面内容，总分230分。

四是供给体系。要求旅游供给要素齐全，旅游业态丰富，旅游产品结构合理，旅游功能布局科学。具体包括旅游吸引物、旅游餐饮、旅游住宿、旅游娱乐、旅游购物和融合产业等6个方面内容，总分240分。

五是秩序与安全。要求旅游综合监管体系完善，市场秩序良好，游客满意度高。具体包括服务质量、市场管理、投诉处理、文明旅游、旅游志愿者服务、安全制度、风险管控和旅游救援等8个方面内容，总分140分。

六是资源与环境。要求旅游资源环境保护机制完善，实施效果良好；旅游创业就业和旅游扶贫富民取得一定成效，具有发展旅游的良好社会环境。具体包括资源环境质量、城乡建设水平、全域环境整治和社会环境优化等4个方面内容，总分100分。

七是品牌影响。要求实施全域旅游整体营销，品牌体系完整、特色鲜明。具体包括营销保障、品牌战略、营销机制、营销方式和营销成效等5个方面内容，总分60分。

八是创新示范。要求创新改革力度大，有效解决制约旅游业发展瓶颈，形成较强的示范带动作用。具体包括体制机制创新、政策措施创新、业态融合创新、公共服务创新、科技与服务创新、环境保护创新、扶贫富民创新和营销推广创新等8个方面内容，总分200分。

另外，对发生安全生产事故、市场秩序问题和生态环境破坏的，分别扣除35、30和35分，对出现重大安全事故、重大市场秩序问题、重大生态环境破坏和旅游厕所问题的，一律实行一票否决制。

三、以智慧旅游提升全域旅游目的地建设

（一）利用旅游大数据提升目的地形象

旅游本身具有后验性特点，消费者消费之后才能知道自己采购的产品是否合适。在大数据发展时代，数据分享机制已经改变了旅游消费决策模式。在线旅游中，在线

评论的数据分享机制使得他人的体验越来越多地成为自我体验的“前兆”，成千上万人的消费体验可以促使旅游者改变旅游消费模式。在大众化在线旅游领域，在线评论会形成在线声誉，而在线声誉又跟整个旅游产业发展或环境变迁有密切的联系，在线评论的数据将直接为目的地打分。所以旅游目的地要充分整合自身各方面优势，并通过在线旅游数据将优势传递给潜在旅游者（已经来过的旅游者也会是下一次的潜在旅游者），树立和提升目的地良好形象。

（二）利用科技提升目的地服务

充分利用科技和旅游大数据，在智慧旅游、资讯便利上多下功夫，通过与现代技术的结合，在游览引导、解说服务、休闲消费等方面形成卓有成效的创新。比如在门票的售检上利用手机二维码方便游客，游客在目的地消费随时可使用支付宝、微信等的电子支付方式，导览解说系统提供二维码虚拟解说服务，和在线旅游运营商合作开展在线旅游预订，利用大数据研究游客消费特征并不断改进等，为游客提供全面便利的消费体验。

科技与旅游的融合发展让旅游产品更加丰富多元，“插上了飞翔的翅膀”，互联网、大数据、人工智能、VR、AR 等技术的应用让智慧旅游成为未来的发展趋势。2018 年，一批旅游目的地和景区已经使用新技术和新媒体进行了转型尝试，如云南推出的基于移动旅游服务的“一部手机游云南”，语音导引、买票、找厕所、投诉等多项功能为游客带来便捷的服务，以智慧票务、智慧导览、景区大脑、旅行新零售、物联网及支付解决方案 6 大功能全面提升游客的游览体验，还推出了慢直播、AI 识景、精品线路智能推荐等创新功能。

（三）利用科技和大数据改善目的地体验

旅游供求矛盾在很大程度上可以通过科技和旅游大数据来进行调节，比如近年来国家每年都会发布景区拥堵指数，故宫、敦煌和九寨沟等实行的预约制度等。利用科技和大数据手段，将旅游区的游客分布情况等实时呈现在管理部门面前，并据此提出导流分流对策，通过手机和景区景点广播系统对游客进行导流，为游客提供合理线路规划和旅游休闲服务设施查询等帮助，这些都有效缓解了旅游的供求矛盾，对旅游区的设施和环境也是一种保护，更提升了游客的体验。

案例 5-4

全域旅游智慧平台——“一部手机游云南”

2018 年 3 月 2 日，由云南省旅游发展委员会、腾讯公司联合打造的全域旅游智慧平台——“一部手机游云南”宣布上线试运行。它利用物联网、云计算、大数据、人工智能等技术，为云南打造了一个智慧、健康、便利的省级全域旅游生态项目。

一、提升吃住行游娱购体验，让游客旅游自由自在

“一部手机游云南”依托“互联网＋旅游服务”，通过游云南 App、微信公众号和微信小程序，全面覆盖游客在云南的游前、游中、游后的各项需求，满足和提升游客吃住行游娱购的需求和体验，并通过诚信体系、投诉平台的建设，让游客全流程省心安心、放心。

在旅游前，游客可通过 VR 看云南、全景直播等平台功能提前熟悉景点情况，提前智能规划好旅游线路。同时，智能客服还围绕精品线路为游客提供一站式咨询服务。

在旅游中，游客可通过扫码、人脸识别直接入住酒店。游览时，平台将为游客推送最准确的目的地线路及导航服务，游客不仅可以通过扫码乘坐公交和景区直通车进景区时还可通过扫二维码实现 30 秒购票，并通过人脸识别系统进入景区，实现 1 秒钟“刷脸”入园，告别之前排队拥挤、购票难、等待时间长的状况。同时，游客可以通过小程序享受智能查找停车位、找厕所、智能语音讲解等服务。在看到喜欢的特产时，也能直接扫码支付并通过手机快递回家，平台对游客所购买的商品全面承诺质量保障及投诉处理。游客在旅行过程中遇到任何问题，还能通过手机平台及时向政府相关部门寻求帮助。

在旅游后，游客依然可以享受购物、申请电子发票、投诉、信用评价、无条件退款等服务，得到诚信体系的保障，并尽情分享自己在云南的美好感受。

二、七大平台共同发力，让政府服务无处不在

“一部手机游云南”由 36 个省级部门共同推进，它整合了本地及全国数据资源通过对旅游交通、景区基础设施建设和管理、应急指挥管理等方面的改造升级，打造全省统一的智慧旅游大数据平台。其在全省打造的移动支付、电子发票、位置大数据人工智能、旅游管理平台等丰富多元的数字技术和内容，预示着云南旅游全面迈入数字经济时代，或将在全国树立起数字经济和旅游大数据标杆。

三、全面互联＋AI 协作，打造旅游大数据平台

“一部手机游云南”从设计之初就不同于传统的在线旅游服务商（OTA)。它试图利用互联网最先进的技术和理念，打造一个线上和线下、G 端与 B 端、C 端智慧连接公共服务、商业服务应有尽有，更权威、全面、方便的云南旅游平台。

“一部手机游云南”项目通过腾讯云计算、大数据等技术创新，构建了平台的七大体系，其中包括数字身份体系，用于用户行为理解、识别、追溯、精准提升体验和服务保障，如基于个人兴趣的旅游产品推荐，多维度数字化内容辅助决策等；数字消费体系，用于支付、营销、服务行为与消费数据的耦合，多维合一；数字诚信体系，以建立游客、商家、政府三方共赢的诚信市场生态；地理信息开放体系，实现开放、共享、精准地图应用；基于 LBS 数字化资源服务体系，用于找厕所、智能停车、自驾营地资源周边服务。该项目通过实时动态的商业聚合服务，可以让用户随时随地获取所需的各种商业服务，大幅提升用户体验，提升用户转化率。

资料来源："一部手机游云南"上线试运行，打造旅游大数据平台［EB/OL］.（2018-03-03）［2020-04-18］. https://www.sohu.com/a/224761927_267106.

案例点评>>>>>>

北京环球度假区

北京环球度假区（Universal Beijing Resort）于 2021 年 9 月 20 日正式开园，是亚洲的第三座，全球的第五座环球影城主题乐园。度假区包含七大主题景区（功夫熊猫、变形金刚、小黄人乐园、哈利·波特、未来水世界、侏罗纪世界、好莱坞大道）、37 处骑乘娱乐设施及地标景点、24 场娱乐演出、80 家餐饮及 30 家零售门店，总面积超 4 平方千米，二期计划建设包含中国元素的主题公园，引入中国文化和孙悟空等 IP；三期计划建设水上乐园。

一、哈利·波特的魔法世界

从魔法咒语到神奇生物，从暗黑恶棍到勇敢英雄，全部都在哈利·波特的魔法世界。探索神秘的霍格沃茨城堡，在霍格莫德街头小店购物，到魔法世界里最著名的几家餐厅品尝佳肴和甜品，这是一个充满惊险与刺激的魔法世界。数字创意投影骑乘项目让人追随骑着飞天扫帚的哈利·波特，环绕霍格沃茨穹幕投影城堡，有身临其境的体验，逼真还原了哈利·波特电影中的场景，体验感十足。游客也可以在魔杖店挑选一个专属魔杖，然后根据地图在村里"施展魔法"。晚上可以在霍格沃茨城堡欣赏夜间灯光秀。

二、变形金刚基地

变形金刚基地是巢穴部队的北京总部，同时也是绝密的超高能科技区。北京环球影城是全球首个以"变形金刚"为主题打造的景区。景区内随处可见变形金刚元素和赛博坦风格建筑，极具科技感。以霸天虎为原型的过山车是全球最大最刺激的过山车，能在 4.5 秒内从静止状态急加速至 104km/h。游客还可以和汽车人面对面交谈、握手、合影。"火种源争夺战"是 4D 虚拟过山车项目，游客可以体验世界一流的飞行模拟技术和特技效果，身临其境地感受汽车人和霸天虎的争斗。

三、功夫熊猫盖世之地

功夫熊猫的世界意境深远，亦包罗万象。当你步入这个世外桃源般的古老之地，便会发现这里是一个融合了自然与匠心之美的传说之境，更是一个能让你放下杂念，感悟自然的敬畏之地。你可以在平先生面馆感受浓郁鲜香，也可以在与神龙大侠的旅程中体验功夫的魅力。

四、小黄人乐园

小黄人乐园整个景区到处都是色彩明艳的小黄人。小黄人乐园以电影《神偷奶爸》为蓝本，其中有自带动感座椅的4D影院，完美复刻还原神偷奶爸里面的经典场景，让游人化身为电影主人公……

另外还有未来水世界等其他精彩的项目，当然每天18：00从好莱坞大道出发的花车巡游，应该是环球影城中最欢乐的集体项目了。

五、精彩欢乐夜场秀

2023年10月7日起至11月11日期间，游客可来到园区体验“惊彩”环球主题活动，打卡限定环球影城主题面部彩绘，与好莱坞景区经典角色们一起“变装”狂欢。糖果盒、甜品糖果和纪念品也遍布园区。在夜幕中，好莱坞剧场成为园区最热闹的去处——沉浸式布景、特效妆造角色、数千件逼真的道具，加上声光电特效，游客仿佛置身于电影片场，穿越“危机四伏”的惊奇农场。园区还从主题餐饮、主题商品及住宿等多维度为游客带来多重感官沉浸的游园体验，例如推出暗黑系汉堡等主题美食。怪物小黄人公寓盲盒及系列周边也同步推出。

为方便更多游客体验大片世界的夜晚精彩，北京环球影城首次推出晚间体验门票。持晚间体验门票的游客可在当日17：00后入园，不仅可以预约体验系列“惊彩”主题活动，还能解锁七大主题景区经典项目晚间的别样魅力。游客可以在飞越侏罗纪尽情体验暗夜冒险的乐趣，在浪漫的蓝贡湖夜景中解锁最佳约会体验，鼓足勇气在霸天虎过山车上实现情绪的极致释放。

开业一年，北京环球影城累计吸引了1 380万人次游客。2022年环球影城官方公布的“大片世界”年度体验洞察报告显示，受访游客中，九成表示希望重游北京环球度假区；持“冬春漫游卡”和“夏秋漫游卡”的游客，过去10个月内平均游园次数超过了17次。

开园一年来，以环球度假区为中心，一批主打环球主题、各具特色的精品民宿酒店在城市副中心应运而生、建成迎客。北京环球度假区开园时，周边5千米内的住宿类商户数量仅有100余家。经过一年的发展，周边5千米内的住宿类商户数量已经接近500家，新增300余家。相关研究数据显示，截至2022年7月底，北京环球度假区周边5千米内的餐饮商户共2 806家，种类呈现多元化特点，小吃快餐、烧烤、火锅、地方特色菜等均是较受欢迎的餐饮。从新增客流来看，外地客流增长较为明显，占比达70%左右。

资料来源：北京环球度假区官方网站；潘福达．环球度假区开启晚间体验　体验系列“惊彩”主题活动　解锁七大景区晚间魅力［EB/OL］.（2022-10-08）［2024-10-08］. https://www.beijing.gov.cn/renwen/cshd/202310/t20231008_3271584.html；陈强，孙云柯．开园一年来外溢效应逐步显现　环球影城让通州“晚睡”了三小时［EB/OL］.（2022-10-12）［2023-10-08］. http://www.xq.net.cn/system/2022/10/18/053232388.shtml.

评析：

随着世界旅游业的发展，旅游目的地之间的竞争也越来越激烈，饭店、景区也好，旅行社也罢，都在千方百计地吸引游客，其中主要的竞争手段就是降价。但是降价并不是唯一也不是终极的“武器”，旅游目的地要想在激烈的竞争中占有一席之地，最重要的不是降低价格，而是加强产品/目的地整体吸引力。上述案例中，北京环球度假区不仅在一期项目就将高知名度的电影 IP（变形金刚、哈利·波特）转化成对游客的强大吸引力，后期还规划了一系列的创新产品，来形成持续的旅游吸引力和产品生命力。与此同时，北京环球度假区还对周边的旅游相关产业和区域旅游经济发展形成了巨大的带动。

一个旅游目的地的吸引力可以分为三个层次，即主体吸引力、辅助吸引力和整体吸引力。目的地的整体吸引力强弱主要是受该目的地旅游资源（主体吸引力）影响的，同时也和客源地与目的地之间的经济距离、文化差异有关。从旅游目的地的整体竞争力来看，价格只是低层次竞争的一个手段，最重要的是要不断开发新的旅游产品，提高旅游服务质量，实现从景区景点的创新到配套设施及服务创新，再到组织管理制度创新的高层次竞争发展，最终实现旅游地整体吸引力的提升。

关键术语

旅游吸引力　主体吸引力　辅助吸引力　景区创新　旅游地生命周期　旅游者类型　旅游形象时滞　旅游容量　旅游容量体系　旅游生态容量　旅游物质容量　旅游社会容量　旅游容量管理　全域旅游

思考与练习

1. 旅游目的地吸引力的增强离不开创新，其创新一般会经历哪几个阶段？

2. 旅游地生命周期一般可以分为哪几个阶段？各有什么特点？有哪些因素推动了目的地生命周期演进？

3. 从旅游生命周期演进的角度分析“富民—富地方—富国”的发展阶段。

4. 旅游目的地“盛极必衰”是什么意思？

5. 如何正确理解旅游容量？旅游容量管理在实践中有什么意义？

第六章

旅游供求矛盾的调节

导入案例

酒店价格报复性上涨是放眼长远？

2023 年的“五一”假期，被压抑三年多的旅游需求集中释放：住宿、交通、景点门票等预订需求井喷，各地酒店价格狂飙。酒店“每逢佳节必涨价”早已经成为共识，但酒店价格的涨幅还是引起了一波震惊和吐槽（表 6-1 为部分城市酒店价格对比）。

表 6-1　2023 年全国部分城市酒店价格对比表

排名	城市	举例酒店	平日价格	“五一”价格	涨幅
1	秦皇岛	麗枫酒店	159	1 099	591%
2	阳朔（西街）	宁远居	156	1 076	590%
3	庐山（牯岭街）	锦江之星	178	1 003	463%
4	大连（星海广场）	如家商旅	225	1 244	453%
5	桐庐	汉庭	194	1 024	428%
6	佛山	智选假日	391	1 713	338%
7	安吉	亚朵	331	1 447	337%

相比 2019 年，2023 年的酒店预订热情起码提前了两周左右。数据显示，截至 2023 年 3 月 8 日，“五一”期间国内酒店预订量同比 2019 年暴涨 144 倍；截至 2023 年 4 月 7 日，民宿提前预订量是 2019 年同期的 2 倍；截至“五一”前一周，酒店空余房间数量寥寥。根据飞猪发布的《2023 年“五一”出游风向标》，高星酒店预订量超 14 倍。在携程“五一”酒店订单中反映出同样的趋势，高星酒店占比近四成。

这也就不难解释在热门城市如杭州、上海等地，单间单晚售价数万元的杭州西湖、上海迪士尼“天价”酒店依旧预订火热。刚从疫情中恢复过来的民众有相当一部分显然还没有适应酒店的快速涨价，有的被“劝退”黯然取消出行计划，有人表达对“五一”酒店价格的不满。“酒店价格”一时成为热议话题。

从需求端来看，酒店价格的急剧增长是文旅市场快速复苏的缩影。压抑已久的旅游需求是导火索。从供给端来看，华福证券数据显示 2019—2021 年期间，酒店业供给量减少了 23.56%，且大部分酒店、民宿都承受了现金流压力。“五一”假期出游需求激增更加剧了当前供给不足的问题，热门旅游目的地设施建设不足、高端酒店用工紧缺等问题势必激化价格上涨。

当然也有控制涨幅让利于旅游者的，比如淄博。2023 年上半年旅游最火的地方无疑是山东淄博，数据显示，2023 年淄博“五一”旅游整体订单较 2019 年上涨 441%。相较其他热门旅游城市的价格翻番，淄博是“五一”期间唯一明确价格上涨 50%上限的地区。淄博市发布《关于阶段性对宾馆酒店客房哄抬价格行为认定有关问题的通知》，明确指出，2023年“五一”假期前后，在全市范围内对宾馆酒店客房价格实行涨价幅度控制措施。按3月1日—3月31日宾馆酒店各类型客房平均实际成交价格（包含线上、线下所有实际交易结算金额），上浮超过50%的，按哄抬价格行为予以查处。当地政府部门在巨大的流量面前，仍选择将城市形象放在首位，拒绝赚快钱，这样的政策出台无疑让游客为淄博的城市印象加分，赢得市场口碑。可以说，淄博酒店限涨政策是又一次“赢麻了”，它既表明城市发展主张、稳住消费者预期，也是在提醒广大商家时刻牢记“不赚快钱赚人心”的长期主义。

资料来源：张瑜．“五一”酒店价格暴涨？各地监管部门这样应对！[EB/OL]．(2023-05-05)[2024-10-10]．https://new.qq.com/rain/a/20230505A08QZM00．有改编．

2023年的“五一”假期一方面因三年多来的旅游需求集中爆发导致到处都是“人山人海”，另一方面酒店等则指望着“弥补”三年来因旅游停滞导致的损失。由于需求过于集中，导致供给严重不足，商家也必然会据此上调价格。但我们也要看到，类似于淄博等一些旅游目的地，则严格控制价格的涨幅，在让旅游者能安心旅游的同时，也让当地的旅游企业获得了一定的超额利润，更重要的是成功地树立起了地方的旅游形象。我们知道，现实中存在旅游供求矛盾主要是因为在一定的价格下，并不是所有的需求都会有供给企业愿意为之提供产品，也不是所有的供给都会有相应的需求。也就是说，在某一价格下，尽管存在市场需求，但旅游供给企业可能会认为不符合自己的利润要求而不愿意生产产品，或者是尽管旅游供给企业生产了产品，但旅游者认为不符合自己的效用最大化而不愿意购买，这样旅游供求矛盾就产生了。那么，有什么办法可以解决这种旅游供求矛盾呢？

第一节　旅游供求矛盾的表现

在竞争的市场中，旅游者作为买方，总是希望能够以更低的价格购买更多更好的旅游产品；旅游供给企业作为卖方，总是希望能够以更高的价格出售更多的产品。如果买卖双方在价格和数量上的要求完全一致，旅游供给与需求就达到了平衡。但是在旅游市场上，旅游供求之间的平衡是暂时的，而供求矛盾则是经常的，正是这种从不平衡到平衡再到不平衡的运动过程推动了旅游经济的发展。

旅游供求矛盾主要表现在数量、时间（季节）、空间（地域）和结构等方面。

一、旅游供求的数量矛盾

旅游供给与旅游需求在数量上的矛盾主要表现在旅游供给或旅游接待能力与旅游

者总人次的不相适应上。

旅游目的地往往根据自身的社会经济条件确定相适宜的旅游发展模式，由此形成本国或本地区的旅游供给能力。因此，在一定时间内，旅游供给能力是既定的。旅游需求则受到客源国（地）和目的地国（地）政治、经济、自然环境等诸多因素的影响，具有较大的不确定性和随机性。在旅游市场上，旅游供给的固定性与旅游需求的敏感性必然导致两者的不均衡，出现旅游产品供不应求或供过于求的局面。在旅游产品供过于求的状况下，如果市场机制不完善，极有可能发生削价竞争，而削价竞争又往往伴随着质量的下降。在旅游产品供不应求的状况下，由于旅游供给增长明显存在时滞，即使不断进行深度开发，也难以迅速扩大旅游供给，而且随着时间的推移，作为目的地供给主体的旅游景区（点）的质量将会下降，使旅游者的需要不能得到充分满足。

二、旅游供求的时间（季节）矛盾

在客源国（地）的节假日，人们纷纷出游，形成旅游需求的高峰期，在其他时间则形成一个相对低谷期。旅游供给在一定时期内则是一个常量，餐馆、饭店、游乐场等旅游设施一旦形成，就具有常年性的特点。自然性旅游吸引物在不同的季节常常具有不同的吸引力。因此，旅游需求的时间性、旅游吸引物的季节性和旅游设施的常年性之间形成反差，具体表现为在旅游需求高峰期或当某旅游地的季节吸引力较大时，该地的旅游产品供不应求；在旅游需求低落期或当某旅游地的季节吸引力较小时，该地的旅游产品供过于求。但是旅游经济发展实践表明，旅游目的地不能以高峰需求来进行供给能力的设计，否则在淡季必然出现供给过剩的现象；也不能完全按照低谷需求来设计供给能力，否则在旺季将供不应求，消费者无法买到相应的供给产品。这就是旅游经济中供求配置的两难问题，即我们通常所说的淡旺季的季节矛盾问题。

三、旅游供求空间（地域）矛盾

旅游供求的空间（地域）矛盾，是指由于供给的空间不可移动性，在供求总量基本平衡的条件下，旅游供求在空间（地域）上会出现失衡，即旅游热点地区供不应求，旅游冷点地区供过于求。由于各个地区旅游资源类型不同，旅游资源的丰富程度不一，旅游设施亦有很大差别，由此形成了旅游者流量和流向在空间（地域）上的差异。可以说，旅游吸引物的类型、丰富状况和旅游设施的完善程度导致了旅游供求在空间（地域）上的矛盾。旅游者一般倾向于选择有高级别旅游点的地方将其作为旅游目的地，比如，广州游客从京津地区选择一个城市作为旅游目的地时，肯定会选择北京而不会选择石家庄或天津等城市；而到了目的地后，往往只会游玩目的地区域内级别较高的旅游点，比如到北京一般只游玩几个国家级乃至国际级的旅游点（故宫、颐和园、天坛等），对其他级别低的景点则不感兴趣。

四、旅游供求结构矛盾

旅游供求的结构矛盾是指旅游供求在构成上不相适应，主要表现有三点：

（1）旅游供给类型或项目与旅游需求不相适应。比如，我国曾经出现的“西游记宫”热，各地相继上马建设“西游记宫”，而并没有进行市场需求的调研，结果造成大面积亏损。

（2）旅游供给档次或等级与旅游需求不相适应。比如，某个地区的主要旅游吸引物适合开发大众型的观光旅游产品，但如果盲目上马建设大量高星级度假村，就容易造成供给与需求的错位。

（3）在同一时期、同一目的地，供过于求与供不应求会同时并存。

第二节 旅游供求矛盾的价格调节

由于旅游供给是根据客源市场预测和旅游地客观条件设计的，一经形成就具有特指性和稳定性，旅游需求则受多种因素的影响，往往具有多样性和多变性的特点，因此，旅游需求多样性与旅游供给主体指向性的矛盾，旅游需求多变性和发展性与旅游供给相对稳定性的矛盾，以及旅游劳务的特殊性、旅游需求的地域性和季节性等，往往是构成旅游供求矛盾的主要原因。这些由于旅游供求自身特性所引起的供大于求或供过于求，我们将其称为“技术性旅游供求矛盾”。也就是说，这种供求之间的矛盾与国家性质、所有制结构无关，是在不同国家、不同社会制度、不同社会生产力水平下的旅游目的地都会出现的一般性矛盾。

一般来说，当供求不平衡时，市场会通过价格的变化来使供给与需求趋向一致。因为随着价格下降，会有更多的人买得起旅游产品，这就增加了旅游需求；而旅游供给企业则因为价格的下降导致利润下降，从而减少供给。在旅游价格下降过程中，旅游需求和供给一正一反地作出反应，当价格到达某个特定水平时，旅游供求达到平衡。但是如果价格一直下降，则旅游企业不断地减少产品的供给，而需求不断上升，最终会使得需求超过供给，造成供不应求。此时，为了在有限的旅游供给中买到自己想要的旅游产品，旅游者愿意支付更高的价格，从而推动价格上升；旅游企业则愿意提供更多的该产品，以获得更多的利润，使得供给增加。价格的上升又会使得一部分旅游者不再购买该产品，从而导致需求下降。随着价格的不断上升，需求会不断下降，而供给会不断增加，最终又会导致供过于求。尽管旅游供求在实践中很难做到完全的平衡，但市场的这种价格变动使得供给和需求之间不会出现过大的差距，而是不断地向供求平衡的点靠近（见图 6－1）。

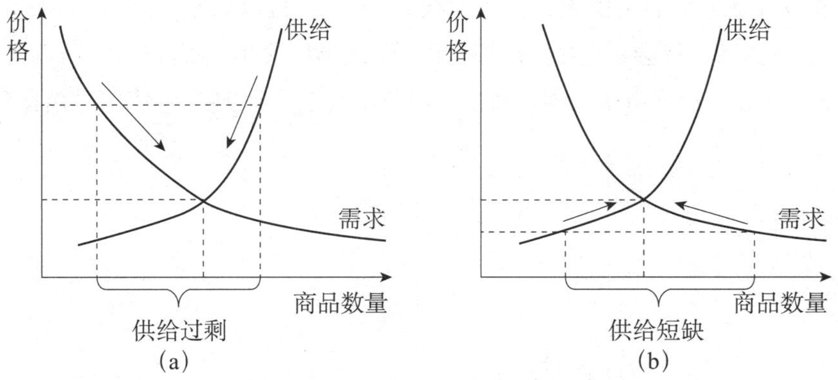

图 6－1　供求均衡过程

当然，这里所说的通过降低价格增加需求、促进销售主要是针对单项产品而言的，降低价格参与竞争属于分配性努力（是“分蛋糕”而不是“做蛋糕”）。但从广义角度看，单项产品价格下降是否会影响整体需求，从而增加目的地整体供给销售量（即“做蛋糕”），取决于该单项产品在旅游者需求结构及整个旅游价格结构中所处的地位。比如，当旅游者已经到达目的地时，目的地某个饭店的价格下降会使更多的旅游者入住，从而增加客房的销售量，但是它的价格下降基本上不会为目的地吸引来更多的旅游者，除非这种价格下降是行业性的整体下调，从而降低旅游目的地的整体价格水平。旅游景区降价的促销效果可能要更好一些，比如，2002 年杭州西湖南线景区整合工程完成后，市政府决定对南线景区实行免费开放。2003 年 4 月起，没有围墙、不收门票的完整西湖将自己每一处景观还给广大市民与游客。西湖风景区从 2002 年国庆开始逐步免费至今，目前已有 52 处景点免费对游人和市民开放，占杭州全部景点的 73％。这虽然造成了几千万元的门票损失，却因为游客停留时间延长了而大大增加了“城市收益”：西湖免费开放前，杭州一年的旅游总收入是 549 亿元，2012 年杭州的旅游总收入却达 1 392 亿元。同时，杭州西湖免门票还大大增加了城市的亲和力、吸引力，让杭州“国际著名风景旅游城市”的品牌更响亮。

除了价格之外，影响旅游供求关系的因素还有很多。就像下雨能够增加对雨伞的需求、恐怖活动会减少对航空旅行的需求一样。这些除价格以外的因素的变动将使旅游供给曲线或旅游需求曲线产生移动，从而造成旅游供求的矛盾。因为短期内旅游供给一般是固定的，所以我们来分析一下需求变动下的市场均衡。如图 6－2 所示，旅游需求曲线从 D_1 向右移动到 D_2 会引起旅游供求的矛盾。因为供给曲线是不变的，在这种情况下，要使旅游供求达到均衡，只有提高价格。同理，旅游需求曲线的左移引起的旅游供求矛盾也只能通过降低价格才能实现均衡。我们可以来举例分析一下旅游需求曲线右移而旅游供给曲线不动的情形：我国 1999 年 10 月 1 日开始实行新的节假日制度，使得国民的闲暇时间增加了，推动了黄山旅游需求曲线右移。在图 6－2 中，如果实行新的节假日制度前的黄山旅游需求曲线是 D_1，实行以后是 D_2，则如果黄山的门票价格保持 P_1 不提高，就会有更多的旅游者到黄山旅游，黄山旅游供给无法满足这么多旅游者的需求，所以，根据市场机制，黄山门票价格会上涨到 P_2，使供求重新达到平衡。

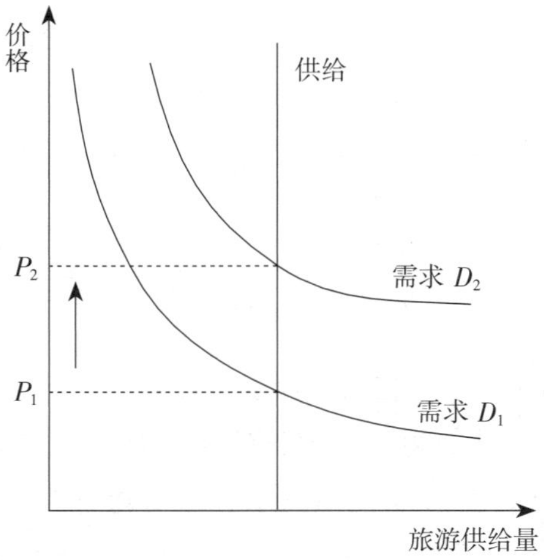

图 6－2　旅游需求变动对均衡的影响

我们知道，随着我国经济的发展和人们生活水平的提高，人们的可自由支配收入也越来越高，对旅游的需求也逐年增长，旅游不再是奢侈的消费品了。国内旅游需求的增长在拉动内需方面已经发挥了越来越重要的作用，旅游业已经成了国民经济的一个新的增长点。但同时也产生了许多问题，比如，随着人们出游率的增加，许多景点在旅游旺季出现了“人满为患”的局面，这对旅游景区尤其是世界遗产的保护造成了极大的压力。人们的需求不断增长，但这些景点的承载能力有限，不可能随着需求的增长而增加供给。为了有效地控制旅游者的数量，保护景点免遭无法恢复的破坏，这些景区景点都采取了提高进入门槛——提高门票价格的办法。尽管从社会公平或者人文关怀和涨价的合理性的角度看，这种做法存在很多值得商榷的地方，但单纯从供求平衡的角度来看，提高价格的确是选择之一。因为价格的提高使得旅游者的旅游成本增加，迫使部分潜在旅游者“购买不起”，只好压抑了自己的需求，从而使得需求下降，供求之间的矛盾得到缓解。

案例 6－1

“门票经济”是死胡同

国家发展改革委办公厅下发通知，决定于 2021 年 9 月至 10 月在全国范围内开展降低重点国有景区门票价格“回头看”工作。通知指出，重点在景区门票价格形成机制是否完善、门票价格是否切实降低、配套服务价格是否合理、门票价格减免政策是否执行到位等方面开展“回头看”。

近些年，不少旅游景区“涨”声一片。景区门票价格偏高、涨价幅度偏大，让不少游客直呼“吃不消”。2018 年以来，国家发展改革委出台了关于降低重点国有景区门票价格的一系列指导文件，各地景区积极落实，让利于民。但个别地方仍存在部分国有景区门票价格偏高、配套服务价格不合理，以及强制捆绑消费、门票明降暗涨等现象。

实际上，景区门票涨价并不是国内独有的现象，如缅甸仰光瑞德贡大金塔，早期对外籍游客收取的门票费为每人 8 000 缅币或等值美元，2017 年底上调至每人 10 000 缅币，2021 年 10 月 1 日起再次上调至每人 20 000 缅币。另外，曼德勒文化地区的宾亚、茵瓦等景区以及蒲甘历史文化区的外籍游客门票价格也统一上调。土耳其对绝大部分旅游景点门票加价明显，如著名的棉花堡门票价格从之前的 200 里拉翻倍到 400 里拉，伊兹密尔的以弗所古城遗址也从 200 里拉涨到了 400 里拉，伊斯坦布尔托卡皮宫的套票也涨到了 950 里拉，接近卢浮宫门票价格的两倍。

虽然考虑到通货膨胀和经济发展的因素，景区门票涨价也无可厚非，甚至可以说是必需的，但涨价的关键是要适时适度，而不是想涨就涨，想涨多少就涨多少。就景区本身而言，要想长远健康发展，也不能单纯依赖“门票经济”，而应该在开拓市场、提升产品服务和转型发展上有所作为，否则容易受市场规律作用进入价格高、游客少的“死胡同”。有关部门对降低重点国有景区门票价格“回头看”，并不是要降低景区的收入，而是倒逼景区实现由单纯依赖门票向综合产业经济转变。事实证明，有不少景区发展“旅游+”，坚持旅游与体育、养生、休闲等各产业的融合，丰富景区的食、住、行、游、购、娱等产业要素，提升了景区文化内涵和品质，通过吸引游客、留住游客增加了收入。

降低景区门票价格是硬要求，各景区要严格落实，不应搞变通、打“擦边球”。有关部门对“回头看”要真看、真查、真改，建立问题台账，完善督导机制，对于不按规定执行政府定价、擅自增设收费项目、捆绑销售、不执行优惠政策、随意涨价等违法违规行为，要及时采取措施，依法严厉处理，切实维护旅游市场价格秩序。

资料来源：钱立功．“门票经济”是死胡同［N］．经济日报，2021-09-17（5）．有改编．

第三节　旅游供求矛盾的制度调节

一、旅游供求矛盾的制度性成因

如果所有的旅游供求矛盾都是由于旅游供求内在特点的差异而形成的，那么也就只有通过市场价格的调节才可以达到最优配置。实际上，旅游供求矛盾的出现除了纯粹技术性原因外，还与不同国家的文化、体制、政策、转轨方式、发展战略等因素有关。由这些特殊性因素导致的旅游供求的矛盾可以称为“制度性矛盾”。制度性供求矛盾是个性化的供求矛盾，所以造成我国旅游供求制度性矛盾的原因也有别于美国、法国等西方旅游发达国家。在我国，形成旅游供求矛盾的制度性原因主要有以下三个。

（一）与我国特定的旅游发展道路和发展战略密切相关

尽管从短期看，优先发展国际入境旅游而对国内旅游采取“不提倡、不反对、不宣传”的政策，在当时旅游供给严重不足的情况下，对缓解旅游供求矛盾起到了一定的作用，但围绕国际旅游市场需求形成的旅游供给与国内旅游市场需求之间并不能形成自然对接，因此一旦国际旅游需求发生大面积下滑，国内旅游需求无法填补因波动出现的“需求空隙”，自然就造成旅游供给找不到旅游需求的状况。相反，很多经济发达国家旅游经济体系并不是建立在入境旅游优先的基础上的，其国际旅游需求与国内旅游需求之间能很好地切换，实现“无缝对接”，不会产生严重的“需求空隙”。在很长一段时间内，我国特定的旅游发展战略都是形成旅游供求矛盾的诱因之一。

（二）与我国经济转轨以及特定的产权制度安排密切相关

在我国经济转轨的进程中，地方政府与中央政府之间的经济关系比新中国成立初期要松散了许多。各地方政府出于地方经济增长的考虑，都制定了各自的旅游发展战略，将大量的旅游吸引物开发成旅游产品，而没有从整个国家的角度来考虑是否适合开发，从而造成在全国范围内许多相邻的省份或市县之间旅游产品的雷同，使得某些产品供过于求。

另外，在我国经济转轨中存在着的“负盈不负亏”体制，以及在位利益（包括审批权、在职消费等）的激励，使得很多政府部门、国有企业的领导者根据个人偏好与需要，用国家的钱投资建设饭店等旅游企业，而无视这些旅游企业的供给能力是否对应足够的市场需求。类似的“个人需求产业化”等畸形旅游相关供给的大量出现，使得供大于求的程度往往大大超过由市场自主调节的供大于求的程度。

（三）与我国闲暇制度的安排有关

应该说，现行的闲暇制度对我国国内旅游市场的培育、旅游经济的发展都曾经起到非常重要的作用。但是这种整齐划一的休假制度同时也人为地造成了旅游需求与旅游供给之间的矛盾。由于人们只有在国家规定的长假期间才有时间进行中远途旅游因此大量平时被压抑的旅游需求在黄金周期间爆发出来，甚至形成旅游需求“井喷”的现象，出现火车票、飞机票、饭店客房告急，景区景点“人满为患”等状况，旅游成了“票是一票难求，住是能住就行，吃是凑合着吃，玩是看看脑袋屁股（戏称‘大人看脑袋，小孩看屁股’）”也就不足为奇了。休假一结束，需求又开始“休眠”，大量旅游设施因此被闲置，供过于求的矛盾开始出现。近年来已经有不少地方开始探索春假秋假制度，这在一定程度上也可以缓解集中出游的矛盾。

二、制度性供求矛盾的基本对策

既然是制度性原因导致的旅游供求之间的矛盾，则矛盾的解决也应该考虑从制度方面着手，在尊重市场的前提下充分发挥政府的作用，其中包括通过制度创新与改善、政府管理功能及效率的改善与提高等基本对策。

（一）解决闲暇时间总量和分配问题

在不增加消费者收入的情况下，如果我们能够增加消费者的闲暇时间，推动旅游需求曲线向右移动，就可以增加旅游需求，从而在供大于求的情况下改善旅游供求矛盾的状况。因此，增加闲暇时间是从制度创新的角度解决旅游供求矛盾的重要切入点。

与此同时，还需要注意解决闲暇时间的分配问题。因为增加闲暇时间虽然可增加旅游需求，但由于我国这些闲暇时间的分布过于集中在法定节假日，需求的增加反而会加剧短期内旅游供求矛盾，实际上等于在一定程度上又导致了新的供求矛盾。投资者不可能为了满足高峰需求而大量增加像饭店这样的具有固定性特点的旅游供给，否则在假期之后将面临较大的供过于求的压力，但如果不改善旅游供给又无法满足这些高度集中的市场需求。为了解决这种新的旅游供求矛盾，就需要从根源上找到“削峰填谷”的有效措施，从改善旅游需求时间分布状况入手，也就是在增加我国居民的闲暇时间的同时，注意这些可用于旅游的闲暇时间的分配，在继续实施现行休假制度的基础上，积极采取措施落实《中华人民共和国劳动法》第 45 条中规定的“国家实行带薪年休假制度。劳动者连续工作一年以上的，享受带薪年休假。具体办法由国务院规定”，通过带薪休假的执行来推动旅游需求的全年分散化，合理利用社会资源，真正有效地改善旅游供求矛盾。

案例 6－2

为什么要过黄金周?

客观来说，在最初设计 7 天长假制度时，考虑的经济成分更大一些。这也可以理解。1999 年，亚洲金融危机的阴云尚未散去，在出口乏力的情况下，拉动内需就成了为中国经济引擎注入足够动能的唯一妙方。依照当时经济学家们的设计，要拉动内需，一是政府多花钱、多投资，积极财政政策因之而启动；二是让老百姓把兜里的钱多掏出来一点。当年居民储蓄余额超过6万亿元，被看作赶不出来的“笼中虎”。实行长假制度，就是要刺激消费，让老百姓既有时间花钱，钱也有地方花。

盘点7年来的黄金周，这个目的是否实现了，学界还有不同的看法。从每年都以10%以上的速度增长的旅游收入来说，大体可以认为黄金周确实创造了一个含金量很高的消费市场。不过，也有学者认为，黄金周之后的一个月，总是会出现消费低迷的现象。这或许说明黄金周的火爆只不过是提前集中消费，消费总量并不会因此而发生太大的改变。

在我们看来，黄金周含金量高不高，不在于旅游收入是否高增长，而在于在国力不断增强的情况下，中国公民是否可以在分享经济增长红利的前提下，享有更多的追求高质量生活的自由，以及对这种追求的满足程度如何。从这个角度考量，黄金周存在着被异化的可能。物质含金量的增长并不同时带来更好的生活质量，以及更多的选择自由，尤其在中国公民对休闲和旅游的消费质量要求已经越来越高的今天。

很多人的经历表明，在长假期间去旅游是一件痛苦的事情。黄金周人为地制造了旅游产品的供应短缺，导致各个旅游景点人满为患，火车票、机票紧张。短缺导致服务质量大打折扣，同时却给一些旅游产品提供者涨价提供了借口。在他们看来，价格是要反映市场供求关系的，供应短缺必然要求价格的提升。

同样不可回避的是，政府部门也因此陷入了复杂的管制和调控之中。其中的管制成本有多高，恐怕很难量化计算，而这也折射出黄金周仍未抹掉的计划色彩。黄金周作为拉动经济的手段进入公众生活，旅游主管部门也一度把对长假的宏观调控作为工作重点，这种思路贯穿于所谓“假日经济”的各个层面，黄金周也因此更多地被看作一种大生产式的经济运动，而非公众的休闲节日。

可以预期的是，中国经济的高速增长必然带来更加旺盛的休闲和旅游需求，而黄金周是没有足够的伸展空间容纳这些需求的。一些旅游主管部门的人士认为，进一步加快旅游基础设施建设，推出更多为公众所接受的旅游产品，加大对旅游环境的整治力度，这些措施可以解决现在黄金周的尴尬。在我们看来，这固然有助于为公众提供更多选择，但是黄金周的产品和服务短缺并不能够反映旅游休闲市场的真实供需关系，据此进行的市场调整也可能意味着巨大的浪费和无效供给。

这些年，对于黄金周的改革呼声日高，国家发改委的研究机构曾建议实行每月末集中放假的小黄金周制度，也有一些学者主张取消黄金周，推行带薪休假制度。这些主张都有其合理的成分。我们的看法是，不管制度设计如何考虑，公众休闲的自主权利，以及为此提供足够的便利，都应该是制度设计的基础。

资料来源：陈文钊．为什么要过黄金周［N］．经济观察报，2005-10-17.

（二）加快产权制度改革

既然转型时期的经济体制是导致旅游供求矛盾的重要原因，那就需要通过经济体制改革的深入来加以解决，比如产权制度的改革、政企真正脱钩等方面的改革。实际上，也正是因为国有酒店有政府这个“婆婆”支撑着，所以其尽管亏损严重却依然在市场上存在，这些本该淘汰却没被淘汰的饭店的存在干扰了市场，不利于市场形成一套合理有效的供求均衡调节机制。有研究指出，削价竞争最厉害的往往是国有企业，国有企业具有进行恶性价格竞争的内在产权基础。因此，如果我们能够真正对属于竞争性领域的国有饭店进行产权制度改革，将其大量地市场化、民营化，让国有饭店的主体真正做到“自负盈亏”，改善经营效率，提升饭店行业的整体生存基准，那么该领域的潜在投资者在投资建设新的饭店的时候就会充分考虑市场的供求状况，慎重决策，从而缓解市场上的供求矛盾。

（三）目的地整体形象营销

加强目的地整体形象的营销是在现有旅游供给存量不变的情况下，通过吸引更多的旅游需求来“消化”已有的旅游供给，是解决旅游供求矛盾的好方法。这是因为，市场中的旅游供给之所以过剩，不见得是因为它们不符合市场需求，而恰恰可能只是“养在深闺人未识”而已。比如，像浙江乌镇这样的古镇旅游目的地，在旅游者大量涌入之前就已经存在，如果这些供给不被人们所了解，那么这些古镇作为旅游供给就如同不存在。此外，由于旅游供给的短期弹性较小，在供给既定的情况下，旅游供求矛盾主要依靠刺激旅游需求来调节，而在目前目的地竞争激烈、可供选择目的地众多的情况下，旅游者最终选中哪个旅游目的地在很大程度上受目的地形象的影响。只有到目的地的旅游者多了，这个目的地的旅游供给才会有“卖出去”的可能，旅游供求才能平衡。所以，在促进旅游供求平衡的过程中，政府应该将工作重点由旅游发展初期的建设功能逐步转向促销推广功能，着力于改善目的地促销的制度安排，塑造、改善和强化目的地整体形象。事实上，越来越多的旅游企业开始认识到，每个旅游企业要想生存和发展，都要“先推销目的地，再推销企业自己”，这为目的地政府通过联合营销推动旅游目的地“销售”的制度安排提供了坚实的实践基础。

案例 6－3

旅游形象口号的迭代更新

随着市场需求的快速变化，特别是近年来旅游市场呈现年轻化、品牌化、个性化的显著变化，不少旅游目的地特别是著名旅游目的地，已经或正在根据旅游市场需求变化，策划创作全新的旅游形象口号，以跟上游客的需求和时代的发展。

新西兰：过去的旅游形象口号是“100% Pure New Zealand（100%纯净的新西兰）”，属于“核心资源概括型”，强调新西兰优质的自然生态资源，而其新的旅游形象口号是

“100% Pure You（100%纯净的你）”，强调游客到新西兰会得到全身心的放松和畅爽的精神体验。新的旅游形象口号属于“情感内涵提炼型”，从物质境界上升到了精神境界。

山东省：最早的旅游形象口号是“一山一水一圣人”，是典型的“核心资源概括型”。随着山东省大力发展休闲度假旅游，旅游形象口号更新为“文化圣地 度假天堂”，总体上还是强调资源（文化资源、度假资源）。2008年旅游形象口号更新为“好客山东”，属于“精神内涵提炼型”，既突出了山东人热情好客的性格，也表达了山东热烈欢迎国内外游客来旅游的态度。

山西省：最早的旅游形象口号是“华夏古文明 山西好风光”，强调山西的历史悠久与风景优美，属于“核心资源概括型”，后来更新为“晋善晋美”，属于“精神内涵提炼型”，突出山西人的优质服务和游客到山西旅游的美好体验。

宁夏回族自治区：第一代旅游形象口号是“塞外江南 神奇宁夏”，属于“核心资源概括型”与“独特区位强调型”相结合；第二代旅游形象口号是“畅游宁夏 给心灵放个假”，属于“精神内涵提炼型”，突出到宁夏旅游的畅快与舒适。2021年策划推出的旅游形象口号是“星星的故乡”，紧贴“Z世代”年轻人喜欢“一起去看星星”的需求热点，把本来属于全人类共同的资源“星星”变为“私有”，属于“制造热点争议型”。

吉林省：根据不同季节的旅游特点和市场需求，策划推出不同的旅游形象口号。如吉林夏季旅游的营销口号是“清爽吉林·22℃的夏天”，属于“核心资源概括型”；吉林冬季旅游的营销口号是“冬季到吉林来玩雪”，属于“精神内涵提炼型”；吉林自驾游活动的营销口号是“吉刻出发”，属于“成语谚语谐音型”。

贵州省：第一代旅游形象口号是“国家公园省 多彩贵州风”，强调贵州优美的生态环境和多彩的民族风情，属于“核心资源概括型”；升级后的旅游形象口号是“走遍大地神州 最美多彩贵州”，强调全国横向比较后还是贵州最美，属于“制造热点争议型”。

重庆市：第一代旅游形象口号是“永远的三峡，世界的重庆”，突出重庆最具国内外知名度的旅游资源——三峡，属于“核心资源概括型”；升级后的旅游形象口号是“重庆，非去不可”，强调“大家都去了重庆，你也应该去”，属于“精神内涵提炼型”。

“穷则变，变则通。”旅游形象口号的目标对象是游客，而游客的需求在不断发生变化，相应地，旅游形象口号也需要“与时俱进”。特别是经历新冠疫情后，旅游需求重点和特征已经与疫情前相比发生深刻的变化。我国各个旅游目的地的旅游形象口号也亟须进行新一轮的策划与创作，真正做到“打动游客的心”。此外，针对旅游目的地各自的目标区域市场或细分客群市场（如研学旅行、亲子旅游、养生养老、休闲运动等细分市场），也有必要创作有针对性的旅游形象口号，形成目的地的旅游形象口号体系。“到什么山唱什么歌”，正是市场营销导向理念最通俗的表达。

资料来源：任国才．旅游形象口号，正在成为目的地的“出圈”密码？[EB/OL]．(2022-03-31)[2024-10-10]．http://www.ct.cn/h-nd-1108.html．有改编．

旅游目的地的整体营销中，非常重要的一环就是目的地的宣传促销，而在促销过程中，要想使潜在旅游者在众多的旅游目的地信息中捕捉到自己，首先就需要定好位，就是要确定好自己的形象，要清楚自己适合打什么牌，同时也需要有一个朗朗上口、简洁易记的宣传口号，配合旅游形象的宣传，这是旅游目的地营销中必不可少的。口号鲜明、标志生动，宣传效果将会非常突出。量体裁衣地设计口号及标志、组合包装促销形象，对于有效开展旅游产品建设和市场促销，从而使旅游目的地发展保持长盛不衰，具有一定的现实意义。

（四）税收政策的调节

政府调整旅游供求还可以通过税收政策来实现。调节旅游供求的税收政策涉及两个方面：一个是针对旅游企业实行的税收政策；另一个是针对旅游者征收旅游税的政策。当旅游产品供不应求时，通过对旅游企业实行减免税的政策，可以降低企业的生产成本，增加企业利润，吸引多方投资，推动旅游企业扩大再生产，进而刺激旅游供给量的增加。当旅游产品供过于求时，通过对旅游企业增税的政策，则可以抑制旅游供给，使旅游供求达到平衡。同样，向旅游者直接征税可以减少旅游需求，从另一个方面缓解旅游供求矛盾。比如，我们可以通过对出境旅游者征收一定的出境旅游税来达到限制出境旅游需求的目的，减少外汇流失。1997 年亚洲金融危机后，韩国从当年 7 月 1 日起向韩国民众征收 1 万韩元的离境税，以限制出境旅游需求，同时将离境税款全部拨给观光振兴开发基金，以增加入境旅游需求方面的宣传推广，减少国际旅游收支逆差，实行这一措施后，韩国的出境旅游增长率从 1996 年的 23%下降到 1998 年的 7.3%，顺利扭转逆差。

（五）增加高峰期弹性旅游供给

“黄金周”现象作为我国旅游经济发展进程中的一个特殊现象，引起了各个方面的关注。以黄金周旅游目的地的住宿设施为例，为了缓解黄金周期间旅游住宿设施供不应求的状况，同时防止旅游高峰时期因接待数量的增加而导致的服务质量下降的“数量换质量”现象的蔓延，很多地方通过制度创新，将一些闲置的民用住房改成家庭旅馆，为黄金周特别增加了弹性供给，缓解了旅游供求的矛盾。现在黄金周制度已经调整，但在国庆节等长假期依然会出现较为突出的供求矛盾，还是需要探索高峰期弹性旅游的供给问题。

三、最低限价的可行性分析

尽管价格可以自主地对旅游供求进行调节，但是有时候政府可能出于某些特定的原因会对市场价格进行控制。政府价格控制主要有两种不同的方式：最高限价和最低限价。我们将主要分析最低限价问题。

政府或有关行业协会之所以出台有关最低限价的政策或规定，大抵是因为供给市场出现削价竞争。在社会主义市场经济体制的宏观导向下，这种旨在遏制削价竞争的最低限价政策值得用经济学的基本理论进行深入分析。

（1）制定最低限价的理论基础是要使价格维持在社会平均成本之上，而经济实践告诉我们，市场中的企业各有差别，要想计算出社会平均成本显然是非常困难的。而如果无法知道真正的社会平均成本就来制定最低限价，显然是不严谨的。即便能够计算出社会平均成本，以该价格规定市场最低售价，造成的也将是保护落后、限制先进的后果。因为即便有旅游企业因为自身的成本控制、管理能力等方面的优势使自身成本低于市场上的劣势企业的成本，但由于最低限价限制了优势企业通过价格来体现成本优势，因而其无法以建立在低成本基础上的价格优势将劣势企业淘汰出局，这样就不能最大限度地推动企业提高生产效率。

（2）价格竞争是很正常的市场调节供求的配置机制，是对重复建设的自我纠正。尽管有学者提出，对饭店行业而言，“优生比优育更重要”，强调要在审批上把关，但关键是：究竟应该允许哪个“出生”而不许哪个“出生”？哪个是多余的供给而哪个又是必要的供给呢？如果由政府来判断的话，显然会涉及太多的人为因素，而且容易产生腐败，降低资源配置的效率。因此，判断是否多余应该由市场来决定，而市场主要就是通过价格竞争来做这种自我调整的。只要这些旅游企业是自负盈亏、自主发展的理性市场主体，即便是出现了行业性亏损也不可怕，市场上总会有些企业生存得比较好，而这些过得比较好的往往是综合素质比较高的企业，也正是这些企业才真正构成了目的地旅游经济的基础，这些企业的脱颖而出并不断扩大自己的优势将对目的地的竞争力产生积极的影响。

（3）由于最低限价政策出台的经济背景是市场竞争非常激烈，但恰恰是在这种激烈的市场竞争下，企业只要稍微低于政府规定的最低限价就可能显著地改变其市场份额。比如，某旅游目的地有 100 家三星级饭店，相互约定的最低限价为 300 元/标间·天，若其中有一家饭店通过返现、赠送礼品券等方式将实际价格卖到 290 元/标间·天，而其他 99 家都卖约定价的话，显然这一家“不守规矩”的饭店在价格上就是最具竞争优势的，它可能在到访旅游者市场中“切得”最大份额。实际上，其他 99 家饭店也会预见到这种结果，因此也都会有打破最低限价的内在冲动，最低限价最终成为“一纸空文”。

（4）如果深入分析还会发现，降价对企业利润的影响是不确定的，对企业总收益的影响也可能是不确定的，因此对政府税收的影响也是不确定的。如果政府要坚持执行最低限价，就必须对所有旅游企业进行严格监管，从而必须付出很高的行政成本。付出高成本只为了不确定的收益，显然不是明智的做法。

四、政府治理削价竞争的重点

对于旅游市场上的削价竞争，政府需要做的就是加大对通过价格竞争导致的垄断的规制，并将解决削价竞争，尤其是恶性价格竞争问题的切入点放在深化产权制度改革上，让企业真正成为理性的市场主体。如果不进行产权制度改革，那么所有权和经营权分离的国有企业管理者事实上控制了企业，但却不必为他们的行为负责，不必承担行为的社会成本，国有企业往往成了管理者目标最大化的工具，由于没有追求经济效益最大化的动机，常常出现“卫星（国有旅游企业管理者）上天，火箭（国有旅游企业）落地”的现象。以往制度不规范时期，国有企业经营者“负盈不负亏”的特权使得他们可以不从经济利益而是从个人角度出发来定价，比如为了营造一种“生意兴隆”的假象而大幅降价等，从而导致了恶性价格竞争发生的可能性。正是基于这样的考虑，我们必须鼓励饭店实行民营化和产权主体多元化，让企业代替政府成为供给总量控制和存量调整的主体。毕竟只有在经营管理者会为亏本而心疼、会为盈利而努力的时候，企业才能真正进入良性发展的轨道。也正是基于这样的考虑，近年来中央和各级地方政府加大了央企、国企改革的力度，向国企要效益、要效率，并取得了较好的成果。

第四节 旅游供求矛盾的产品创新调节

旅游供求的结构性矛盾主要是由于提供的产品无法满足市场的需求所导致，尤其在当前旅游产品供给极度丰富的情况下，如果依然走“低水平重复建设”的路子，无疑只能造成市场的无序竞争，而无法提升旅游吸引力。旅游企业应通过产品创新，引导旅游需求，实现差异化发展，共同把旅游市场的“蛋糕”做大。

一、产品创新的两种类型

产品创新是相对于现有的产品结构和类型而言的，并不一定是创造一个全新的产品类型。比如，类似于迪士尼的主题公园在大城市已经是一个成熟的产品，但相对于很多的二三线城市而言，这就是一个新的产品。因此 A 旅游地区从 B 旅游地区引入其原先没有的旅游产品，相对A地区而言，就是一个创新的产品。如果周边地区都没有这种产品，则相当于开辟了竞争中的蓝海，避免了和周边地区的直接竞争，容易形成新的旅游吸引力和消费热点，进而构建自身独特的竞争力。

按照传统的旅游发展观，如果一个地区没有优质的观光资源，也没有很好的历史人文遗存，那么它就基本没有发展旅游的可能。但是，通过新技术的使用和思路的创新，可以形成新型的旅游资源。深圳就是这种“无中生有”的典型例子。作为一个从小渔村发展起来的大都市，深圳没有任何传统旅游资源，但通过世界之窗、锦绣中华等人造主题公园的建设，满足了当时的国内旅游需求，从而成为国内具有高知名度的旅游城市。近年来，随着旅游需求从单纯的观光向休闲度假升级，深圳又开发了东部华侨城，适时提升了深圳的旅游吸引力。

产品创新的另一种情况是，对一个地区原有的旅游产品进行改造提升，使得产品的性价比更高，服务更好。再进一步，通过把旅游与文化产业、农业、工业等地区特色产业相结合，在原有产品中融入新的元素，形成主题性的旅游产品。

在休闲度假迅速发展的今天，我们要避免另一种极端观念，即认为观光不重要，或者是将观光旅游等同于低端旅游。不论是观光旅游还是休闲度假旅游，其产品都有高端、中端和低端之分。一个地方的旅游，究竟是缺少休闲度假产品还是观光旅游产品，要区别对待。以无锡为例，其休闲度假产品相对已经比较成熟，但在多年的发展后一直无法突破瓶颈，而随着灵山大佛这个观光产品的建成，无锡旅游的总体水平得到了很大的提升。

因此要对旅游产品进行分档，对旅游市场进行分层，对应市场需求，提供相应的旅游产品。

二、供求矛盾的产品创新调节

在当今旅游需求旺盛的时代，在休闲产业大发展的时代，在人们个性化越来越突出的时代，我们需要认清的一点是，供求矛盾的最核心问题不是供给的总量过剩，而是供给的结构失衡，是供给的局部过剩。明白了这一点，我们就可以有针对性地解决问题，那就是大力推动产品的创新，通过创新产品来满足人们日益增长的个性化旅游需求，从而有效解决供求矛盾。

（一）大力发展主题产品

以地方文化为特色，通过发展主题酒店、主题餐饮、主题娱乐等主题性的产品来做大消费的规模。近年来，各地在主题旅游产品建设方面都有了很大的发展。发展主题旅游产品的最大优势在于其主题都与当地的文化息息相关，与当地的独特产业类型息息相关，如近年来北京东城区大力发展的四合院旅游产品就包括了四合院住宿、四合院餐饮等，甚至包括四合院的演艺和精品会展等，这些融合了四合院文化、建筑的主题产品已成为北京旅游的一大亮点。

资料 6－1

“读李白　游神州”三条文化主题旅游线路发布　串联 200 多个李白主题景点

2023 年 7 月，文化和旅游部资源开发司依托中华优秀传统文化资源，组织开展“读万卷书·行万里路”中华文化主题旅游宣传推广活动，推出一批文化主题旅游线路。“读李白　游神州”旅游宣传推广活动是其中一项重要内容。前期，文化和旅游部资源开发司、国家文物局文物古迹司联动学术研究机构、地方文旅部门系统梳理李白年表、作品，摸排相关遗迹、景区，以诗仙李白游踪地为线索，串点成线，串珠成链，设计推出李白长江青春之旅、壮年逐梦之旅、北国漫游之旅三条主题旅游线路，让人们能够更加系统地探寻李白的足迹，品读他的诗篇，感悟他的情怀，体味壮美山河蕴含的诗情画意，感受中华优秀传统文化的独特魅力，在游历中拓宽视野，提升素养。

线路 1：长江青春之旅

李白在蜀中成长、读书，成就一身侠气，24 岁时，他仗剑出蜀，辞亲远游，沿着水路，顺长江而下，追求人生理想，饱览山川形胜。他乘长风、越万里，执妙笔、吟啸歌，在长江的波流中描摹青春肆意，以自己的才华与豪情装点了长江的诗情画意、描绘了中华的壮美河山，用一叶轻舟载起跨越古今的诗意远行。他在巫山之巅纵目远眺，黄鹤楼上为友辞行，岳阳楼上观洞庭盛景，匡庐山中泼墨挥毫，天门山前乘舟观日，桃花潭边乘舟远行，凤凰台上凭吊古人，梦中为天姥山吟咏。快意壮游、潇洒赋诗，青春作伴，结交友朋，写下了一篇篇脍炙人口的名作，留下了一段段家喻户晓的传说。无论是少年侠气凭肝胆相照，还是登山临水思往事悠悠，他的青春豪情贯穿始终。

这条路线包括 9 个省、直辖市，38 个地级市、县，115 个遗址、景区。

四川省：江油市、广元市、成都市、眉山市、乐山市。

重庆市：渝中区、涪陵区、忠县、万州区、奉节县、巫山县。

湖北省：宜昌市、荆州市、襄阳市、孝感市、安陆市、武汉市。

湖南省：岳阳市、常德市、衡阳市、永州市。

江西省：九江市。

安徽省：马鞍山市、池州市、铜陵市、安庆市、宣城市。

江苏省：南京市、扬州市、镇江市、常州市、苏州市、淮安市。

浙江省：杭州市、台州市、绍兴市、丽水市。

贵州省：遵义市（未直接到访）。

线路 2：壮年逐梦之旅

壮年时期的李白，正处于从青涩走向成熟，再到人格心境逐渐丰盈的阶段。在陕西、山西一带游历的过程中，李白既保有仗剑闯天下、醉卧酒肆中的豪情意气，又不乏求仕长安、郁郁不得志的踟蹰悲愁。但无论现实生活如何苦闷，李白始终没有停下前行的脚步，他寓居终南，寻访骊山，登太白，游碧溪，感受“落花踏尽游何处，笑入胡姬酒肆中”的长安夜幕，体会“举手可近月”的太白巍峨，北入古城太原，聆听太原早秋的秘语，移步雁门，感受边关要塞的逶迤；西上甘肃，探求祖居之地，到此结交友人，放歌纵酒。在步履不停的行程中，李白似乎将现实的困顿与愁苦一点点吞咽，进而转化为汩汩清泉喷涌而出的积极与乐观。李白永远怀有这种激情，不断追求自己济苍生、安社稷的夙愿。

这条路线包括 3 个省，11 个地级市、县，27 个遗址、景区。

陕西省：西安市、宝鸡市、商洛市、渭南市。

山西省：太原市、代县、浑源县、汾阳市。

甘肃：陇西县、徽县、天水市。

线路 3：北国漫游之旅

李白在漫游齐鲁中原之际遍历山水：三十岁的李白，在中州胜迹的赏游间指点诗意、寻求仕进；寓居东鲁时，他高歌“仰天大笑出门去，我辈岂是蓬蒿人”；登临幽州亲睹安禄山秣马厉兵后，李白则慨叹于家国天下的忧患。在中州齐鲁大地上，李白写尽景致之美与胸中之情，他恣情地书写着诗酒人生的快意，描摹着大好河山的雄壮之美，勾勒着历史古迹的静谧深邃。李白飘逸若仙、潇洒豪迈，那些中州古意、齐鲁弦歌、燕赵豪情，也仿佛在他的如椽之笔中，点染了谪仙的力量，散发出迷人的魅力。

这条路线包括 5 个省、直辖市，22 个地级市、区、县级市，40 个遗址、景区。

山东省：济宁市、泰安市、菏泽市、聊城市、济南市。

河南省：登封市、南阳市、商丘市、开封市、杞县、荥阳市、平顶山市、洛阳市、济源市、安阳市（邺城）、滑县。

河北省：衡水市、沧州市、邯郸市。

北京市：平谷区、大兴区。

天津市：蓟州区。

资料来源：文化和旅游部资源开发司．“读李白　游神州”文化主题旅游线路信息文本发布［EB/OL］．（2023－09－28）［2024－10－10］．https://www.mct.gov.cn/whzx/bnsj/zykfs/202309/t20230928_947564.html.

（二）积极创新旅游产品

当地原先并不存在某种旅游产品，而经过对某些文化，甚至居民生活方式的改造提升，形成了一种新的旅游产品，包括演艺娱乐、专项旅游等，通过新型旅游产品和旅游业态的建设，给旅游者带来独特的体验。如禅修之旅就是将寺院的僧侣禅悟环境及行为等与旅游活动相结合，形成一种创新型的禅修旅游活动，为旅游者创造一个放松身心的环境和条件。再比如，经过多年的探索，宋城集团成功打造了“宋城”“千古情”旅游品牌，坚持创新和持续创新，深化旅游行业文化内涵，开创旅游晚会，最终实现旅游与演艺的联姻，成就了其中国旅游产业领军企业的核心地位。

（三）创新利用方式，创建旅游模式

这主要是通过提供高品质的独特体验性旅游产品，改变人们的旧有观念。比如通过对城市资源的整合，融入新的科技元素，拓展休闲度假产品，打造都市度假或者城市微度假旅游产品，改变人们只能在海滨或者其他风景区度假的理念。

资料 6-2

故宫以东·城市度假文化金三角

“故宫以东”是首批北京微度假目的地品牌中唯一定位于城市的品牌。故宫-王府井-隆福寺连接而成的“文化金三角”作为“故宫以东”最重要的汇聚古风盎然与时尚潮流的文化消费场域，历史文化资源富集。

2022 年，“故宫以东”再次升级，一方面通过机制创新，帮助企业做营销，帮助企业出产品，帮助企业拓市场，助力产业发展；另一方面把东城区所有核心资源形成合力，将无形的文化具象成有形的产品，再进一步涵养区域人文情怀。

“城市更新”的品牌实验场

“故宫以东”搭建的平台将各方资源嫁接在一起，在城市更新中，为老城区注入新活力，成为城市更新的实验场。“故宫以东”品牌创立之初，就被定义为一个“超级链接”，过去的几年里，这种“链接”成效显著：“故宫以东”下午茶，把文化元素、产品与消费者链接在一起；“X 小时寻找北京”系列推广活动，把古老的北京与“Z 世代”年轻人链接在一起；校园文创设计大赛，把传统文化、大学生、文创企业链接在一起；2020 年底成立的“故宫以东”文商旅联盟，更是把故宫-王府井-隆福寺“文化金三角”区域内的头部文旅企业链接在一起……

“故宫以东”，聚焦经济高质量发展目标，实现了“链接”的强化与升级。2022 年9月 7 日，东城区举办了以“和合共生”为主题的 2022“故宫以东”共创大会，重磅发布“故宫以东”共创计划，实施内容共创、产品共创、金融共创、科技共创、数字共创、街区共创、百达计划等七大子计划，正式开启深入推动“文化+”产业创新融合发展的新篇章。

“故宫以东”通过与科技企业开展共创合作，加速落地文商旅科综合体项目，实现

科技助力文旅消费场景、体验模式、服务模式的创新升级。2022年11月，“故宫以东”城市文化互动平台项目亮相2022世界VR产业暨元宇宙博览会，借助互动引擎技术，打破了空间的限制，在线上串联起东城区的古迹、故居、商业、景观等，用游戏化交互模式开启了线上东城文化元宇宙入口。其衍生项目“故宫以东·城市盲盒”线下沉浸式体验空间已于2021年“五一”亮相王府井东方广场。

“故宫以东”鼓励利用数字技术活化文化资源，搭建文旅数字资产生态平台，实现文化资源到文化资产的数字化转化，放大文化资源的经济价值。东城区联手相关机构，在京城重建的19号府邸旧址上打造“1921燕京八绝非遗会客厅”，通过生活美学展和数字技术演绎包括景泰蓝、玉雕在内的“燕京八绝”，将每件藏品进行3D建模，向观众360°展示个中细节、工艺特点、技艺简介及作者信息，突破了时间与空间的束缚，让传统技艺“炫”了起来。

机制创新带来新活力

“故宫以东”共创计划的不竭动力，来自创新的合作机制。机制的设计很重要，政府角色、品牌角色、企业角色的设定与多方的认知迭代需要过程，保障机制的透明公平和循环畅通必不可少。

共创计划分为两层合作机制。

第一层是“共创合伙人”，每2年为一个运作周期，每个周期内限定数量不超过12席。这些合伙人将充分发挥其在各自领域强大的资源优势，或造势，或引流，或推广，搭建起共创计划的“基石”。

第二层是“共创伙伴”，每1年为一个运作周期，每个周期内限定50家左右合作伙伴，包括知名文旅企业，也包括金融机构、科技企业等。

“故宫以东”如同一个品牌磁场，以文化作为核心吸引力，不断地链接各种合作、孵化各类项目，这是为地区文商旅企业不断配置资源的过程，也是政府在探索如何利用品牌作为杠杆，撬动地区文旅产业发展，让企业有活力，让市场有消费，使供给侧实现升级。

高质量发展步入新阶段

“故宫以东，精致生活好去处”是“故宫以东”2022年年度营销主题，品牌在产品、内容、场景的打造上，都在导向精致都市生活的文化休闲体验，助力文商旅的深度融合。未来的一段时间，“故宫以东”将聚焦区域，呈现出更为品质化、多元化、个性化、休闲化的一站式微度假文旅消费内容，推出更多创新产品。

当然，除了空间的利用，“故宫以东”更大的价值在于消费的提振、需求的满足和文化的传播。未来的“故宫以东”，不仅是东城的，也不仅是北京的，它将助力中华文化走向世界，引领文商旅科融合与高质量发展的创新方向。

资料来源：品橙旅游．从内容创新到机制创新，助力城市更新的“故宫以东”品牌再升级［EB/OL］．（2022-12-19）［2023-10-10］．https://new.qq.com/rain/a/20221219A02KFH00．有改编．

案例点评>>>>>>>

休假制度改革并不能“药到病除”

“黄金周”是我国自2000年开始正式实行的节日集中休假方式，对我国的旅游市场发展和促进经济消费增长起到了巨大的作用：2000年“五一”黄金周接待旅游人数4 600万人次，旅游收入180亿元；“十一”黄金周接待旅游人数5 500万人次，旅游收入260亿元。2001年春节黄金周接待旅游人数4 496万人次，旅游收入198亿元；“五一”黄金周接待旅游人数7 376.6万人次，旅游收入288亿元；“十一”黄金周接待旅游人数6 397万人次，旅游收入249.8亿元。2019年“十一”黄金周接待国内游客7.82亿人次，同比增长7.81%，实现国内旅游收入6 497.1亿元，同比增长8.47%。但也正因为大量旅游者集中在黄金周出游，不仅在此期间旅游消费价格较平时更高，而且旅游体验质量也被极大地降低，因此随着时间的推移，黄金周似乎也越来越被大家所诟病，民众对带薪休假的呼声也越来越高。

“黄金周”制度的实施有其特殊的历史原因，那就是我国到目前为止，还未能真正有效地全面落实带薪休假制度，这使得人们只能大量集中在黄金周期间出游，造成了假期出游“路上车堵车，景区人挤人”的局面。2023年中秋节、国庆节假期，经文化和旅游部数据中心测算，两节假期8天时间内，国内旅游出游人数8.26亿人次，按可比口径同比增长71.3%，按可比口径较2019年增长4.1%；实现国内旅游收入7 534.3亿元，按可比口径同比增长129.5%，按可比口径较2019年增长1.5%。

似乎这种旅游“拥堵”的所有矛盾根源就在于休假制度，如果我们能够全面落实带薪休假，那么一切问题就迎刃而解了。诚然，如果能够真正全面落实带薪休假，可以在很大程度上改变黄金周旅游体验差这种局面，可以缓解旅游的供需矛盾。但“理想很丰满”，而“现实却很骨感”。从2023年暑假的旅游情况看，至少在很大程度上，旅游供需矛盾导致的旅游体验差不可能仅仅靠休假制度改革来改变：中国旅游研究院发布的《2023年暑期旅游市场监测报告》显示，2023年暑期（6—8月）国内旅游人数达18.39亿人次，实现国内旅游收入1.21万亿元。2023年暑期的旅游热度显著高于2019年同期，许多景区接待游客人数达到历史最高水平。2023年暑期各大景区人满为患，热门景区酒店客房爆满，原来200元的标间甚至涨到了2 000元，景区门票更是一票难求。造成这种情况，与景区预约开放的游客名额较疫情之前大幅减少有很大关系，但我们也可以看到，在主题旅游、乡村旅游、研学旅游、红色旅游等各种旅游产品极大增加和丰富的前提下，依然“供不应求”，说明休假制度并不是最根本的原因。暑期大量的都是亲子游，这就说明很多家长是休了年假，也就是说带薪休假还是很大程度上可以实现的，那即使全面落实带薪休假，还能有多大空间缓解旅游供需的矛盾呢？尤其是暑假和寒假这种以学生出游为主的旅游旺季，注定了大量的带薪休假人员也会集中在这期间出游。

在产品供给方面，近年来各省各地对旅游都相当重视，旅游产品建设速度非常快。文化和旅游深度融合发展，“音乐＋旅游”“演出＋旅游”“展览＋旅游”“赛事＋旅游”等业态不断丰富，国家公园、国家级/省级旅游休闲城市和街区、国家级/省级旅游度假区、特色乡村旅游、生态旅游、海洋旅游、夜间休闲街区等旅游产品不断增加，这极大地缓解了旅游的供需矛盾。从地域分布看，客流已经由主要客源城市向众多远程目的地全域扩散，东北地区、西南地区、华北地区，以及西藏、内蒙古和新疆部分地区大量分流游客，结果是全国性的“供不应求”。

所以，通过休假制度的改革，真正贯彻落实带薪休假，会能在一定程度上缓解供需矛盾，但我们不能把希望全部放在带薪休假制度的改革上，而是要多措并举，系统施策。

评析：

旅游供求矛盾的存在是推动我国旅游经济发展的一大动力。我们知道，旅游供给和旅游需求都是在一定的价格水平下形成的，需求很容易受到多种外部因素的影响，但供给却具有时间和空间的固定性，不可能在短期内迅速增长或下降，这也就造成了我国目前休假制度下的严重的旅游供求矛盾。

我国的黄金周休假制度的实施不仅给了国民更多的旅游闲暇时间，满足了众多国民的旅游需求，同时也在拉动消费方面发挥了重要的作用，真正发挥了旅游业“国民经济新的增长点”的作用。但同时我们也可以从历年黄金周的情况中看出，由于我国特定的休假制度，国民的出游大多集中在黄金周期间，这使得饭店、景区、旅行社、交通等方面的接待能力受到了严峻的考验。

旅游供求矛盾除了表现在以上所说的时间上，还表现在数量、结构和空间上，比如人们秋季到北京旅游时，都到香山看红叶，而附近风景毫不逊于香山的八大处等红叶观赏点却游人寥寥；香山在“红叶节”期间的旅游门票收入基本上占据了全年一半以上。旅游者大多希望能到名气大一些的景点旅游，如故宫、颐和园等著名景点总是人满为患，这也是这些景点提出要在旺季提高景点门票价格的一个重要原因，景点希望能够通过价格的变动来调节旅游者的时间分布。

针对黄金周出现的旅游供求矛盾，一方面要加快推动促进贯彻实施带薪休假制度。另一方面，我们也要认识到旅游供求矛盾并不都是因为休假制度的不合理而产生的。政府还应该加速建立市场机制，通过产权制度改革来推动市场化发展，让优秀的企业脱颖而出，增加企业产出；通过旅游目的地整体营销，加快旅游冷点地区向热点地区的转化；通过增加供给，引导需求，来缓解旅游供求矛盾；等等。当然，政府也可以通过价格管制来引导需求，比如通过景区的淡旺季价格变动来调节旅游者的时间分布、通过酒店价格联盟的形式来防止恶性价格竞争等，但是在运用价格手段来引导需求时一定要慎重。在当前阶段，旅游供需矛盾这个问题更多的是和我国的人口数量、结构有关，这属于发展中的阶段性问题，我们在做好增加供给和改革休假制度的基础上，其他的“就交给时间来解决”吧。

关键术语

旅游供求矛盾　旅游供求数量矛盾　旅游供求时间矛盾　旅游供求结构矛盾　旅游供求空间矛盾　技术性供求矛盾　制度性供求矛盾　最低限价

思考与练习

1. 旅游供求矛盾主要表现在哪几个方面？
2. 各大著名景区景点的门票涨价，从缓解旅游供求矛盾的角度看有什么意义？
3. 什么是我国旅游供求矛盾的制度性成因？
4. 试结合实际情况分析解决制度性旅游供求矛盾的基本对策。
5. 试分析我国民宿出现的背景、发展现状及前景。
6. 政府有没有必要和可能对旅游业实行有效的最低限价政策？

第七章

旅游发展模式与政府主导型战略

导入案例

法国旅游管理简介

一、法国旅游管理体制

（一）旅游管理机构

2014年，随着法国国家旅游立法会的举行和旅游促销理事会的成立，法国旅游政策制定改由经济部和外交部负责。前者主要负责旅游人才培养、标准与假日管理，后者主要负责海外旅游营销。法国旅游政策的具体执行则由法国旅游发展署与国家度假支票管理局负责。前者主要负责法国旅游业增长及旅游目的地的海外营销，后者负责法国国民度假。此外，企业管理总局与全球化、发展与伙伴关系总局也提供相应服务。

（二）从中央到地方的三级管理体制

法国实行从中央到区域及市镇三级旅游管理体制。其中，中央旅游管理部门负责的事项包括：制定国家旅游政策；建立立法和监管框架；制定国际合作政策准则，并在相关国际组织中代表法国行使权力；促进公共和私营部门在旅游领域的合作；为各区域和地方政府旅游发展措施提供援助。在区域层面，每个地区或省都设立区域旅游委员会，负责促进旅游业发展。其职责具体包括：制定地方性法规；制定区域旅游发展中期目标；收集并分析旅游相关数据；协调该地区旅游；引导该区域内的公共部门和私人企业的旅游开发；相关信息传播和市场推广活动。在市级层面，市议会一般会成立一个地方旅游办公室，负责接待游客，提供信息，促进当地旅游业的发展。同时，根据法律许可，还可设立跨市镇办公室，以加强市镇旅游协调。

（三）跨部门协商与咨询机构

早在1910年，法国就建立了全国旅游理事会。该机构作为国务卿的咨询部门，包括了300多位来自公共部门和私人机构的利益相关者。几乎所有旅游行业协会负责人都位于其中。由于该机构多年来没有真正有效发挥作用，有人建议，其职能由2014年成立的旅游促销理事会替代。此外，20世纪90年代，法国还成立了旅游部际委员会，由23位相关部长和大臣组成。

二、法国旅游政策与发展战略重点

（一）高度重视国民休假权

法国拥有悠久的度假传统，外出度假是法国人普遍喜爱的休闲方式。法国政府大力保障其公民能平等享受休假权。

第一，制定法律保障公民休假权利。法国是世界上最先立法实施带薪年休假制度并将休假作为所有公民权利的国家之一。早在1936年，法国议会就通过法律条文，规定“法国所有员工只要在一家企业连续工作满一年时间，便可以享受15天的带薪假期”。如今，法国人每年享有30天的带薪假期。此外，法国还有很多法定假期，例如国庆节、圣诞节、元旦、“五一”劳动节、一战停战日、二战停战日等。

第二，成立专门机构负责国民休假事宜。1982年，法国政府设立了国家度假支票管理局，专门负责保障公民休假权的落实。近年来，国家度假支票管理局的职责与作用不断强化。2014年，法国全国旅游大会提出，要“拓展假日支票用途，尤其是针对私有企业工作群体，充分发挥国家度假支票管理局的使命与职能”。

第三，大力推进“社会旅游”，对特殊群体实施旅游援助。法国等欧洲国家积极推动“让所有人都休假”的理念。为此，法国政府创造性地通过“度假支票”的方式，资助低收入青年和老人外出度假。法国政府规定，“符合享受度假支票条件的老人，自己只需支付支票总价值的20%～50%，就能在两年的任意时间内，赴欧盟17万个旅游合作点度假”。此外，法国政府还积极普及推广“度假支票”的使用范围，特别关注中小企业职工。法国政府提出，“对存在旅游困难的公众进行旅游援助，并要求改善残疾人的旅游、休闲与文化娱乐环境，提高旅游援助效益”，同时鼓励慈善机构在这方面发挥积极作用。

（二）实施多元化的旅游营销

积极有效的国际旅游营销是法国旅游业取得成功的重要因素。

第一，发挥各级旅游主管部门的营销职能。法国旅游主管部门的主要职能之一就是旅游营销工作，目前法国已经形成了由国家-地区-基层（即旅游发展署-大区或省旅游委员会-旅游办公室）三级部门主导营销的格局。在国家层面，法国旅游发展署的核心工作是旅游目的地海外营销，通过设在全球33个国家和地区的分支机构与所在国家和地区的政府、旅游企业合作，代表法国主要针对国际市场进行目的地营销。在地区层面，营销也是大区旅游委员会和省旅游委员会的重要职责，其营销主要针对国内市场。各市、镇旅游部门，即旅游办公室是旅游目的地的主要营销力量，面向游客提供旅游宣传、咨询及旅游产品销售等服务。

第二，建立多形式、多层次的营销网络，实施联合营销。法国在各级政府之间、政府与企业之间、企业与企业之间建立了多层次的营销网络。在各级政府机构之间的联合营销活动中，法国政府强调发挥不同机构的作用，通过分工协作取得更好的市场效果。例如，2011年法国旅游发展署与法兰西岛大区旅游委员会、罗讷-阿尔卑斯大区委员会与科西嘉岛旅游局等机构签署营销合作协议，联合进行海外营销。在政府与企业之间的联合营销活动中，各大旅游企业（包括法国航空、雅高集团、地中海集团等）与地方各级旅游部门通力合作，积极构建与扩展营销网络与联盟，通过协同发展来扩大各自的市场份额。在旅游企业之间的联合营销活动中，针对国际性的独立咨询公司或在线游客进行旅游质量评估的相关结果，旅游经营商签署了共同提升受游客欢迎程度和服务质量的相关协议，不断提升营销效果。

第三，针对重点客源和重点区域，实施有针对性的营销战略。法国旅游部门针对重点客源市场和重点旅游目的地进行有针对性的营销活动。2012年，法国海外旅游者办公室约有9%的营销费用用于金砖国家营销，将营销重点逐渐定位于远距离游客市场和金砖国家的中产阶层。近年来，法国对于重点旅游目的地的营销力度也有所加强。例如，加大对大巴黎区、里维埃拉、罗讷-阿尔卑斯大区等三个重要旅游目的地的营销，并持续改善旅游接待条件。

（三）丰富产品类型并提升服务质量

第一，法国旅游业不断丰富产品类型，为市场提供更有吸引力、更加多元化的产品。法国政府对外推介艺术和生活、文化和历史遗迹、高尔夫旅游、海滨旅游、体验自然、高山滑雪、海外省旅游、休闲度假、休学游、商务游、工业游、残疾人旅游、宗教旅游、环保旅游、乡村游、城市游及红酒之旅等多样化、多层次的旅游产品。

第二，政府积极鼓励旅游业实现产品升级与质量提升。2009年法国出台“旅游服务业发展与现代化行动”法案，同时鼓励采用“旅游质量”标志。此外，法国政府积极实施旅游质量计划，提高旅游供给质量，由不同旅游部门专家研究提出相关提升旅游质量动议，促进不同地区旅游经营者的协调与合作，完善地区旅游供给，并共同提高旅游供给质量。

资料来源：宋瑞、王明康．各国旅游政策与发展战略系列连载（二）：法国［EB/OL］．（2018-09-06）［2023-10-11］．https://www.sohu.com/a/252286721_126204．有删减．

各个国家的社会经济发展水平不同，发展旅游经济的资源禀赋和发展旅游的目的也不尽相同，因此就形成了不同的旅游发展模式和旅游经济发展战略，政府在旅游经济发展进程中的地位、作用也存在一定的差异性。本章将就我国的旅游经济发展模式和战略、我国旅游经济发展中的行业管理及政府主导问题加以介绍。

第一节　旅游经济发展模式与战略

一、旅游经济发展模式

（一）旅游经济发展模式的类型及分析

旅游经济发展模式是指一个国家或地区在一个特定时期内旅游产业发展的总体方式。

不同的国家和地区因为地理位置的不同、经济发展程度的高低、资源禀赋的差异和文化背景、社会制度等方面的不同，其旅游经济发展模式也不可能完全相同。从旅游产生、发展的角度来看，大体可以将旅游经济发展模式分为两种基本类型：发达国家旅游经济发展模式和发展中国家旅游经济发展模式。在这两个基本类型的基础上，还可以根据不同标准，从不同角度对旅游产业发展模式进行再分析，以形成若干种更细化的模式变形。

1. 超前型发展模式和滞后型发展模式

根据旅游经济发展与国民经济的总体关系划分，旅游经济有超前型和滞后型两种发展模式。

（1）超前型发展模式是指旅游经济发展超越国民经济总体发展阶段，通过发展旅游业来引发相关产业的发展，进而推动国家或地区经济发展的一种模式。一般来说，采用超前型发展模式的国家或地区都拥有较多高品位的旅游吸引物，这些旅游吸引物的吸引力极大，使得旅游者愿意承受诸如交通不便、住宿条件差等因素带来的不便而前往该国（地区）旅游；这些国家和地区大多具有巨大的发展潜力，使得外部资金（包括国内其他地区的资金和国际资金）愿意进来投资建造旅游接待设施和服务设施，形成相应的旅游接待能力，以旅游带动国家或地区经济发展。当然，如果从国家范围看，这种超前型发展模式将可能首先在这些国家的经济基础较好的城市或地区开始实施，因为相对而言，这些城市或地区的基础设施更完善，更容易满足旅游接待要求，易形成较为完整的旅游服务和接待能力。

（2）相对于超前型发展模式，滞后型发展模式是旅游业发展滞后于国民经济总体发展水平，即在国民经济发展到一定阶段后，旅游业自然而然成长起来的一种发展模式。其形成原因有二：一是随着经济的发展，人们的收入水平提高了，自然而然产生了旅游需求；二是社会上也具备了满足这种需求的供给基础。滞后型发展模式主要是经济发达国家采用的发展模式，其主要特点是，旅游供给是为满足本国居民对旅游消费增长的需要而逐步形成的，反映了旅游活动是社会经济发展必然产物这一客观规律的要求。

2. 常规型发展模式和非常规型发展模式

根据旅游经济演进进程，旅游经济可以分为常规型和非常规型两种发展模式。

（1）常规型发展模式是一种先发展国内旅游，在国内旅游发展的基础上再发展入境旅游，并随着国民出游能力的提高而发展本国国民出境旅游，最终形成国内旅游、入境旅游和出境旅游全方位综合发展的模式。在常规型发展模式中，政府发展旅游业主要是从改善国民生活质量、增加社会就业以及维持社会稳定等社会效益方面考虑。由于这是一种自然演进的发展模式，因此相对而言可以充分利用成熟的基础设施，专门为发展旅游经济而进行的投资较少，旅游业的投入产出率较高。

常规型发展模式的阶段特点如表 7－1 所示。

表 7-1　常规型发展模式的阶段特点

阶段	第一阶段（人均 GDP<1 000 美元）	第二阶段（人均 GDP 1 000～2 000 美元）	第三阶段（人均 GDP>2 000 美元）
国内旅游	发展	发展	发展
入境旅游	不发展	发展或不发展	发展
出境旅游	不发展	发展或不发展	发展

资料来源：杜江，戴斌．旅行社管理比较研究［M］．北京：旅游教育出版社，2000：96.

（2）非常规型发展模式是一种先发展国际入境旅游，通过发展国际入境旅游来获取外汇，逐步建立起旅游接待体系，并随着本国社会经济的发展，逐步发展国内旅游，再发展出境旅游，最终形成完整的旅游产业体系的模式。在这种发展模式中，政府发展旅游业的主要目的就是赚取国民经济建设所需的外汇，并利用旅游经济的综合性特点来全面带动国民经济相关产业的发展。但由于基础条件较差，因此需要为发展旅游进行专门投资，而且由于本国经济发展程度较低，往往需要从国外进口相应的设施、设备甚至人力资源，从而降低了旅游业的投入产出率，在旅游发展初期往往表现出“高投入、低增长、低收益”的特点，与发达国家常规型发展模式表现出来的“投入少、见效快、效益高”的特点差距较大。

3. 市场主导型发展模式和政府主导型发展模式

根据旅游产业成长的协调机制划分，旅游经济有市场主导型和政府主导型两种发展模式。

（1）市场主导型发展模式是指依靠市场机制作用来推动旅游产业成长与演变的一种模式。在这种发展模式中，政府一般不对旅游产业的成长施加直接的影响，而主要由市场来自动调节旅游产业资源配置，调节旅游产业的成长过程和变动趋势。因此，这一旅游产业发展模式具有以下三个特点：第一，主要通过市场竞争的“优胜劣汰”机制来实现供求的均衡；第二，政府主要通过一定的市场参数进行调节，因此作用力是间接的；第三，产业政策对旅游经济的影响主要侧重于市场需求方面。

（2）政府主导型发展模式是指政府在旅游产业的发展过程中居于主要地位，以政府规划或者通过制定产业政策来干预旅游产业的成长与演进的一种模式。在这种模式下，市场调节只是作为一种辅助方式，主要是通过规划或旅游产业政策来规定各个历史时期的发展战略、发展目标以及实现途径和对策，从而推动旅游业的发展。该模式的实施一般需要具备两个重要前提：一是国家有干预和控制经济的历史传统，从而具有较强的社会资源调控能力；二是政府希望能够在短时期内快速推动旅游业的发展。

随着对市场和政府作用认识的深入，如今在市场主导型发展模式中会强调政府对旅游经济发展的正面作用，在政府主导型发展模式中也会强调市场的作用，两者表现出越来越多的融合。

（二）我国旅游经济发展模式

由于受到各种客观条件的限制，20 世纪 80 年代初我国刚开始发展旅游时采用了非常规型发展模式，相对于整个国民经济发展水平，旅游经济发展明显具有超前性。我国超前型旅游经济模式的具体特征如下。

1. 从旅游发展的空间结构看

由于我国的中心城市以及东南沿海地区的住宿、交通等方面的设施相对较好，离主要客源国（地区）的距离也比较近，国际入境旅游者的可进入性较好，因此，我国的旅游发展是以这些城市和地区为中心，然后慢慢地向其他地区推进，从资源的开发、设施的建设，到线路的设置、区域的划分，都是以这些旅游城市为依托来进行的。

2. 从资源的开发与产品生产组合看

由于我国的观光资源具有很强的垄断性，加上观光产品往往具有全球范围的吸引力（相应的，度假型产品的吸引力多是区域性的，纯娱乐性产品的吸引力多是地方性的），因此我国旅游发展首先是以现存的自然与人文景观为基础，然后由观光型产品为主向混合型产品结构发展。

3. 从旅游组织和旅游的运作方式看

为了将我国最好的资源以及产品作为我国旅游供给的精华提供给国际旅游市场，争取更多的国际入境旅游者，我国的旅游发展首先是以点线型产品和团队旅游为主，近几年才推出了板块型旅游产品，逐步形成以路线型产品为基础、主题型产品与特种型产品为主体的旅游产品体系。

4. 从旅游设施的建设看

由于旅游发展的对象是国际旅游者，为了符合目标市场需求，我国在旅游发展过程中，首先是以建设高等级设施为主，然后向建设中、低档设施推进，最终形成以中档旅游设施为主体，高、中、低相结合的旅游设施体系。

二、旅游经济发展战略

（一）旅游经济发展战略的概念与特征

旅游经济发展战略是在 1986 年旅游经济纳入我国国民经济总体发展计划后提出的。1987 年，我国著名经济学家孙尚清先生主持的“旅游经济发展战略研究”课题被列入国家“七五”社会科学发展规划重点课题，1990 年召开的第五次全国旅游经济理论讨论会高度评价了“旅游业需要适度超前发展”的观点。

所谓旅游经济发展战略，是指以分析旅游经济发展的各种因素与条件为基础，从关系到旅游经济发展全局的各个方面出发，制定在较长时期内旅游经济发展所要达到的目标、所要解决的重点问题以及实现上述要求所采取的各种措施的总称。从旅游经济发展战略的特征分析，它是旅游经济发展根本性、全局性和总体性的设计和谋略。从旅游经济发展战略的内容分析，它主要包括确立发展目标、发展方向、发展模式和发展措施。

从旅游经济发展战略“立足现在，纵观全局，着眼未来”的基本要求出发，我们可以对我国旅游经济发展战略调整的原因进行深入分析。

1. 旅游经济发展战略转变是我国旅游发展新基础上的新要求

我国的旅游产业经过几十年的发展，实现了由旅游资源大国向亚洲旅游大国的历史性跨越，在各个方面都取得了优异的成绩，这些成绩主要表现在以下几个方面：

（1）国内旅游市场持续高速增长。从统计数据看，2023 年上半年国内旅游总人次 23.84 亿，比 2022 年同期增加 9.29 亿，同比增长 63.9%；国内旅游收入 2.30 万亿元，比 2022 年增加 1.12 万亿元，增长 95.9%。出入境旅游稳步恢复，据中国旅游研究院《2023 年上半年出境旅游大数据报告》，尽管受到国际航线航班因素的影响，上半年出境游游客 4 037 万人次，其中短距离的出境游率先恢复，93.95%的游客集中在亚洲地区。

（2）在旅游供给方面，旅游供给能力全面增长，产业规模不断扩张。文化和旅游部统计数据显示，2022 年全国星级饭店统计管理系统中共有 7 337 家星级饭店，营收规模达到 1 177.68 亿元。截至 2022 年 7 月的统计数据显示，国家 5A 级旅游景区已达到 319 家，截至 2023 年 5 月，全国已成立了 63 家国家旅游度假区。此外，我国已经形成国家公园、生态旅游区、自然保护区、湿地公园、乡村民宿、露营基地、主题旅游区、海洋旅游、夜游休闲街区等多元丰富的旅游产品体系。

（3）在旅游产业的地位方面，旅游综合功能全面发展，经济增长点的特征日益显现，对国民经济和社会发展的贡献日趋显著。

以上三个方面表明，我国的旅游产业无论是在产业规模还是在产业功能上，都成为我国国民经济一个重要的支柱产业。旅游产业在我国的崛起改变了我国发展旅游的基础，旅游业在新的基础上寻求发展客观上就要求制定一个科学的、合理的发展战略。

2. 旅游经济发展战略转变是我国实现世界旅游强国目标的要求

我国已经成为与美国、法国、西班牙、意大利、英国等并驾齐驱的世界旅游强国（见表 7-2），已经成为世界第一的国内游和出境游国家。但在入境游方面，我们和世界旅游强国之间还有一定的差距，包括国际旅游收入、国际入境旅游的人均消费水平、旅游营销能力等方面。面对客观存在的差距，我国要在激烈竞争的国际环境中在较短的时间内从世界旅游大国成长为世界旅游强国，必须有一个长远全面的考虑，因此重新制定符合发展实际的旅游经济发展战略就显得十分重要。

表 7-2　2020—2022 年世界十大旅游国家排名

序号	2020 年	2021 年	2022 年	序号	2020 年	2021 年	2022 年
1	美国	美国	美国	6	意大利	日本（+3）	日本
2	中国	中国	中国	7	墨西哥	英国（−2）	英国
3	德国	德国	德国	8	印度	法国（−4）	法国
4	法国	墨西哥（+3）	意大利（+1）	9	日本	印度（−1）	印度
5	英国	意大利（+1）	墨西哥（−1）	10	澳大利亚	澳大利亚	西班牙（+1）

注：括弧中“+”表示名次较上年上升，“−”表示名次较上年下降。

资料来源：世界城市旅游联合会：世界旅游经济趋势报告（2022）[EB/OL]. (2022-03-07) [2024-10-14]. https://cn.wtcf.org.cn/20220307/b11199c0-4fbf-a965-15bd-4ba53da421ed.html.

资料 7-1

大力发展入境旅游

入境旅游是衡量一个国家旅游国际竞争力的重要标准，是世界旅游强国的重要标志，因此，发展入境旅游是大多数国家旅游发展长期坚持的国策，无论是经济发达国家还是经济欠发达国家皆如此。这一原则，中国也应当予以长期坚持。

从经济的角度看，入境旅游是服务贸易的重要组成部分，因为只有入境旅游才能真正使国家增加财富，出境旅游是国家财富的流出，而国内旅游作为内循环，只是财富在国家境内的转移。

从政治的角度看，入境旅游的发展有利于改善国家形象，提升国家的“软实力”。在国际形势不稳定和国际关系不正常的情况下，作为“民间外交”的入境旅游会发挥特殊的作用。中国的实践证明了这一点，中国与美国、日本以及其他国家在未建立正式外交关系之前，作为“民间外交”的入境旅游增进了国民之间的了解与友谊，促进了国家间外交关系的正常化，同样在国家关系出现困难时，也往往以入境旅游的途径加强沟通和改善。

资料来源：张广瑞．关于中国入境旅游发展的几个基本认识和建议 [EB/OL]. (2021-10-23) [2024-10-14]. https://new.qq.com/rain/a/20211023A03ORS00. 有删减．

3. 旅游经济发展战略转变是旅游经济活动的内在要求

与其他经济活动相比，旅游经济活动具有综合性和系统性的经济特点。在亚洲旅游资源大国向世界旅游大国转变过程中，旅游经济的发展可以通过产业内要素的改善来实现，而进一步的发展则需要更多地依赖产业外要素的配合。因此，旅游经济的发展不仅取决于旅游产业本身的发展，同时也受到其他相关产业发展以及社会经济环境的影响，行业间、部门间和地区间的协调与发展对旅游经济的运行具有重要的影响。

这从客观上要求有一个新的发展战略来指导我国旅游经济的发展。

（二）制定旅游经济发展战略的原则

旅游经济发展战略作为指导我国旅游经济发展目标、发展方向以及大政方针的总体规定，在其制定中必须遵循阶段性原则、城市中心原则、可持续发展原则和中国特色原则。

1. 阶段性原则

充分了解并正确认识旅游发展的规律是制定旅游经济发展战略的前提。从旅游发展规律来看，旅游发展特别是国际旅游的发展要受到社会经济环境的制约，因此，在制定特定时期的旅游经济发展战略时，必须客观分析旅游经济发展的成熟程度以及发展阶段的特点。我国的旅游经济成长大体经过了三个阶段，即非常规增长阶段、由非常规向常规过渡增长阶段、常规竞争性增长阶段。在不同的成长阶段里，旅游经济发展战略自然是不同的，在非常规增长阶段，市场的开发就如同“开闸放水”，而在竞争性增长阶段则如同“提水灌溉”。其中的区别是很明显的，前者几乎可以不做营销推广，只要打开国门就能维持旅游经济的高速增长，而后者不但要投入大量的营销费用，而且还必须进行合理的营销渠道选择、营销方案策划、营销战略安排，市场开发也从广度向深度转变，难度自然就增加了。同时，如果不顾特定发展阶段的基础条件，发展就会盲目，只追求高速度、高指标，从而给旅游产业体系以及旅游形象带来损害。

2. 城市中心原则

旅游产业的发展是与合理的旅游经济系统结构相联系的。因此，根据我国旅游产业发展的现状，优化旅游经济系统结构应围绕旅游城市来进行。旅游城市是一个地区的政治、经济和文化中心，是我国旅游产业的空间载体，一般都具有丰富的旅游资源和旅游设施，有较强的辐射带动能力。以旅游城市为中心来制定旅游经济发展战略，可以优化旅游产业结构和地区结构，促进旅游产业和旅游地区的协调发展。

3. 可持续发展原则

1994 年我国制定了《中国 21 世纪议程》，将可持续发展战略列为国家的重大发展战略之一。作为我国新的经济增长点，旅游业的发展自然也应遵循国家的规划，更何况保护环境、保护生态、走旅游产业可持续发展之路是当今世界各国面临的共同任务，也是被各国的实践所证明的一条行之有效的发展道路。

旅游的发展必须以良好的环境为基础。没有良好的环境，就不能吸引更多的旅游者，旅游的发展也就无以为继了。因此，在旅游经济发展战略的制定中，必须坚持旅游的可持续发展。旅游产业要可持续发展，就要强调经济效益、社会效益和环境效益三者统一发展，要使旅游成为改善环境、保护文物、发展经济的有力推进器，就要做到“发展旅游，环境为先”“发展旅游，保护第一”，绝不能成为“吃祖宗饭，造子孙孽”的历史罪人。只有坚持可持续发展的原则，旅游产业才有可能长期稳定地发展，才能在竞争日益激烈的旅游市场中不断前进与提高，才能真正成为“无烟工业”“朝阳产业”。不过要注意，旅游经济的可持续发展应该是由生态可持续、经济可持续与社会可持续构成的“铁三角”，缺少了其中任何一个“角”，都不能保证可持续体系的有效运转。

4. 中国特色原则

制定旅游经济发展战略必须立足国情，借鉴国际经验，坚持走有中国特色的旅游产业发展道路。坚持中国特色原则，既是我国国情的要求，同时也是世界旅游产业成长的经验总结。坚持中国特色原则主要表现在以下方面：

（1）在旅游产业发展方针上，大力发展入境旅游，规范发展出境旅游，全面提升国内旅游。

（2）在旅游投资建设上，以科学的旅游规划为指导，以旅游项目建设为核心，积极吸引外资，加大吸引民间资本进入的力度，政府做好基础设施建设，形成以民间投资和外资投资为主、政府投资为辅的有效格局。

（3）在旅游资源与旅游产品开发上，要从观光产品为主向以观光产品、商务、度假、特种旅游产品全面发展转变，积极推进产业的转型升级，大力开发具有创新性的旅游产品，结合国家文化产业发展的导向，主动开发文化和旅游相结合的文化型旅游产品，积极开发具有民族特点和地方特色的旅游项目。

（4）在旅游产业发展模式上，继续坚持以发展入境旅游为先导，最终形成以国内旅游为基础，入境旅游、国内旅游和出境旅游三位一体的旅游发展格局。

（三）旅游经济发展战略的主要内容

旅游经济发展战略的主要内容包括战略目标、战略重点、战略布局和战略措施。它们在旅游经济发展战略中的地位与作用如下。

1. 战略目标

战略目标是旅游经济发展战略的核心，是在一个较长的时期内旅游经济发展所要达到的最佳程度。我国旅游经济发展战略目标主要有以下四个方面的内容：

（1）旅游经济增长速度目标，主要包括旅游接待人次增长速度、旅游收入和旅游外汇增长速度、旅游设施增长速度等。

（2）旅游经济规模目标，主要有旅游总人数、旅游外汇总收入、旅游总收入、旅行社及饭店等旅游设施的总量、旅游就业人数等。

（3）旅游经济地位目标，具体表现为旅游经济在国民经济中的位次、在国内生产总值中的比重、在世界旅游经济中的位次等。

（4）旅游经济效益目标，包括社会效益、环境效益和经济效益三方面的内容，具体表现为战略阶段内旅游经济平均利润率、旅游结汇率、旅游设施利用率、人均旅游消费水平、旅游就业水平、旅游对社会和环境的影响程度等。

2. 战略重点

战略重点是旅游经济发展战略的一个重要内容，往往是一些涉及旅游经济发展全局以及对旅游经济发展起关键性作用的重大问题。目前，旅游交通网特别是西部交通设施的布局建设，旅游区域合作，包括旅游企业集团建设在内的产业素质提升，旅游景区深入规划与发展的旅游产业体系建设等，都属于我国现阶段旅游经济发展的战略重点。

3. 战略布局

战略布局是为实现战略目标而进行的旅游经济空间配置、结合及部署，包括生产要素的空间合理布局和旅游经济区域分布。

4. 战略措施

战略措施是为实现战略目标而采取的手段、途径和对策，包括资源和产品的开发、市场的开拓和营销、人才的培养等。

(四)“十四五”期间我国旅游经济发展目标

“十四五”期间，我国旅游业发展的主要目标是：国内旅游蓬勃发展，出入境旅游有序推进，旅游业国际影响力、竞争力明显增强，旅游强国建设取得重大进展。文化和旅游深度融合，建设一批富有文化底蕴的世界级旅游景区和度假区，打造一批文化特色鲜明的国家级旅游休闲城市和街区，红色旅游、乡村旅游等加快发展。旅游创新能力显著提升，旅游无障碍环境建设和服务进一步加强，智慧旅游特征明显，产业链现代化水平明显提高，市场主体活力显著增强，旅游业在服务国家经济社会发展、满足人民文化需求、增强人民精神力量、促进社会文明程度提升等方面的作用更加凸显。

展望2035年，旅游需求多元化、供给品质化、区域协调化、成果共享化特征更加明显，以国家文化公园、世界级旅游景区和度假区、国家级旅游休闲城市和街区、红色旅游融合发展示范区、乡村旅游重点村镇等为代表的优质旅游供给更加丰富，旅游业综合功能全面发挥，整体实力和竞争力大幅提升，基本建成世界旅游强国，为建成文化强国贡献重要力量，为基本实现社会主义现代化作出积极贡献。

在产品体系建设方面，加快旅游业供给侧结构性改革，加大优质旅游产品供给力度，激发各类旅游市场主体活力，推动“旅游+”和“+旅游”，形成多产业融合发展新局面。丰富优质产品供给，以世界遗产地、国家5A级旅游景区为基础，建设一批富有文化底蕴的世界级旅游景区和度假区；以满足本地居民休闲生活与外地游客旅游度假需要为基础，打造一批文化特色鲜明的国家级旅游休闲城市和街区；大力发展红色旅游，促进红色旅游与乡村旅游、生态旅游等业态融合，推出一批红色旅游融合发展示范区；深入挖掘、传承提升乡村优秀传统文化，推出一批全国乡村旅游重点村镇，培育一批乡村旅游集聚区，构建全方位、多层次的乡村旅游品牌体系，规范发展乡村旅游；推进自驾车、旅居车旅游，大力推进冰雪旅游发展，打造一批国家级滑雪旅游度假地和冰雪旅游基地；推动研学实践活动发展，创建一批特色鲜明的研学实践活动基地；完善邮轮游艇旅游、低空旅游等发展政策，推进海洋旅游、山地旅游、温泉旅游、避暑旅游、内河游轮旅游等业态产品发展。

《“十四五”旅游业发展规划》中专门提出：推进国家文化公园建设，把国家文化公园建设成为传承中华文明的历史文化走廊、中华民族共有精神家园、提升人民生活品质的文化和旅游体验空间。加快建设长城、大运河、长征、黄河等国家文化公园。推进以国家公园为主体的自然保护地体系建设，开展森林康养、自然教育、生态体验、户外运动，构建高品质、多样化的生态产品体系，形成自然生态系统保护的新体制新模式。

在出境旅游方面，提出：推动出境旅游目的地国家给予我国普通护照免签便利，在语言、餐饮、支付等方面为中国游客提供更高品质服务；并借助我国出境旅游市场的优势，支持有条件的国内旅游企业跟随中国游客“走出去”，构建海外旅游接待网络，加强国际化布局，参与全球竞争；加强与重点目的地国家旅游双向交流，推动中华文化传播。

第二节　行业管理与政府主导

一、旅游行业管理

（一）政府规制

由于市场并不是万能的，为了实现某种特定的目标，有时政府会运用适当的措施和手段对产业经济运行中因外部性、公共产品等原因导致的市场失灵进行治理，对市场垄断势力进行干预。这种针对产业经济进行的约束、干预就是产业规制。具体来说，产业规制是政府或社会为实现某些社会经济目标，对市场中的经济主体作出的具有法律或准法律约束力的限制、约束、规范，以及为此而采取的行动和措施。根据规制实施的主体不同，产业规制可以分为政府规制、社会规制和行业自律规制。就政府规制而言，一般的规制手段有法律（法规）规制、行政规制等。

1. 法律（法规）规制

市场经济是法治经济，因此规范市场大体是通过法律法规、政策制度和技术标准来实现的。已经于 2013 年 4 月正式发布施行的《中华人民共和国旅游法》共分十章涉及旅游者、旅游规划和促进、旅游经营、旅游服务合同、旅游安全、旅游监督管理、旅游纠纷处理、法律责任等内容。

此外，全国很多省份也出台了旅游管理条例或旅游条例。

2. 行政规制

行政规制也是政府规制的重要方面，无论是建立市场规则还是维持市场秩序，都不可能离开行政手段。关键是要改变以往那种直接干预企业经营活动的管理方式，在政企分开的基础上，用行政手段进行外部规范，规范市场无法有效调节的领域，通过保障市场的发育和完善使旅游企业具有更大的活力。审批权就是进行市场规制的一种行政手段。自 2004 年 7 月 1 日起，《中华人民共和国行政许可法》施行，国家旅游局的审批权主要包括旅行社许可证、导游从业资格证、领队人员资格审核、边境旅游项目审批、旅游发展规划审批等 14 个方面，对于原有针对星级饭店评定、旅游景区质量等级评定、旅游规划设计单位资质认定等 7 个方面的评定、审批权则交由专门的评定委员会执行。自 2014 年 8 月起，根据国务院安排，国家旅游局取消了“边境旅游项目审批”，下放“外商投资旅行社业务许可”和“旅行社经营边境游资格审批”项目至省级人民政府旅游行政主管部门。同时，“旅行社经营出境旅游业务资格审批”“外商投资旅行社业务许可”“旅行社业务经营许可证核发”等项目由工商登记前审批改为后置审批，“旅行社经营出境旅游业务资格审批”由国家旅游主管部门或者其委托的省级人民政府旅游行政主管部门实施，“外商投资旅行社业务许可”由省级人民政府旅游行政主管部门实施，“旅行社业务经营许可证核发”由省级人民政府旅游行政主管部门或者其委托的设区市级人民政府旅游行政主管部门实施。

（二）旅游行业管理内涵

1. 旅游行业管理的概念

旅游行业管理就是通过法律政策来引导市场趋势，建立市场规则，规范企业行为，协调、监督、维护市场秩序，维护旅游者的权益，树立旅游行业良好形象，为旅游经济快速、健康、持续发展创造良好的经营环境。简单来说，就是管理旅游市场、培育旅游市场机制、建立旅游市场规则、维护旅游市场秩序。

合理的旅游行业管理组织体系应该包含两个主体：一个主体是政府行业管理机关，代表国家履行行业管理职能，以法规和政策手段为主，属于调控和干预性管理；另一个主体是行业管理组织，以协调服务为手段，实行自主协调行业管理。我国目前的旅游行业协会就属于第二类主体，但是因为现有的行业协会往往是自上而下组建的，所以还具有较浓的“行政”色彩，而且在行业协会职能发挥上，也代行政府部门授予的行政权力。可见，行业管理模式的转型还需要时间。但中国旅游协会及在其指导下独立开展工作的中国旅行社协会和中国旅游饭店业协会等行业协会的组建，毕竟是旅游行业管理走向良性发展的好的开端。

从我国旅游行业管理实践来看，旅游行政主管部门虽因旅游行业管理的综合性而具有了综合部门的性质，但没有综合部门的权威；虽是一个专业经济管理部门，但又没有专业管理部门的管理体系（垂直管理体系）；虽在政府格局中作为职能部门存在，但又缺乏职能部门的管理手段。显然，这些方面所表现出的管理基础的脆弱性，给行业管理中的协调工作增加了难度。

随着旅游在国民经济中地位的提升和作用的不断显现，这种管理上的不足也在逐步改善。2018 年，国家旅游局和文化部合并，成立了新的文化和旅游部，促进了文旅融合的发展，也提升了旅游局的地位，扩大了旅游业的影响，有利于旅游产业的转型升级。

2. 旅游行业管理方式

到目前为止，旅游行业管理部门除了有旅行社审批授权外，几乎没有其他行政授权。因此，要想在行业管理中确立起行业管理部门的权威，只能靠为旅游企业服务的精神，只有把行业管理的工作做到位了，给旅游企业带去了实实在在的利益，企业才承认其权威，才会服从其管理。旅游行业管理部门的重要经验就是通过推行旅游行业的各种国家推荐标准来为企业办实事，从而有效地拓宽管理范围。

旅游行业标准已经成为行业管理的一柄利器，不仅丰富了旅游行业管理的手段，而且明显地提高了旅游行业素质。文化和旅游部成立后，对部分不再适应行业发展需要的国家和行业标准等进行了清理，如废止了 2005 年原国家旅游局颁布的《旅游景区质量等级评定管理办法》等，同时为推进文化和旅游规划工作科学化、规范化、制度化，充分发挥规划在文化和旅游发展中的重要作用，发布了《文化和旅游规划管理办法》，制定了《国家全域旅游示范区验收、认定和管理实施办法（试行）》和《国家全域旅游示范区验收标准（试行）》等一系列新的标准和行业法规规范。为扩大旅游新供给，加快休闲度假产品的开发，加大国家级旅游度假区建设力度，推动旅游业的转型升级和高质量发展，2011 年 6 月 1 日，《旅游度假区等级划分》(GB/T 26358－2010)实施。该标准有效引导各地建设了一批服务质量较高、市场较认可、人民群众较满意的旅游度假区。为了更切合行业发展趋势，国家标准《旅游度假区等级划分》(GB/T 26358－2022) 出台，对旧标准进行了修订和完善，并于 2023 年 2 月 1 日起实施。目前，我国已形成以现有国家级旅游度假区为引领、一批省级旅游度假区为支撑、各地各种不同品类度假村为依托的金字塔式发展格局。

3. 旅游行业管理内容

从目前看，旅游行业管理大致可以分为三大类：引导市场和维持市场秩序、行业服务、行业协调。其中，引导市场和维持市场秩序是基础性、主体性的，行业服务是外延性的，行业协调是主导性、发展性的。

（1）引导市场和维持市场秩序的主要内容是：第一，通过政策和经济杠杆调节市场供求关系。比如，随着旅游市场上旅行社数量的快速增长（见图 7－1），外联人数却没有显著增长，国内居民旅游对旅行社的利用率又较低，使得旅游者的增长不足以支撑旅行社数量的增长，市场供求矛盾十分突出。随着 1995 年旅行社质量保证金制度的出台，当年就吊销了 5 家一类社、104 家二类社、1 402 家三类社，有效地调节了旅游市场的供求关系，极大地提高了旅游产业的产业素质。第二，通过运用国家法规和行业性法规建立市场规则。旅游行业里的各个旅游企业的隶属关系就像马路上车辆的归属一样复杂。旅游业经过第一阶段的急剧膨胀，供求关系逐渐趋于缓和，旅游需求虽也有一定的增长，但是供给增长的速度更快，旅游供求矛盾的状况趋于严重，市场处于相对混乱的状态，行业内外对维护旅游行业秩序的呼声很高。

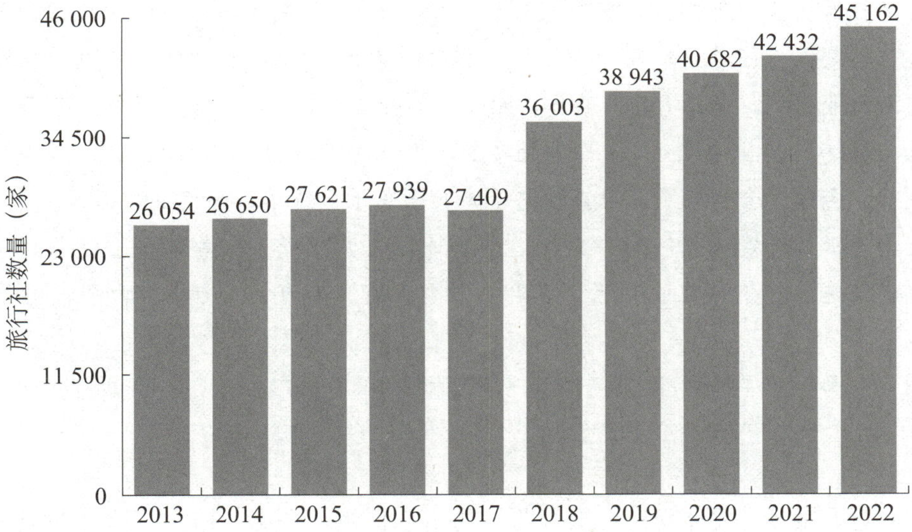

图 7－1　2013—2022 年我国旅行社数量增长情况

案例 7－1

香港地区旅游行业管理主要模式

香港地区涉旅部门主要有三个，即香港特别行政区政府旅游事务署（政府部门）、香港旅游发展局（半官方机构）和香港旅游业议会（行业组织）。

香港特别行政区政府旅游事务署作为政府部门，主要负责制定和统筹落实各项促进旅游业发展的政策、策略和计划，负责领导与协调其他政府决策局和部门，推行实施对旅游业有影响的政策和措施。事务署内设旅行代理商注册处。该处是《旅行代理商条例》的执行机构，负责发放旅行代理商牌照及履行监管旅行代理商、管理旅游业赔偿基金等职能。注册处下设的旅游业赔偿基金管理委员会，也是根据《旅行代理商条例》设立的法定组织，其职能包括持有、管理、运用及投资旅游业赔偿基金等。根据《旅行代理商条例》的规定，旅行社必须按照一定比例缴付所收取旅行团团费，作为印花征费存入议会储备基金，为参加外游旅行团的旅客提供保障。

香港旅游发展局属于政府资助机构。其主要职能是在世界各地宣传和推广香港旅游，积极提升访港旅客在港体验，就香港旅游设施的种类及质量定期向政府和其他有关机构提出建议。其管理机构共有20位成员，全部由香港特区政府委任。管理层的主要任务是根据全球旅游业的趋势及竞争对手的举措，进行广泛的市场研究和分析，并按市场环境和实际情况制定整体市场推广、业务发展及产品发展策略。总部负责制定香港地区整体旅游宣传推广的方针和策略，具体宣传推广活动主要通过其设在海外的推广机构完成。

香港旅游业议会是根据《旅行代理商条例》的规定成立，负责监管外游和入境旅行社，目标是维持旅游业的高专业水平，保障旅客和旅游从业者的双重利益。议会是香港旅游行业组织，包括8个属会和1 400多家会员旅行社。内设机构包括理事会、上诉委员会、16个专业委员会、3个小组委员会和议会办事处（常设机构）。办事处主要负责执行议会理事会的各项政策，由总干事、副总干事统率，下设9个部门。

在旅游机构设置和职能划分方面，香港地区旅游业既主张相对独立运作，又强调相互配合推进，充分体现了市场经济条件下小政府、大市场、专业化和社会化的运作方式。

资料来源：陈祎波．香港旅游管理模式对海南旅游管理体制创新的启示［EB/OL］．（2010－05－11）［2020－04－18］．http://www.cntour2.com/viewnews/2010/5/11/0511172241.htm.

（2）行业服务主要体现在组织行业性的市场促销，提高竞争力，这也构成了政府主导的重要内容。旅游管理部门的中心职能必将由初期的建设发展功能、中期的管理规范功能转为成熟期的宣传促销功能。文化和旅游部举办主题旅游年，组团参加世界上各大主要的旅游展销会，增加海外旅游办事处，等等，都体现出行业管理部门为旅游企业服务的功能。地方各级旅游行业管理部门积极组织相关的旅游企业到主要客源地开展促销会、说明会，也都是希望通过这种服务性的工作提高旅游企业的竞争力。

（3）行业协调的主要内容是以旅游行政主管部门为桥梁，加强行业的国际合作，建立国际合作体制。这是世界旅游市场竞争发展的需要。旅游市场的竞争已经不仅仅限于企业之间的竞争，而且已经上升到举国竞争的高度。在世界经济一体化和区域化发展的大趋势下，旅游的区域合作也日益重要。欧洲旅游合作委员会的成立、东盟旅游年的举办等都表明了这种趋势。过去的几年中，我国已经在旅游规划、共同开发旅游线路产品、旅游客源交流、联合促销等国际合作方面取得了一定成绩，其中包括通过国家旅游主管部门“牵线搭桥”，邀请世界旅游组织及其合作伙伴为我国四川、云南、山东、海南、贵州等省制订了旅游发展总体规划；积极参与由世界旅游组织协调的“丝绸之路”旅游项目；合作开发图们江区域、湄公河次区域等旅游。尤其是我国“一带一路”倡议提出后，旅游在“一带一路”合作方面的天然优势得以发挥，成为国际合作的先锋。但总体而言，我国旅游业在合作内容、合作范围、合作方式、合作层次等方面还需要进一步深化，国际合作前景还十分广阔。

资料 7-2

旅游合作民相亲　文化交流心相通

“旅游是不同国家、不同文化交流互鉴的重要渠道。”“文明交流互鉴，是推动人类文明进步和世界和平发展的重要动力。”党的十八大以来，在以习近平同志为核心的党中央领导下，我国文化和旅游领域的对外交流合作蓬勃发展，团结友好的“朋友圈”“伙伴群”越扩越大。十年间，我国与157个国家签订文化合作协定，建立41个双多边文旅合作机制，形成了覆盖全球的政府间合作网络。

广泛开展合作

交得其道，千里同好，固于胶漆，坚于金石。党的十八大以来，文化和旅游部推动金砖国家文化部长会议、二十国集团旅游部长会议等，多边交流合作机制以及中俄、中意等双边合作机制不断发展，与文莱、老挝、柬埔寨、马来西亚、缅甸等国家举办文化旅游年活动，与多米尼加、萨尔瓦多等新建（复）交国家开展文化和旅游交流，澜湄旅游城市合作联盟交流活动、澜湄旅游城市合作联盟大会相继在华举办……对外文化和旅游交流合作已成为中国推动构建人类命运共同体的生动注脚。

2022年是中日邦交正常化50周年、中韩建交30周年。这十年，文化和旅游部大力推进“东亚文化之都”品牌建设，深化中日韩各城市在公共文化服务体系、非遗传承保护、文化产业等方面的合作，城市间人员交流不断密切，点对点增进了各城市人民友谊。

世界上有无数条路，却没有一条像丝绸之路一样，承载着千年古史，编织着四方文明。习近平总书记2013年提出共建“一带一路”倡议以来，文化和旅游部推动成立丝绸之路国际剧院联盟、博物馆联盟、艺术节联盟、图书馆联盟、美术馆联盟，发展国内外成员单位539家，覆盖92个国家和2个国际组织，共建“一带一路”逐渐从愿景蓝图变为美好现实。截至2021年末，文化和旅游部在全球设有45家海外中国文化中心，20家驻外旅游办事处。这些海外中国文化中心和驻外旅游办事处长期致力于同驻在地文旅机构建立广泛联系、深入合作，开展了海外中国旅游文化周等一系列交流项目，已成为弘扬中华文化、推介中国旅游的重要平台。

树立美好形象

党的十八大以来，文化和旅游部持续深化与联合国教科文组织、联合国世界旅游组织的合作，推动中文成为世界旅游组织官方语言，推动国际文化和旅游规则朝着更加公平、正义、多元、开放的方向发展，发出了中国好声音，树立了中国好形象，贡献了中国智慧。

十年间，文化和旅游部不断提升对外文化和旅游活动效能，随着“相约北京”国际艺术节、“美丽中国”“发现中国之旅”等活动的深入开展，我国的旅游宣传推广不断创新。2019 年，我国入境游客 14 531 万人次，同比增长 2.9%；国际旅游收入 1 313 亿美元，同比增长 3.3%。

促进交往交融

作为我国对外文化交流覆盖面最广、参与人数最多、海外影响力最大的综合性品牌活动，“欢乐春节”已走过 13 个年头，年均在 130 余个国家举办约 2 000 场活动。

十年乘风破浪，今朝扬帆奋进。十年来，文化和旅游领域实现更高水平对外开放，全方位、多层次、宽领域的对外文化和旅游交流合作格局逐步建立。

资料来源：郭子腾．旅游合作民相亲　文化交流心相通［EB/OL］．（2022－10－14）［2024－10－13］https://www.mct.gov.cn/preview/special/xy20d/9676/202210/t20221014_936459.htm．有删改．

二、政府主导的旅游业发展

政府主导的旅游业发展是指，在以市场为基础配置资源的前提下，全面实行政府主导型旅游发展模式，以全面发动社会力量，进一步加大旅游发展的力度，加快旅游发展的速度，使旅游业为经济、社会、文化发展作出更大的贡献。政府主导的主要内容包括维护旅游市场交易秩序、提供以目的地形象建设为主的公共产品、对旅游相关企业提供创新保护、改善信息不对称以保护旅游者权益等。

（一）维护旅游市场交易秩序

我国正处于经济转轨时期。在旅游经济发展过程中，转轨时期的一个突出特点就是市场混乱，包括旅游企业进入市场资格确认和程序上的混乱、旅游企业进入动机的混乱、旅游企业竞争规则缺乏所导致的混乱、旅游企业之间竞争不公平性导致的混乱等。很多国际上著名的旅游企业集团都在加快进军中国市场的步伐，我国的旅游企业竞争已经表现出强烈的“国际竞争国内化”特征，这使得旅游产业直接面临着全球化的冲击。为了应对全球化的竞争，必须加快我国旅游产业的市场化进程，提高我国旅游产业的国际竞争力，这就需要我们发挥政府的主导作用，运用包括行政手段在内的政府规制来推动和加快旅游企业集团的构建等。因此，无论是促进旅游产业的市场发育方面，还是增强市场机制调节的基础方面，都还需要政府来进一步推动。

案例 7－2

首旅集团的重组

2004 年 4 月 17 日，三家分别来自北京旅游业、商业和餐饮业的强势企业——首都旅游集团公司、北京新燕莎控股公司和中国北京全聚德集团公司——宣布合并重组。合并后新集团的总资产达到 155 亿元，经营业务将组成一条完整的旅游产业链。参加重组的三家企业都是北京市政府国有资产授权经营的国有独资公司。合并的方式是将新燕莎控股公司和全聚德集团公司的国家所有权益 11.72 亿元资产整体划入首都旅游集团公司，增加首都旅游集团公司的国家资本金。

合并后的首都旅游集团公司仍为北京市人民政府出资的国有独资公司，北京市国资委依法履行出资人职责。合并后的首旅集团将对现有的酒店业、旅行社业、餐饮业、汽车服务业、旅游商业、会展业和景区景点业“七大板块”进行整合，酒店业将形成符合国际惯例的、高中低档次配置合理的运营体系，使首旅集团投资及管理的酒店总数超过 100 家；旅行社业将形成以北京为中心、辐射全国及海外主要客源市场的接待体系，完成旅游产业链的有机衔接；餐饮业将充分发挥多家著名老字号的餐饮品牌和200 多家连锁经营店的经营优势，组成颇具实力的餐饮集团；汽车服务业将按照规模化的发展思路，通过对首汽、友联经营资源的整合，形成拥有 8 000 多辆运营汽车的相对完善的汽车综合服务体系；旅游商业将着重突出燕莎品牌优势，开发建设高档旅游商务服务中心；会展业将充分发挥北京展览馆及酒店会展设施的资源优势，实现会展市场开发及接待服务整体效益最大化；景区景点业将以资源开发为重点，形成旅游客源地与旅游目的地的有机联系，以此促进其他相关业务的市场拓展。

此次三强联合的背景是国际资本大举进入中国旅游业，对本地产业形成了巨大压力。近几年，国际资本大举进入中国的饭店、旅行社等行业，国内尚处于小、散、弱、低状态的旅游行业感受到巨大压力。合并重组的动力是抓住北京承办奥运会的发展契机加速发展。合并后的首旅集团提出，在未来五年内实现总资产、经营规模和利润三项指标翻一番。

资料来源：张舵，孙玉波．三家强势企业合并组成北京旅游业“航空母舰”[EB/OL]．(2004－04－17) [2020－04－18]．http://news.sohu.com/2004/04/17/67/news219866775.shtml.

（二）提供以目的地形象建设为主的公共产品

我们先举一个例子：从海面上经过的船只没有为建设海上的灯塔贡献过一分钱，但是它照样能够享受灯塔照明和指引的好处，灯塔的建设者也无法阻止没有交钱的船只享受这种好处，而且这些船只享受灯塔好处的同时并不会影响别的船只享受灯塔的好处，那么，这时的灯塔就是一个公共产品。

像灯塔一样，目的地形象也是一种公共产品。我们都知道，如果一个目的地拥有良好的旅游形象，往往能招徕更多的旅游者，在这个旅游目的地内的旅游企业就可以赚更多的钱。但几乎没有一家旅游企业会为了树立目的地的良好旅游形象而独自到客源地去进行目的地整体形象的宣传促销。因为旅游者对一个目的地的旅游形象不是对某一个旅游企业或某一个景点的单独的印象，而是对整个旅游目的地的综合印象，任何一个旅游企业都不能凭一己之力建立起旅游目的地的旅游形象。退一步说，即使某个旅游企业有这个实力，它也不会这样去做，因为它耗费大量的人力、物力、财力在旅游市场建立了良好的旅游形象，其他没有这样做的旅游企业可以从良好的目的地形象中获利却不必付费，也不可能因此向这些企业收取使用费，且不能获得使用这种良好形象的优先权。既然各个旅游企业都需要这项公共产品却又都不愿供给这种产品，那目的地旅游形象的建立和整体促销活动就必须由政府出面来做了。

案例 7－3

厕所革命

旅游厕所绝对算不上是一个旅游景区或旅游区的吸引物，但厕所对于一个景区或旅游区而言，却又绝对是非常重要的“面子”工程。厕所虽小，却往往关乎游客对一个国家和民族的第一印象，体现着一个国家和地区的综合实力，也直接关系着旅游产业、旅游事业的进一步发展。我国作为年接待游客超过 37 亿人次的旅游大国，旅游厕所问题不是小事，是事关民生的大事。

“旅游要发展，厕所要革命！”建设世界旅游强国，就需要从厕所这类基础设施抓起，全面推进旅游公共服务体系建设，促进旅游发展和品质提升。为此，国家旅游主管部门推动实施了一场“厕所革命”：为加快旅游厕所的建设与改造、提高旅游厕所管理水平，国家决定用三年左右时间在全国开展旅游厕所建设管理行动，通过政策引导、资金补助、标准规范等手段持续推进，到 2017 年最终实现旅游景区、旅游线路沿线、交通集散点、旅游餐馆、旅游娱乐场所、休闲步行区等的厕所全部达到标准，并实现“数量充足、干净无味、实用免费、管理有效”的要求。

2023 年 6 月，文化和旅游部办公厅印发《关于进一步加强旅游厕所建设管理的通知》（以下简称《通知》）。《通知》提出：“巩固和深化旅游厕所革命成果，不断提升旅游厕所管理和服务水平，基本实现‘干净无味、安全方便、节能环保、环境友好’建设目标，带动旅游公共服务高质量发展。”各地要根据当地旅游厕所现有底数、旅游市场规模增长和空间流动规律等状况，科学拟定新建旅游厕所的总体数量、等级分布和空间布局以及具体落地点位；在对当地现有旅游厕所进行全面普查的基础上，通过诊断拟定出需要改建、扩建的旅游厕所数量、位置，并有针对性地提出相应的技术要求。同时要积极探索，不断创新旅游厕所建设投入、管理运营和先进技术应用等方面的新路径、新模式，积极推动旅游厕所社会化、市场化管理，探索“以商管厕、以商养厕”模式，引进专业化、集团化公司参与旅游厕所管理养护和运营。

（三）对旅游相关企业提供创新保护

在我国旅游经济实践中，对创新保护要求最强烈的是旅行社行业。现在的信息传递速度很快，因此创新旅行社开发创新出一个新产品后不久，就会有旅行社跟进模仿，而且模仿的旅行社还可以根据创新旅行社的经验，获得“生产、销售、经营什么可以获得成功”“改善哪里可以生产更好的产品”等信息以对旅游产品进行有针对性的改良，这样，模仿的旅行社不仅因为不需要支付创新开发的试错成本而具有一定的后发成本优势，而且因为进行了有针对性的改进还具有一定的产品质量优势。如此下去，创新旅行社很可能被模仿旅行社击败。

如果政府不能为这些创新旅行社提供创新保护，它们就会失去创新的动力，从而使得整个旅行社行业的长远健康发展受到影响。由于旅行社的产品使用的“原材料”（如旅游景区、饭店、旅游交通等）大多是公共物品，因此，政府显然不能采取强制措施来规定别的企业不能生产、经营包含同样景区、饭店或交通方式的产品。受市场上很多旅游领域之外的创新型企业依靠良好的创新形象获得长久发展的启发，政府应该采取对创新产品评奖等政策措施，为创新旅游企业塑造创新形象提供“帮助”。如果企业的创新形象能够很好地树立起来，那必然会影响旅游者的选择，从而为创新企业在与模仿企业竞争的过程中获取更大市场份额打下基础，企业创新的积极性就能得到很好的保护，旅游目的地就能在吸引力不断增强的条件下获得可持续发展。

（四）改善信息不对称以保护旅游者权益

旅游是一种体验品，我们在实际消费以前是不可能确切地知道该产品的全部信息的，而旅游企业却清楚地知道这个产品的实际情况，这样买卖双方就存在信息不对称现象，卖者在产品信息拥有方面处于优势地位；即使卖者在信息发布中含有欺骗性信息，买者也缺乏完备的判断能力，在购买发生尤其是进入旅游的实际消费过程后，旅游者一般不具有改变合同的能力。举个很简单的例子：当在旅游过程中旅行社增加了购物点的时候，旅游者一般无法改变它，旅游者所能做到的或许就是不在该购物点购物，但这没办法改变由于在购物点停留导致的整个可用于旅游观赏时间减少的现实，也没有办法改变因此导致的游程的非最优安排。旅行社增加购物点的行为隐藏着旅游企业欺骗旅游者的动机，使旅游者的权益受到损害。因此，政府应该对旅游相关供给企业进行相应行为规制，规范其信息发布，强制旅行社与旅游者订立相关的规范合同。

在信息不充分的情况下，成熟的旅游者会对旅游企业提供的产品通过其所感知到的价格和利益（质量）来判断价值高低。旅游者知道，市场上有高素质的企业，也有低素质的企业，两种素质的企业都向市场供给产品，这种风险中性使得潜在的旅游者会降低对市场质量的判断，只愿意支付平均价格。“一分钱一分货”，旅游者只支付平均价格会使高素质旅游企业生产的优质产品退出市场，只有质量较差的产品才会留在市场上，整个旅游市场的质量将会下降，并将进一步导致市场需求萎缩，不利于旅游经济良性持续地发展。这也需要政府出面改善信息不对称状况，一方面可以保护旅游者利益，另一方面也可以防止优秀的企业被挤出市场的事情发生，促进旅游业的健康发展。

案例 7-4

苏州“出手”保护旅游者权益

一、孙某某、苏州某国际旅行社等以不合理低价组织旅游活动侵害旅游者权益系列案

（一）案情简介

2022 年 7 月，孙某某与李某某为获取利益，协商共同组织老年人旅游活动。李某某找到苏州某国际旅行社有限公司，希望该公司与其共同组织“不合理低价”旅游活动。经协商，最终孙某某与李某某以不合理的低价招徕 57 名老年旅游者，以“零团费”的形式将旅游者交由苏州某国际旅行社有限公司组织赴青海旅游，该旅行社负责购买往返火车票、对接地接社等组织活动，与地接社商定根据旅游者购物分成比例和“人头费”后将旅游者交青海地接社接待。8 月 13 日，因在行程购物店旅游者购物未达到地接导游要求，旅游团被滞留购物店，导致旅游者与导游产生纠纷，苏州某国际旅行社取消了预订的返程车票，最终旅游者自行购买火车票陆续返苏，引起旅游者强烈反映。

（二）调查处理

孙某某、李某某未取得旅行社业务经营许可，以营利为目的，组织包价旅游活动的行为违反了《中华人民共和国旅游法》第 28 条的规定，苏州市文化广电和旅游局依据《中华人民共和国旅游法》第 95 条第 1 款的规定，给予孙某某没收违法所得 39 079 元，罚款 9.2 万元的行政处罚；给予李某某罚款 3 万元的行政处罚。

苏州某国际旅行社不收取旅游者旅游费用，并与地接社约定通过旅游者消费获取返利的行为违反了《中华人民共和国旅游法》第 35 条第 1 款之规定，苏州市文化广电和旅游局依据《中华人民共和国旅游法》第98条的规定，给予其停业整顿1个月，罚款27.57万元的行政处罚；案涉时原法定代表人韩某某，作为旅行社案涉行为发生时直接负责的主管人员，依法给予其罚款18 380元的行政处罚。

二、未征得旅游者书面同意委托其他旅行社履行包价旅游合同案

（一）案情简介

2022年2月10日，苏州市吴中区文化市场综合执法大队执法人员对大连某国际旅行社有限公司苏州分公司（下称大连某公司苏州分公司）进行检查，检查中发现一份2021年12月赴海南“8天7晚环岛游”的团队旅游合同。该合同中告知游客大连某公司苏州分公司将委托海南某旅行社履行合同，但其无法提供与海南某旅行社合作的相关材料，旅游合同中告知的海南某旅行社真实性存疑。

（二）调查处理

经查，该团实际交由浙江某旅游公司操作。大连某公司苏州分公司在未征得旅游者书面同意的情况下，委托浙江某旅游公司履行包价旅游合同。2022年6月，苏州市吴中区文化体育和旅游局对当事人责令改正，并给予3万元的罚款，责令停业整顿10天，对直接负责的主管人员和其他责任人员处2 000元罚款的行政处罚。

资料来源：郃子君．苏州市文化和旅游市场十大典型案例发布［EB/OL］．（2023－09－26）［2023－10－15］．http://www.ctnews.com.cn/scjg/content/2023-09/26/content_150005.html.

案例点评>>>>>>

日本入境旅游高速发展的奇迹究竟是如何创造的？

根据日本国际观光振兴机构（JNTO）提供的数据，2009年访日外国游客总数为679万人次。2015年，日本入境旅游发展取得了近半个世纪以来里程碑式的突破——自1970大阪世博会以来访日游客人数实现了对出国旅游人数的反超，达到1 900万人次。在此高速发展势头下，日本政府于2016年正式提出了2020年访日外国游客总数达到4 000万人次、2030年达到6 000万人次的目标。截至2018年底，访日外国游客总数已经超过了3 119万人次，10年间增长了接近5倍。

日本入境旅游高速发展的奇迹究竟是如何创造的？从政府推动发展的角度审视，为推进观光立国，日本政府构建了以入境旅游为核心的旅游发展战略体系，围绕发展入境旅游推出了放宽签证、升级免税制度、改革出入境管理机制、革新旅游管理体制等多项促进政策和改革举措。

一、坚持立法规划先行，构建发展制度保障

日本通过出台《观光立国推进基本法》，以法律形式确认了以入境旅游为重心的旅游业发展的国家战略地位，使各类改革措施做到于法有据；通过制定《观光立国推进基本计划》，明确入境旅游发展的阶段性目标和制度框架，使各类政策部署做到有的放矢；通过内阁总理大臣直接牵头、相关省厅参加的“支撑明天日本的观光愿景构想会议”等议事协调机制，强化入境旅游制度顶层设计，及时梳理发展中的新课题，推动改革事项尽快落地，协调出台部门联合政策，从而构建了覆盖法律、规划、政策三个层级，兼具战略稳定性和政策灵活性的入境旅游发展制度保障体系。

二、秉持融合发展理念，整合各类资源平台

日本政府在发展入境旅游过程中一直秉持着融合发展的理念，整合入境旅游涉及的各类自然资源、社会资源和文化资源。这一理念在以下三个方面得到集中体现：

首先，在旅游资源开发和目的地建设方面，认识到宜游目的地与宜居社会建设目标的统一性，强化了旅游观光地营造与居民社区建设的融合。

其次，在出台入境旅游促进政策方面，认识到旅游政策与地方经济创新、文化遗产传承、环境保护、乡村振兴等行业政策目标之间存在共通性和互补性，不断出台融合型政策措施。

最后，在入境旅游营销推广方面，认识到发展入境旅游与推动文化输出是相互促进、相互赋能的关系，统筹旅游促销与文创产业、饮食文化、产品制造的对外推广，进而形成国家形象对外推广综合体系。

三、完善配套政策系统，推动产业全面发展

日本政府推出的入境旅游配套政策集群表现出显著的系统化特征。

一方面，在配套政策外部实施系统化衔接，与放宽签证、出入境便利化、免税退税、航线扩充等跨行业、跨部门政策措施密切联动、综合发力，最大限度地为发展入境旅游营造有利的宏观制度环境。

另一方面，在配套政策内部进行系统化建构，从旅游资源开发、旅游产业革新、旅游公共服务三个角度开展制度设计，充分调动民间投资和市场资源，坚持需求侧刺激和供给侧改革双向推进，进而串起建设旅游目的地、整合区域旅游资源、延伸旅游产业链条、提升旅游产品竞争力、改善旅游基础设施、优化旅游公共服务等系列发展目标，形成发展入境旅游的系统政策架构。

四、改革创新监管模式，释放社会供给潜力

近年来，老龄化、少子化等诸多问题困扰下的日本社会，面对入境旅游市场突飞猛进带来的游客数量暴涨，无法及时形成充分的旅游服务供给。与此同时，移动互联技术的普遍应用在一定程度上架空了传统的旅游行政规制，出现许多监管灰色地带亟待消除。

面对行业的迅速发展和市场的巨大变革，日本政府通过修改《口译导游士法》，将口译导游的业务独占性转变为名称独占性，从注重事先许可向注重后续监管转变，并逐步建立口译导游客户评价体系等市场化调节机制，极大地优化了导游服务供给体系；通过出台《住宅宿泊事业法》，明确了民宿经营的主体、条件、规范及限制，盘活了闲置的存量社会资源，既满足了游客的个性化需求，又缓解了住宿业巨大的供需缺口。

五、注重市场分析研究，强化数据引导作用

日本在发展入境旅游过程中非常重视基础数据采集和市场分析研究，通过日本国家旅游局（JNTO）建立的出入境旅游数据库共享平台，向政府部门、市场企业、公共组织和研究机构提供各主要客源市场入境人流和消费细分数据及变化趋势分析，在制定产业政策、提供公共服务、推动产品创新和实施市场推广方面发挥智力引导作用；通过发布访日旅游研究分析报告、举办主题研讨会以及提供个别咨询服务，协助各类旅游企业和团体准确把握客源地访日旅游市场现状、政策动向和变化趋势，提高市场预判和对策实施精准度。

六、设立专业推广机构，充分调动市场资源

国家或地区层面的旅游推广往往涉及政策指引和市场逻辑之间的统筹协调，需实现公益性目标、社会化资源、市场化机制以及专业化营销等多重要素的统一。对此，日本采取的模式是设立从事入境旅游推广相关事务的独立行政法人 JNTO。

根据日本《独立行政法人通则法》等相关法律，独立行政法人的设立是为了针对特定公共事务，因其专业性及成本绩效需要，不适合政府直接实施；同时，因其公共性，不适合民间组织或商业机构实施而设立的公法人。简而言之，JNTO 的成立是为了调和入境旅游推广的公共性和商业性、政策性和专业性之间的矛盾。通过组建专业化团队和平台，围绕访日旅游推广整体规划和阶段性方针政策，最大限度地发挥市场在资源配置中的作用，进而提升旅游推广的实际效率和效果。

七、优化旅游信息服务，提升入境行程体验

在实践中，JNTO 并不单一局限于从事入境旅游对外营销推广，还致力于优化入境旅游信息服务。一方面，它着力构建多语种的访日旅游全球推广信息服务平台，提供行前旅游信息服务，旨在扩大潜在客源；另一方面，通过构建“JNTO 认定游客信息服务中心”网络，为游客提供入境后目的地旅游信息服务。

上述做法极大地满足了入境游客特别是自助游客出行需求、优化了行程体验、提升了旅游满意度。在实践中，与举办展会节庆等直接营销活动相比，完善包括旅游信息在内的旅游公共服务投入周期更长、效果显现更慢，但它却是放眼长远的铺垫性和基础性工作，其重要价值不能被忽视。

资料来源：汤治．日本入境旅游高速发展的奇迹究竟是如何创造的？［EB/OL］．（2019-07-10）［2020-04-18］．http://travel.ce.cn/gdtj/201907/10/t20190710_6829073.shtml.

评析：

旅游经济发展模式是指一个国家或地区在一个特定时期内旅游产业发展的总体方式。从与国民经济发展的总体关系看，旅游经济有超前型和滞后型两种发展模式。从演进进程看，旅游经济有常规型和非常规型两种发展模式。从协调机制看，旅游经济有市场主导型和政府主导型两种发展模式。现阶段我国实行的是政府主导型的模式，实行的是“适度超前”的经济发展战略，走的是一条非常规型发展道路。

旅游经济发展战略的主要内容包括战略目标、战略重点、战略布局和战略措施等四个问题，其中战略目标是旅游经济发展战略的核心。未来 20 年我国旅游产业发展的目标是成为世界旅游强国，为了达到这个战略目标，我国必须切实贯彻执行政府主导型旅游发展战略，通过政府在资金、政策等方面的支持，由政府来提供目的地形象建设等公共产品，通过财政拨款、政府主导、部门联动、社会参与的方式推动我国旅游业的发展。在发展过程中还必须按照不同的阶段设立不同的目标，一步一步地向前迈进，这也是“适度超前”发展的含义之一。同时，我们也要注意发扬中国特色，要在保持社会稳定和地区平衡等方面发挥作用。

政府对产业进行规制的主要目的是消除市场失灵，以建立稳定的市场秩序，推动旅游业的健康快速发展。

政府主导还要形成有效的行业管理，包括管理手段的形成、管理体系的健全、管理权威的树立、管理领域的拓展，但同时应该注意防止政府主导过程中出现腐败现象。

关键术语

旅游经济发展模式　超前型发展模式　滞后型发展模式　常规型发展模式　非常规型发展模式　市场主导型发展模式　政府主导型发展模式　旅游经济发展战略　旅游行业管理　公共产品

思考与练习

1. 旅游经济发展模式可以分为哪几种类型？各有什么特点？我国旅游业发展属于其中的哪种类型？

2. 我国旅游发展模式的特点主要有哪些？

3. 制定旅游经济发展战略的基本原则是什么？

4. 试分析我国旅游经济发展战略的主要内容。

5. 我国旅游经济发展的政府主导应体现在哪些关键领域？为什么？

第八章

旅游产业结构

导入案例

旅游产业构成和分类

一、旅游产业构成

目前国内外对旅游产业构成有许多种不同的观点和看法，可以概括为部门组成说、类型组成说和功能组成说三种。

1. 部门组成说

部门组成说是以联合国颁布的《国际标准产业分类》为依据，按照从事旅游服务的不同部门的特点，将旅游业划分为住宿接待部门、交通运输部门、旅游业务部门、游览点经营部门、旅游组织部门等五大部门。

2. 类型组成说

类型组成说是按照直接面向旅游者和间接面向旅游者范围的区别，将旅游产业划分为三类：第一类是直接面向旅游者服务并为其提供各种物质产品和服务的行业，包括饭店、餐馆、旅行社、航空公司、地面交通企业、零售商店等；第二类是间接面向旅游者并为旅游者提供服务的行业，包括食品供应商、金融业、洗衣业、旅游出版业、旅游商品制造业等；第三类是间接影响旅游并直接对前两类企业产生影响的行业，包括政府机构、规划设计单位、教育与培训机构、房地产开发商等。

3. 功能组成说

功能组成说是按照向旅游者提供旅游产品和服务的功能与程度将旅游产业划分为两个层次：第一层次是指完全向旅游者提供旅游产品和服务的部门，如旅行社、旅游住宿业、航空运输业和其他旅游服务机构；第二层次是指部分向旅游者提供产品和服务的行业，包括餐饮服务业、文化娱乐业、零售业和地面交通运输业等。

二、旅游产业分类

在《国家旅游及相关产业统计分类（2018）》中，旅游产业被分为旅游业和旅游相关产业两大部分。旅游业是指直接为旅游者提供出行、住宿、餐饮、游览、购物、娱乐等服务活动的集合；旅游相关产业是指为旅游者出行提供旅游辅助服务和政府旅游管理服务等活动的集合。这两大部分包括了旅游出行、旅游住宿、旅游餐饮、旅游游览、旅游购物、旅游娱乐、旅游综合服务、旅游辅助服务和政府旅游管理服务等 9 大类，每个大类下面又细分几个中类，比如旅游出行又分为旅游铁路运输、旅游道路运输、旅游水上运输、旅游空中运输和其他旅游出行服务等 5 个中类。每个中类下面又细分成几个小类，如旅游住宿大类下分为一般旅游住宿服务和休养旅游住宿服务两个中类，而一般旅游住宿服务则再细分为旅游饭店、一般旅馆和其他旅游住宿服务［仅包括家庭旅馆（农家旅舍）、车船住宿、露营地、房车场地、旅居全挂车营地等住宿服务］等。

资料来源：罗明义．旅游经济分析：理论、方法、案例［M］．昆明：云南大学出版社，2001：34－37；《国家旅游及相关产业统计分类（2018）》．

在不同的发展阶段，我国对旅游的功能和定义也有所不同，比如刚改革开放时，我国的旅游主要是事业部门，主要担负旅游外交的功能，后来逐渐增加旅游创汇的经济功能，如今已经发展成以让人民群众更加满意的现代服务业。从产业角度看，相对于其他传统产业，旅游业还是有其特殊性的。尽管我们在前面的分析中总是将旅游产品视为一个整体产品，但是这个整体产品是由不同的企业提供的。旅游者的一次出游活动可能需要旅行社提供的产品或服务、旅游交通企业提供的交通运输产品或服务、住宿部门（主要是饭店）提供的床位及相应的服务、旅游景区（点）提供的产品或服务等众多的单项产品或服务。显然，旅行社、饭店、交通企业、旅游景区（点）所提供的单项产品及服务之间并不存在高度替代关系，而传统的产业概念是指生产具有较高替代率产品的企业的集合。

因此，只存在旅行社、饭店、旅游景区（点）等旅游相关供给企业形成的产业，而并不存在总体意义上的旅游产业，即所谓旅游产业只是旅行社产业、饭店产业、旅游景观产业等产业组织的总称。我们下面将要展开的旅游产业结构、旅游产业的市场结构分析，以及第九章涉及的旅游产业市场行为与绩效的分析都是建立在这种基本判断的基础之上的。

第一节　旅游产业结构概述

一、旅游产业的特点

旅游产业不是物质生产部门，不像工业部门那样通过采掘天然物质资源，对原材料进行加工生产出新的产品；不像农业部门那样通过种植、养殖等生产活动为社会提供具有各种物质形态的农副产品；也不像商业部门那样通过商品的购销活动，把社会生产和消费联结起来。旅游产业具有下述几个特点。

（一）综合性

旅游产业是一个综合性很强的产业。旅游业中的各企业通过提供各种服务产品来满足旅游者需求来达到营利的目的。在现代旅游活动中，旅游者有各种不同的需求，需要众多的旅游企业来共同满足，这就需要把众多不同类型的企业有机地联系到一起，各自作为供应商向旅游者提供服务，这必然要涉及交通、住宿、饮食、金融、商业、娱乐、景观景点等一系列企业。

（二）敏感性

旅游产业的敏感性主要是指旅游产业的发展容易受到社会各个方面因素的影响，其根本性原因则在于旅游产业的服务对象——旅游需求具有敏感性。比如，1996年印度发生鼠疫使得国际旅游者无法前往，结果当年印度的旅游收入大幅下降。2001年美国的“9·11”事件、2003年我国的SARS、2008年的金融危机、2020年的COVID-19等都影响了旅游业的发展。

（三）垄断与竞争并存

某些自然景观和历史遗迹只能是某地区所独有的，如我国的万里长城、秦始皇兵马俑，埃及的金字塔，意大利的比萨斜塔，法国的埃菲尔铁塔等，凭借这些得天独厚的旅游资源进行经营的企业，它的经营就是垄断性的。但旅游吸引物又具有准公共性，任何一家企业（主要是旅行社）都不能阻止别的企业使用同一旅游吸引物。因此，旅游产业又是一个竞争激烈的产业。

二、旅游产业结构的形成

旅游产业结构是指以食、住、行、游、购、娱为核心的旅游业内部各行业间的经济技术的联系及比例关系，也就是旅游产业内部的行业结构。因此，旅游产业一般应包括旅行社业、旅游饭店业、旅游交通业、旅游景观业、旅游购物业和旅游娱乐业。

（一）旅行社业

传统上，人们把旅行社称为旅游业的“龙头”，旅行社不仅是旅游产品的设计、组合者，同时也是旅游产品的营销者，在旅游经济活动中发挥着极为重要的作用。1841年英国的托马斯·库克发起的火车禁酒之旅，以及随后成立的托马斯·库克旅行社，使得旅游活动真正演化成为大众的、市场的、专业的旅游产业。中国旅游业刚开始起步的时候，基本上就是：旅行社即旅游业，旅游业即旅行社的一种存在。改革开放后，以“国中青”（国旅、中旅和青旅）为代表的旅行社开始逐渐由外事接待转向市场化运营，这个时期旅行社的规模扩张和市场化改革为我国入境旅游的发展作出了巨大的贡献。2000年之后，大众旅游逐渐兴起，为旅行社产业的规模扩张和高速发展带来了全新机遇。如今，在定制旅游、研学旅游、老年旅游、亲子旅游等快速崛起的细分市场中，游客需要的是更专业的旅行服务。旅行社要适应旅游市场需求的变化，面对当代游客分层、分众、个性和碎片的非标准化需求，“主动出击”，深入介入和加大旅游产品研发，优化服务环节，为游客提供更专业的服务，从而在文化、科技和旅游深度融合发展的新时代站稳脚跟，迎来新的、更大的发展。

（二）旅游饭店业

旅游饭店是为旅游者提供食宿的基地，也是一个国家或地区发展旅游业必不可少的物质基础。旅游饭店数量、饭店客房数和床位数标志着旅游接待能力的大小；旅游饭店的管理水平高低、服务质量好坏、卫生状况及环境的优劣，则反映了旅游业的综合服务水准，会影响旅游者对该旅游地区的整体印象，进而影响潜在旅游者对该旅游地的选择。因此，对于任何国家或地区而言，没有发达的、高水平的旅游饭店业，就不可能有发达的旅游业，饭店业的发展规模和结构同样对旅游经济结构和发展产生着重要的影响。

1978 年，我国国际旅游业刚刚起步时，能接待国际旅游者的饭店仅 203 家，客房 3.2 万间。饭店业规模小、数量少、设备陈旧，难以满足国际旅游客源迅速增加对饭店业的要求。我国饭店业的第一个快速增长期是 20 世纪 80 年代，通过引进外资，兴建了一大批中外合资、中外合作的饭店，又利用内资陆续新建和改造了一大批饭店。20 世纪 90 年代改革开放的进一步深入掀起的经济建设热潮，也推动我国的饭店业从数量上到质量上都得到了进一步的发展。进入 21 世纪后，大众旅游兴起，旅游成为一种生活方式，市场对住宿的要求从标准化向特色化转变，从而催生了各种新型业态，经济型酒店、主题酒店、产权酒店、绿色饭店、农家乐、家庭旅馆、青年旅社、民俗客栈等多种业态逐步产生。竞争的激烈和市场需求的升级，也推动着饭店在差异化的道路上不断创新，酒店的运营业态也从单一住宿功能向“酒店+”转变，拓展多元化营收渠道，酒店＋宅度假、微度假、酒店＋乡村休闲（度假农庄、乡村度假酒店）、酒店＋多元主题（电竞酒店、各类主题文化酒店）等创新层出不穷。截至 2023 年底，非酒店类住宿设施的数量和客房分别占我国住宿业的 47.14％和 8.59％。饭店业也要适应形势，从单纯追求总量规模向追求质量效益、专业特色服务发展转变。

（三）旅游交通业

旅游业离不开交通运输，旅游消费的异地性使得旅游者必须借助一定的交通运输工具才能到达旅游目的地，交通运输业解决的就是旅游目的地的可进入性问题。一个可进入性差的旅游目的地会大大降低其整体吸引力，因为旅游者“进不来，出不去，散不开”。没有发达的交通运输业就没有发达的旅游业。为了进一步推动旅游交通建设，完善旅游交通网络，2023 年 3 月份交通运输部办公厅、文化和旅游部办公厅共同发文，提出要加快推进城乡道路客运与旅游融合发展，加密火车站、民航机场、汽车客运站等客运枢纽至重点旅游景区、旅游度假区的旅游客运直达线路，加强城市公共交通与对外客运方式的衔接，提高旅游出行便捷性。在具备条件的汽车客运站设立高铁无轨站、城市候机楼，积极推动提供“公铁通”“空巴通”等联运服务，推进跨运输方式行李直挂运输，满足旅游者“徒手旅行”需要。开通旅游景区、旅游度假区之间的道路客运线路，积极拓展“门到门”“点到点”的定制客运服务，提升跨区域特色旅游功能区的客运网络连通度。重点围绕世界级旅游景区和度假区、国家级旅游休闲城市和街区、国际乡村旅游目的地、全国乡村旅游重点村镇、全国红色旅游融合发展示范区等资源，合作开发特色旅游融合服务产品。深化推广“车票＋门票”“车票＋门票＋酒店”等一站式旅游融合服务产品，针对自由行、家庭游、团队游等提供定制化的旅游融合服务。

（四）旅游景观业

旅游景观是指对各种自然旅游资源和人文旅游资源进行开发而形成的旅游吸引物，包括各类旅游景区（点）及特种旅游活动等。具有吸引力的旅游资源是构成旅游景观业的核心内容，也是形成旅游产品的重要内容。因此，必须对旅游景观业进行统一的规划和开发建设，加强统一的宏观协调和管理，使旅游景观业的建设发展与其他部门相协调，形成合理的旅游产业结构，促进旅游经济的发展。截至2024年底，全国共有A级景区1.57万个（其中5A级景区358个）。

（五）旅游购物业

旅游购物是旅游活动的重要内容之一，也是在旅游接待规模既定的情况下提高旅游经济综合效益的重要手段。随着现代旅游经济的发展，各种旅游工艺品、纪念品、日用消费品的生产和销售正在不断发展，形成了商业、轻工业、旅游相结合的完整的产供销系统和大量的旅游商品网点，不仅促进了旅游经济的发展，也相应带动了地方民族工业、土特产品轻工业、传统手工业的发展，从而促进了地方社会经济的繁荣。国家统计局发布公告显示，2019年全国旅游及相关产业增加值为44 989亿元，其中旅游购物规模最大，增加值为14 077亿元，占全部旅游及相关产业增加值比重的31.3％。目前我国已形成了旅游工艺品、旅游纪念品、旅游日用品等产品种类齐全，旅游商品研究、生产、销售、消费等各环节基本完善，旅游免税商店、旅游购物商店等初具规模的商品购物服务体系，尤其是近年来在长三角等地区高速公路服务区中出现的特色购物消费服务场所，无论是旅游购物的场所硬件条件，还是在旅游消费的商品特色和软件服务方面，都产生了良好的社会反响，成为我国旅游购物消费的标杆。

（六）旅游娱乐业

旅游是一种以休闲为主的观光、度假及娱乐活动，因而丰富的旅游娱乐活动不仅是旅游活动的重要组成部分，也是增强旅游目的地吸引力、提高旅游经济效益的重要手段。随着现代科技进步和发展，旅游娱乐业成为丰富旅游产品内涵、增强旅游产品吸引力的重要内容，旅游娱乐业在旅游产业结构中的地位日益上升，其促进旅游经济发展的作用也在不断提高。旅游娱乐活动的开展应该以健康向上、体现民俗特色、参与性强来吸引旅游者。

近年来，为了丰富旅游者的休闲度假活动，提升旅游者的体验，加深对当地传统文化的理解，旅游演艺开始快速发展，国内出现了一批“印象”系列、“千古情”系列演艺产品，还出现了一批以《又见平遥》为代表的“又见”系列演艺产品。旅游演艺已成为游客休闲的重要选项，也是各地旅游进行文旅融合创新、弘扬地方特色文化、增加游客停留时间、提升旅游收益的重要手段。

为着力推进旅游演艺转型升级、提质增效，充分发挥旅游演艺作为文化和旅游融合发展重要载体的作用，文化和旅游部发布《文化和旅游部关于促进旅游演艺发展的指导意见》（文旅政法发〔2019〕29号），鼓励“提升创作生产水平，推进业态模式创新，鼓励发展中小型、主题性、特色类、定制类旅游演艺项目，形成多层次、多元化供给体系”。

第二节　旅游产业的市场结构

从根本上来讲，市场结构反映了市场的竞争和垄断关系。市场结构是指企业市场关系的特征和形式，主要包括：卖者（企业）之间的关系，买者（企业或消费者）之间的关系，买卖双方的关系，市场上现有的买方、卖方与正在进入或可能进入市场的买方、卖方之间的关系。

决定市场结构的因素包括多个方面，下面分别对市场集中度、产品差异化、进入和退出壁垒三个主要因素进行简单介绍。

一、市场集中度

（一）市场集中度的衡量

市场集中度是用来表示特定产业或市场中买者或卖者所具有的相对规模的指标。由于市场集中度是反映特定市场的集中程度，与市场中垄断力量的形成密切相关，因此，我们在研究旅游产业组织时将市场集中度作为考察旅游市场结构的首要因素。我们常说的市场集中度主要是指卖方市场的集中度，一般用产业中规模最大的几家企业（通常是前4家或前8家）所拥有的生产要素或营业额等数值占整个产业的比重来表示。市场集中程度高说明在产业中少数大企业具备了一定程度的垄断能力。其计算公式如下：

$$CR_n = \sum_{i=1}^{n} X_i / \sum_{i=1}^{N} X_i \tag{8-1}$$

式中：CR——市场集中度；

X_i——产业中第 i 位企业的产值、产量、销售额、销售量或资产总额等数值；

n——产业内规模最大的企业的数目，一般取 4 或 8；

N——产业内的企业的总数。

决定市场集中程度的因素有两个：一是企业规模；二是市场容量。追求利润最大化的企业会力求通过规模扩张将单位产品的生产成本和销售费用降到最低水平，规模扩大了，市场占有率提高了，企业就可以在行业市场上获得一定的垄断力量。此外，因为企业的规模往往会被视为经营者能力和成就的一种标志，所以企业的经营者出于自身利益的需要也会追求企业规模的扩张。在旅游市场容量既定的条件下，少数大企业规模越大，市场集中度就越高。

从旅游市场容量变化来看，市场容量缩小会促进市场集中度的进一步提高，因为大企业会试图通过加强兼并来争取更大的市场垄断力量，获得更多的利润。市场容量的扩大虽然可能有利于降低市场集中度，但是，在市场容量扩大时，处于更优越的竞争地位的大企业常常会率先发展，因此也会造成市场集中度上升。只有在市场容量的增长率很高且超出大企业扩张的速率时，才有可能降低市场集中度。

（二）旅行社的市场集中度

一般来说，旅行社市场集中度是通过计算旅行社的组团量或者旅游经营收入来确定的。不过，因为我国旅行社体系是适应国际入境旅游需求而建立起来的，而且在相当长的时期内，国内旅游对旅行社的利用率基本保持在 8%以下的低水平上，所以在我国一般是以旅行社在整个入境旅游接待中所占份额来确定旅行社市场集中度的。根据数据的可得性以及中国旅行社行业发展的实际情况，我们以“老三家”（国旅、中旅和青旅）为例说明旅行社行业的市场集中度。

图 8-1 中，1980—1995 年国内三大旅行社占我国旅行社市场份额的变化情况基本上反映了我国旅行社行业制度的变迁过程。在 1984 年以前，我国旅行社入境接待实行行政垄断，因此“老三家”的市场占有率达到 50%以上，在旅游业发展初期甚至接近 80%。随着经济的发展，在地方和部门的要求下，国家放弃了 1981 年重申的“地方不许搞外联”的政策，中共中央办公厅、国务院办公厅于 1984 年转发国家旅游局的《关于开创旅游工作新局面几个问题的报告》，明确指出要在外联工作上打破独家垄断思想，允许中国国际旅行社、中国旅行社、中国青年旅行社等单位展开竞争，充分利用自身优势扩大各自的活动领域和服务对象。在 1985 年旅行社实行三类分级后，所有的一类社都可以获得外联权，展开了以“放权”为内容的外联权体制改革。随着外联权的下放，三大旅行社的市场集中度进一步下降；1992 年，一类社较上年猛增 63 家，三大旅行社市场集中度进一步下降到 30%以下。中国旅行社发展现状与对策研究课题组

2002 年的研究发现，三大旅行社的市场集中度已经下降到 15%以下。

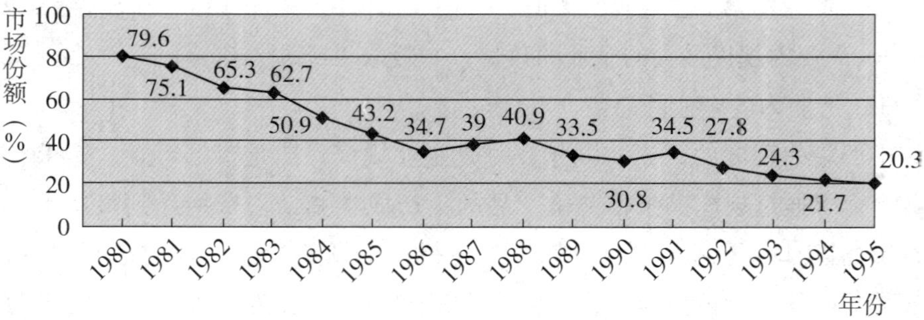

图 8-1　1980—1995 年国内三大旅行社占我国旅行社市场份额

或许正是因为这样，所以对旅行社有一种评价叫“没大没小”，旅行社行业整体素质是“散、小、弱、差”。比如，1993 年国家旅游局想搞国内旅行社百强评比，可是名单列出来后发现第 80 位以后旅行社的利润只有 5 万元，这显然称不上强，因此当年只评了 30 强。1995 年增加到 50 强，1996 年才开始公布百强国内社。需要注意的是，仅从行业市场集中度并不能完全反映其余企业的规模分布情况，需要根据具体市场情况进行具体分析。从统计数据看，我国的旅行社市场集中度还比较低，以 2017 年我国出境旅行社的市场占有率为例，市场份额最大的出境服务商众信旅游市占率也仅为 5.49%，前十大出境游旅行社市占率不足 25%（其他几家依次为凯撒旅游 3.66%、中国国旅 3.16%、广之旅 2.41%、华远国旅 1.80%、中青旅 1.72%、南湖国旅 1.05%、腾邦国际 1.61%、港中旅 0.47%），行业高度分散化，龙头实力并未得到有力凸显。

文化和旅游部统计的数据显示，我国旅行社数量从 2012 年的 2.5 万家增长至 2021 年的 4.2 万家，增加了 17 660 家，十年间旅行社数量增长了 70%。在发展的过程中，我国的旅行社也形成了“大而全”和“小而美”两条不同的道路，以“大而全”的中国旅游集团为例，作为我国旅游行业的领军者，中国旅游集团 2021 年总资产、实现营业收入、利润总额、净利润四个方面，与 2012 年相比分别增长了 175%、59%、489% 和 429%，主业集中度从不到 30%提升到 95.6%。近年来，为了扩大旅行社规模，打造更具竞争力的经营主体，大型旅行社之间的兼并和收购也从未停止：君联资本收购凤凰旅游、海航旅业控股凯撒旅行社、万达集团在多地收购旅行社等，即便是在疫情冲击下，广之旅依然逆势出击，一连并购了 4 家旅行社，体现了旅行社企业的信心与魄力。随着在线旅游的发展，未来在线与传统旅行社双向融合将成为我国旅行社产业发展趋势之一。

（三）饭店的市场集中度

饭店的市场集中度是一个特殊的问题。由于饭店产品的不可移动性，饭店的竞争具有天然的地域分割特征。饭店生产能力的固定性使得饭店不可能像工业企业一样形成辐射全国的市场势力，饭店的集团化发展对于饭店提高市场占有率具有极为重要的作用。因此，无论是国内的首都旅游集团、锦江集团还是国际上如喜来登等大型酒店集团，都在通过合资、出售或者资产置换的方式，通过高端、中端和经济型酒店的多元化纵向布局、全国化/全球化横向布局，来扩大对旅游市场的覆盖面，进而提升酒店市场的占有率。2000 年首都旅游集团以和平饭店 22.5%的权益换得雅高集团在巴黎的一家饭店 25%的权益，经过一年多的运行，客源结构及管理理念得到互相渗透，单是和平饭店的客人总数就上升了 17%，其中欧洲市场增长 20%以上。2002 年锦江集团将上海的 10 多家酒店拿到香港挂牌，寻找买主。这些动作实际上都是在试图以降低饭店的区域性市场集中度来换得集团的网络化分布与发展，进而在全球范围提升自身的知名度，扩大影响力，为今后提升市场占有率做准备。2021 年按照酒店客房数计算，中国酒店集团前五位的集中度约为 59%，前十大约为 80%，较 2020 年有所提升。

表 8-1　2022 中国前 50 家酒店集团规模

序号	集团名称	总部所在地	客房数	门店数	市场占有率
1	锦江国际集团	上海	1 043 705	10 694	22.11%
2	华住酒店集团	上海	753 216	7 830	15.96%
3	首旅如家酒店集团	北京	475 124	5 916	10.07%
4	格林酒店集团	上海	337 153	4 659	7.14%
5	东呈集团	广州	192 210	2 235	4.07%
6	尚美生活集团	青岛	191 166	3 979	4.05%
7	亚朵集团	上海	86 654	745	1.84%
8	德胧集团	杭州	78 093	466	1.65%
9	逸柏酒店集团	上海	65 287	1 024	1.38%
10	凤悦酒店及度假村	佛山	55 932	206	1.19%

数据来源：中国饭店协会.2022 中国酒店集团及品牌发展报告［R/OL］.（2022-08-29）［2023-10-12］http://www.chinahotel.org.cn/forward/findContent.do?id=4a41851c14184c9495f3aad314fc4290&childMId1=4e28ce0583794d08a63c4036d336f5cc&childMId2=&childMId3=&contentId=f969c08617bc48119c5430180ddc8b57.

二、产品差异化

（一）产品差异化对市场结构的影响

旅游产品差异化与旅游产品可替代性相对应。通过旅游产品的差异化可以降低同类旅游产品的替代程度，以便旅游者将该企业同其他生产或经营同类旅游产品的企业相区别，甚至可以使旅游者对本企业所提供的特定产品产生偏好或忠诚，并不惜为此支付更高的价格，从而帮助企业在争夺市场的竞争中占据有利的地位。可见，差异化是一种有效的非价格竞争策略。当然前提是旅游者必须能够切实地感受到这种差异，否则所有的差异化行动都是没有意义的。

产品差异化将通过影响市场集中度而影响市场结构。市场上规模较大的领导型企业通过扩大产品差异化程度，可以保持或提高企业的市场占有率，从而保持或提高市场集中度；市场上规模较小的企业则可以通过产品差异化从在位企业手中“夺取”客户，或从新增市场需求中“瓜分”更大的份额，从而降低该行业的市场集中度。

产品差异化还可以构筑市场进入壁垒，从而影响市场结构。如果市场上现有企业产品差异化水平足够高，使消费者形成了对这些企业产品的偏好或忠诚，这对于意图进入市场的新企业来说无疑构成了一定程度的进入壁垒。新进入的旅游企业必须付出更大的努力寻找新的目标市场或者争取现有企业的顾客转换品牌，这样就增加了后来企业的进入成本，从而在一定程度上维持了原有的市场结构。一旦后进入的旅游企业抢走了部分现有企业的顾客，市场结构就会发生变化，市场集中度就会下降。

为了创造产品差异，旅游企业可以采取诸如提供特殊的服务、创造不同的分销渠道、推出新颖独特的产品广告和促销活动等不同的措施；通过创立品牌实现差异化则是旅游企业最重要的方法之一。

旅游企业提供给旅游者的产品是不能试用的，质量也是不能事先确认和实际感知的，这就增加了消费者的购买风险。为了降低购买风险，旅游者会进一步进行相关信息的搜索，以确保购买行为的正确性与购买结果的合理性。在这个过程中就会产生旅游者质量确认成本。如果质量确认成本超过了旅游者预期能从购买行为中获得的收益，旅游者就会终止信息搜索，企业也就失去了一次销售机会。因此，企业要千方百计降低消费者的质量确认成本，而创立品牌就是最好的途径之一。比如，旅游者在选择旅行社时一般会选择大型的、知名度和美誉度高的旅行社，而不是小型的、不为人知的旅行社。

（二）旅行社产品的差异化

随着各地对发展旅游越来越重视，各旅游目的地可供旅行社“组装”成包价产品的“基础产品”，包括饭店与旅游景区（点）等，越来越丰富，但是有一个问题也越来越突出，即在A旅行社创造性地将目的地的某些基础产品组装成自己的包价产品的同时，它无法限制竞争对手也来利用这些基础产品（这就是基础产品的非排他性），除非这些基础产品与A旅行社存在纵向一体化关系（纵向一体化的有关分析见第九章）。基础产品的非排他性和旅游产品本身的体验性，使得旅行社产品作为“装配型产品”进行产品差异化的难度非常大。

实践经验告诉我们，除了由政府进行创新产品保护外，旅行社还可以通过信息差异化和旅行社产品的品牌化发展来实现旅游产品的差异化。

要形象地说明旅游产品品牌化与差异化战略之间的关系，在这里可以举买米的例二：我们一般不会不看价格或产地而随随便便买米，因为在我们看来米是有差别的，而米之所以有差别是因为它的质量是和产地联系在一起的。可以说，是产地使近乎同质的米的异质性极大地显化了。同样的道理，近乎同质的旅游产品的异质化就需要靠旅行社企业品牌及在此基础上的产品品牌化来体现。

信息差异化也有助于旅游产品的差异化。如果能够通过电视、报纸杂志等大众媒体或赞助及参与公益活动等非大众媒体途径制造产品信息方面的差异，将有利于本企业的旅游产品信息被潜在消费者获悉，从而增加被旅游者“选中”的机会。

（三）饭店产品的差异化

因为饭店竞争具有天然的地域分割特点，所以，当饭店产品无差异时，“以牙还牙”的价格竞争就是必然的选择。要想避免恶性价格竞争，就必须实施饭店产品差异化战略，其中首先可以考虑饭店的特色化、主题化发展，而这正是我国饭店行业发展历程中最欠缺的。

由于我国旅游经济是以“入境优先、观光切入、团队为主”的特定方式发展起来的，饭店建设自然主要是针对团队观光海外旅游者的，但是现在的市场需求结构已经发生了很大的变化，再坚持“以不变应万变”的策略显然已经不行了。饭店的多样化也是大势所趋，其中主题饭店、度假饭店、商务/会议饭店、汽车旅馆、青年旅舍等特色饭店将是市场的新宠。

资料 8－1

主题饭店的概念与表现形式

主题饭店是通过文化融合的方式，创造一个或多个文化主题，并围绕主题来营造饭店经营服务与管理氛围，提供特殊的住宿和餐饮等服务的综合体。其最大特点就是赋予饭店某种具有特色的主题，并围绕它来组织生产经营活动，营造经营服务与管理气氛，使饭店的产品、服务、环境、造型以及活动等都为主题服务，而且始终使主题成为顾客容易识别的饭店特征和产生消费行为的刺激物。

差异化是饭店产品的生命力所在。饭店产品的特征之一就是不能申请专利，不可专利化是饭店产品易被模仿和抄袭的根源，使得饭店之间的竞争常常发展到非正常竞争乃至恶性竞争的地步。如何构筑饭店产品的特点，形成产品差别，积淀产品区隔，使之不易被抄袭和模仿，成为饭店业共同的难题，而主题饭店却很好地解决了这个难题。

主题饭店通过建筑物造型、外环境、外装修、饭店的环境艺术、室内装修设计、设备设施和用品物品的造型、色彩图案、款式、设置创意、视觉效果等硬件和饭店的产品理念、服务理念、文化理念、服务程序设计、产品及业务设计、服务中心的CI设计、服务过程中的文化点缀、服装设计、语言文字设计、背景音乐设计等软件，从外形和内涵上促进品牌的形成、品牌设计差异、品牌内涵丰富、品牌推广、品牌营销、品牌保护。因此，主题饭店较之于一般的标准化饭店更易于形成企业特色，塑造企业品牌。

资料来源：郭松林，游上，谢惠娟．主题饭店发展模式的创新：上［N］．中国旅游报，2005-12-07.

饭店应该是以建筑物、内在的设施设备以及管理和服务人员的集合为依托的，主要为离开常住地的消费者提供住宿服务的组织。也就是说，饭店就是主要为离开常住地的消费者提供住宿服务整体解决方案的供应商。这个界定主要包括三层含义：（1）饭店的主要功能是提供住宿；（2）饭店的服务主体是离开常住地的消费者；（3）饭店的主要任务是提供以住宿服务为主的整体解决方案。如果能够在这样一个基本界定的基础上，对本行业被赋予的要素中哪些要素是应该取消的、哪些要素应该削减到行业标准以下、哪些要素应该提升到行业标准以上、哪些要素是从未提供过而应该由企业创造的等问题作出合理的回答，那么饭店的差异化措施也就随之产生了。在我国出现的“锦江之星”“如家”“宜必思”“速8”等经济型酒店就是围绕这几个因素实施产品差异化的典型。据中国饭店业协会发布的《2022年中国酒店集团TOP50报告》，中国经济型酒店排行榜前十分别是汉庭酒店、如家酒店、格林豪泰、7天酒店、锦江之星、城市便捷酒店、尚客优连锁酒店、云酒店、怡莱酒店和格林联盟。但从近年来的统计数据看，经济型酒店行业经历21世纪初的爆炸性增长后，近年来出现了衰退趋势：2016—2021年，全国上报文旅部的经济型酒店（一星级酒店和二星级酒店）数量持续下降。2016年为1 842家，至2022年第三季度下降至650家。这一方面是由于在居民消费升级背景下，市场空间逐渐被中高端星级酒店挤压；另一方面则是大量民宿的崛起，从低端市场抢走了不少经济型酒店的客源。

三、进入和退出壁垒

（一）进入壁垒和退出壁垒的概念

1. 进入壁垒

进入壁垒是指旅游产业在位企业对准备进入或正在进入的新企业的比较优势，或者是新企业进入旅游产业所遇到的障碍因素或限制。这种壁垒往往通过在位企业可以长久地维持一个较高的利润，但没有导致新企业的进入而反映出来。形成旅游企业市场进入壁垒的因素主要有四个：

（1）由规模经济形成的进入壁垒。新进入市场的企业只有在取得一定的市场份额后才能获得生产或销售的规模效益，而在这之前，新企业的生产和销售成本一般要高于在位企业，从而处于竞争劣势。

（2）由产品差异化形成的进入壁垒。由于在位企业通过长期的产品差异化努力已经建立起了一定的产品或品牌知名度与美誉度，因此，在保证质量的前提下，在位企业只需要通过少量的广告投入就可以维持顾客对本企业产品的忠诚度。新进入旅游市场的企业则不同，它需要制定更低的价格或者建立新的销售渠道，进行更多的宣传促销活动，才能寻找到新顾客或争取在位企业的老顾客。同时新进入的企业需要为这些措施付出更高的成本，从而面临着成本劣势。可见，已有企业的产品差别化程度越高，则新进入企业面临的进入壁垒就越高。

（3）由政策和制度形成的进入壁垒。旅游主管部门制定的出境旅游特许经营制度会对投资旅游产业构成进入壁垒。有的地方为了缓解饭店数量过剩的状况，规定一定时间内不许新建饭店，这对潜在的进入者无疑是一道几乎无法逾越的高壁垒。

（4）策略性阻止进入行为形成的进入壁垒。在位企业为了阻止潜在竞争对手的进入，会通过降低价格使潜在进入者觉得无利可图而放弃进入。成语故事“破釜沉舟”其实也可以理解为一个威慑对手的策略性行为。

2. 退出壁垒

退出壁垒就是企业在退出某个行业市场时所遇到的阻碍。研究退出壁垒之所以很有必要，是因为市场退出壁垒的高低也会影响企业进入市场的决策。如果企业退出行业的成本较高，则企业进入市场的动机就会削弱；如果企业退出该行业市场的成本很低，则企业可以迅速退出，实施所谓的“打一枪换一个地方”的策略。形成退出壁垒的因素主要有：

（1）资产专用性壁垒和沉没成本。企业投资的资产专用性越强，沉没成本越高，则企业退出市场的壁垒就越高。在旅游产业中，饭店行业的退出成本显然要比旅行社行业的退出成本高得多。

（2）政策法律的限制。政府为了实现一定的社会目标，经常通过制定政策和法规限制某些行业的企业从市场上退出。

（3）违约成本和信誉损失。企业退出产业将导致与相关合作伙伴签订的合同无法履行，从而导致违约成本产生，即企业必须支付违约金。若违约成本太高，企业就会慎重考虑退出的问题。另外，退出市场行为也会造成企业信誉的损失，退出往往被认为是竞争能力不足的表现，企业在一个市场的退出会影响其在另一个市场的信誉。

当然，构成进入壁垒的因素往往同构筑退出壁垒的因素紧密相关。一般来说，在进入壁垒低的情况下，退出壁垒也可能较低，则行业的竞争性就比较强；相反，进入壁垒高的话，退出壁垒也可能较高，则行业的垄断性就比较强。

（二）旅行社业的进入和退出壁垒

曾经有人戏称旅行社是“五个一”的旅游企业，即“一个人、一间房、一张桌一部电话、一台传真机”。旅行社自身的资本、技术要求低的特点，以及我国旅行社业集团化、网络化、品牌化发展远未成气候的现状使得其进入壁垒相对较低，而旅行社产品组合所需的景区等“基础产品”在使用上的公共性又进一步降低了旅行社行业的进入壁垒。在这种情况下，法律和政策壁垒就成了我国旅行社业主要的进入壁垒，实际上就是《旅行社管理条例》的政府规制和中国公民出境旅游特许经营权。在1996年发布的《旅行社管理暂行条例》中曾经规定一、二类社必须是全民所有制，三类社至少是集体所有制，这明显对非国有资本进入存在歧视。2001年修订的《旅行社管理条例》则明确规定，不允许外资旅行社涉足中国公民出境游业务。

但是这些政策性进入壁垒在近几年被逐步突破。按照我国旅游服务业在加入世界贸易组织承诺中列出的时间表，中国旅行社业在2005年12月31日之前对外资完全开放，但外资旅行社在华经营范围只限于国内游、入境游业务。2011年，出境游市场首次向外资开放，中旅途易旅游有限公司、国旅运通旅行社有限公司、交通公社新纪元国际旅行社有限公司成为第一批试点企业。2017年，上海自由贸易试验区也试点开放外商独资旅行社经营出境旅游业务。2018年11月，北京市旅游委正式向国家文旅部报送《关于申请在京外商独资旅行社经营中国公民出境游业务的请示》，2019年在北京设立的外商独资旅行社获准试点经营中国公民出境游业务（赴台湾地区除外）。可见，我国加入世界贸易组织后，旅行社业的进入壁垒逐渐降低，对旅行社管理的重点也开始转向行业管理和规范。

（三）饭店业的进入和退出壁垒

1. 饭店业的进入壁垒

从理论上分析，饭店业的进入壁垒主要有资金壁垒、管理技术壁垒、规模经济壁垒、产品差异化壁垒、策略性阻止进入壁垒。但实际上，这些壁垒并没有对潜在投资者的投资进入行为起到约束作用。具体表现为：如果饭店的管理技术必须通过“边干边学”的方式逐渐积累，那么专业化的管理技术必将成为重要壁垒，但现在管理技术可以通过人才引进等方式来实现；如果饭店的建设必须是“麻雀虽小，五脏俱全”的话，那么饭店的投资额一定偏高，大饭店的规模经济会战胜小饭店，但实际上饭店竞争的地域分割性、生产能力的固定性以及外包形式的出现都减弱了规模经济壁垒的作用；我国的饭店大部分都是根据观光团队客人需要来设计的，差异化程度低。近年来，随着主题酒店、度假酒店等的兴起，以及锦江、华住等酒店集团化的发展，酒店的进入壁垒在逐渐提升，但总体而言，饭店业的品牌化程度较低，差异化壁垒也不高。

2. 饭店业的退出壁垒

饭店理论研究普遍认为饭店业是一个高退出壁垒行业。其主要原因是：一方面，作为劳动密集型行业，若退出市场则劳动力安置成本较高，而且由于其劳动密集型特点，在社会失业问题较严峻的情况下，政府自然也会对其退出有所限制；另一方面，饭店资产专用性程度较高，不像房地产、公寓项目，在经营不景气的时候可转向做饭店，而饭店除了做饭店外很难改作其他用途，所以退出面临较高的沉没成本。

3. 过度竞争与饭店业的进入和退出

关于饭店进入研究，还有一个重要的实践问题应引起重视，那就是饭店业的过度竞争问题。所谓过度竞争，是指市场中的企业已经处于低利润率甚至负利润率状态，但生产要素和企业仍不能从行业中退出，使全行业的低利润率或负利润率的状态持续下去。在我国的旅游经济发展实践中，在饭店大量亏损的情况下，非但不能退出，反而仍有大量行为主体投资进入该行业。为什么会出现这种情况呢？原因主要在于以下五个方面：

（1）投资主体不是出于盈利动机而投资。这包括民营资本将投资饭店作为“炫耀性投资”，地方政府将投资建设饭店作为改善地方投资环境甚至扩大就业的载体，一些企业则为方便在职消费而将“个人需求产业化”建了饭店。

（2）尽管产业盈利能力在一定程度上会影响企业盈利能力，但产业盈利能力弱并不说明企业盈利能力弱。整个产业盈利能力强，就如同朝阳产业，产业内的企业相对而言盈利可能性就高；而产业盈利能力弱，就如同夕阳产业，该产业内的企业经营就困难重重。但这并不是说，产业盈利能力强则产业内的每一个企业就都能盈利，而产业整体盈利能力弱则每一个企业盈利能力都弱。在具有很强盈利能力的产业中，照样有大量企业会亏损，而在较弱盈利能力的产业中也照样有企业盈利状况良好。所以有人指出，没有什么夕阳产业，只有夕阳企业，或者更准确地说，没有什么夕阳产业，只有夕阳技术。

（3）很多投资主体进入竞争激烈的饭店市场是基于对市场的正确判断和对市场驾驭能力的自信。亏损有时也可以成为吸引新投资主体的原因，因为亏损可能是目前市场上在位饭店由于生产和管理低效率所增加的不必要成本所造成的，如果那些新投资主体认为自己在管理方面具有优势，认为自己有能力盈利，那么他就会在行业整体效益低下的情况下进入饭店业。我们可以设想，如果产权交易市场是完善的，那么这些潜在投资主体可以以购买亏损饭店的方式进入该行业。但目前我国产权交易市场存在不足，此时，新的投资主体只能以新建饭店的方式进入，从而呈现亏损状况下的持续进入现象，这进一步加剧了饭店业的竞争激烈程度。

（4）对市场需求预期的失误。是否进入饭店业的投资决策取决于投资主体对未来市场需求的预期。在我国旅游经济发展过程中，因为带薪休假制度并不完善，人们往往在某些时段集中出游，这会产生一种饭店需求旺盛的“假象”，容易造成投资主体的判断失误。

（5）尽管在饭店行业存在实际生产能力不太可能退出的事实，但这只是说企业退出饭店行业的壁垒较高。实际上，饭店还存在另外一种退出方式，那就是通过细分市场或经营领域来退出，即企业在不退出饭店市场的前提下，只要改变市场定位或经营策略，就可能有效地改善饭店的经营业绩。毕竟，我国饭店行业在总体市场过度竞争的同时，某些细分市场却是竞争不足（如青年旅馆等供给就存在竞争不足的现象）。

案例点评 >>>>>>

吉林省旅游万亿级产业攻坚行动方案（2023—2025年）（节选）

一、行动目标

到2023年年底，全省旅游业发展全面超越疫情前水平，旅游总收入达到5 000亿元，接待国内外游客超2.5亿人次，分别同比增长224%、117%；到2025年，旅游总收入达到7 200亿元，接待国内外游客达到4亿人次，年均增速均达到20%以上。入境旅游收入、接待入境游客数量年均增速分别达到190%、90%以上；过夜游客占比42%以上。力争5年内实现旅游万亿级产业目标。

（一）打造产业集群

达到万亿级产业规模时，全省形成冰雪旅游、冰雪文化、冰雪装备等冰雪产业集群，规模达到5 000亿元；形成休闲农业、农特产品、乡村民宿等乡村旅游产业集群，规模达到1 000亿元；形成森林康养、生态观光、森林运动等森林旅游产业集群，规模达到1 000亿元；形成旅游商品、文创产品等旅游购物产业集群，规模达到1 000亿元；形成消费集聚区、旅游休闲街区、文体娱乐等都市休闲产业集群，规模达到1 000亿元；形成兴边富民旅游名村名镇名城等边境旅游产业集群，规模达到500亿元；形成中老年研学、亲子研学、学生研学等研学旅游产业集群，规模达到500亿元；形成文化体验、旅游演艺、影视旅游、红色旅游等文化旅游产业集群，规模达到500亿元；形成体育赛事、体育装备等体育旅游产业集群，规模达到500亿元。

（二）推进空间集聚

达到万亿级产业规模时，全省形成3个旅游总收入超千亿元的市（州）。其中，长春力争突破5 000亿元，吉林突破2 000亿元，延边突破1 000亿元；通化、白山、长白山力争达到1 000亿元；松原、白城超过500亿元。形成长春朝阳、净月、双阳、九台、莲花山、新区、南关，吉林丰满、桦甸、永吉、蛟河，延边延吉、珲春、敦化、安图、和龙、龙井，长白山池北、池西、池南，通化集安、东昌、辉南、柳河，白山抚松、长白、临江、靖宇，松原前郭、扶余，白城大安、镇赉、通榆，四平伊通，辽源东辽，梅河口等36个百亿级县（市、区）。

（三）强化主体集成

到2025年，全省涉旅企业达到10万家（户）以上；打造25家营业收入超亿元的龙头企业，1 000家营业收入超5 000万元的骨干企业。

（四）突出产品集萃

到2025年，谋划推进200个以上重点项目，推出100条旅游精品线路，提升A级旅游景区275家、新增125家，A级旅游景区总数达到400家以上，A级乡村旅游经营单位突破1 000家；打造3个游客接待量超千万、10个超五百万、50个超百万人次的“流量担当”旅游目的地产品。

二、重点行动

（一）“冰雪丝路”创新先导区建设行动

进一步深化文化赋能，夯实市场地位，将北大湖建成亚洲单体接待规模第一的世界级滑雪度假区、长白山建成全国首个接待游客数量突破300万的冰雪景区；专班推进吉林省冰雪运动中心、延边长白山仙峰滑雪场、柳河青龙山滑雪度假综合体等重大冰雪项目建设；进一步提高冰雪渗透率，推动中小学生全员参与冰雪活动，全面实施“中小学雪假”“职工雪假”制度，冰雪渗透率超过50%；进一步延伸产业链条，出台冰雪装备制造企业培育壮大计划，引进3—5家世界知名冰雪装备制造企业；加大新材料、新技术转化应用，培育国产冰雪装备制造企业及品牌；实施数字冰雪提升工程，建成全国首批数字孪生雪场；进一步拓展对外开放平台，将吉林冰雪产业博览会升级为“冰雪丝路”国际博览会，举办“冰雪丝路”世界发展大会，构建对外开放合作“白色通道”。

（二）城乡景区化行动

以景区化标准，建设和评定一批景区城、景区镇和景区村。统筹现有涉农资金，用于乡村景区化改造提升；引导国有投资平台、社会资本采用直接投资和联合开发等方式参与景区村特色化、精品化、规模化开发建设和运营管理；有组织、有计划推动“百亿级县”乡村旅游重点村镇建设景区村镇；推进城镇中心城区、老旧厂区等旅游化改造，建设文旅主题消费集聚区；注重文化创意赋能，提升城市文化品位。

（三）森林资源转化行动

结合国家储备林等相关林业政策，采取林业、地方政府、社会资本共同参与的发展模式，依法依规推动森林旅游特色项目建设。积极筹措中央和省级林业专项资金，盘活林区闲置资产资源，以项目化、工程化方式打造和提升一批森林旅游康养业态产品。

（四）体育赛事引流行动

放大赛事流量入口，因地制宜开展特色群众体育活动，打造“一县一品”赛事体系。发展观赛旅游，引导群众性体育赛事进景区、进度假区，推动消费场景进赛场。

引进国内外知名山地运动运营品牌及赛事，完善地方基础设施配套，推动长白山打造全国山地户外运动基地和示范区。

（五）研学旅游促进行动

建立吉林省研学发展联席会议制度，出台中小学研学实践收费政策，把研学旅行纳入中小学教育教学计划，灵活安排研学旅行时间，与综合实践活动课程统筹考虑。加快建设研学实践基地、研学旅行基地等，开发评定省级研学实践精品课程和省级研学旅行精品课程，促进研学旅游发展。

（六）市场主体壮大行动

主营旅游业务的企业年营业收入首次超过10亿元、5亿元、1亿元的，分别给予一次性奖补200万元、100万元、50万元。对符合条件的新上市旅游企业分阶段或一次性给予不超过1 000万元的奖补。市值首次超过100亿元的上市旅游企业，给予一次性奖励500万元。在吉林省新设立总部或区域总部的世界500强企业中的旅游企业和全国旅游集团20强企业，按照年营业收入的5%给予一次性奖励，最高不超过500万元。加强与战略投资商、知名品牌运营商合作，加快旅游项目建设，加大建设项目补助和贷款贴息，最高奖补800万元。出台旅游中小微企业扶持办法，培育重点涉旅企业达到10万家以上。

（七）“吉大碗”行动

在全省开展“吉大碗”旅游美食评选活动，制定“吉大碗”旅游美食体验店评价和认定规范，评定一批省级“吉大碗”体验店。

（八）“吉乐购”行动

整合包装吉林特色旅游商品，建立“吉乐购”旅游商品库，定期发布“吉乐购”推介名录。与知名网商、电商等企业合作，建立“吉乐购”数字营销平台。开展游客喜爱商超评选，创建一批国家级夜间文化和旅游消费集聚区。

（九）“吉星住”行动

整合星级饭店、宾馆酒店、旅游民宿、自驾营地、露营基地等产品，出台吉林省旅游住宿评定标准。引进品牌酒店、投资商、运营商，加快旅游住宿配套升级。

（十）“引客入吉”行动

拓展入境游市场，省内旅行社自主外联入境游客，引导省内旅行社在境外（含港澳台地区）设立营销中心，扩大省外游客群体，对国际和国内旅游包机、专列等按照不同的标准进行奖励。培育“文旅超星”账号，优选新媒体平台旅游电商达人，扶持吉林文旅星主播。

（十一）交通便利化行动

推进县城区、干线公路到重点旅游景区的旅游公路建设，实现二级公路全覆盖。在全省公路沿线设置100处服务区、停车区和观景台。到2025年，全省高速公路服务区快充桩覆盖率达到100%，服务区超市等功能区域100%设置地方特色产品销售专柜。提升乡村旅游景区道路通行条件，实现A级景区硬化路全覆盖。推进客运班线公交化改造和景区直通车发展，探索在景区内设立道路客运乘降点，打造“快进慢游深体验”旅游发展新格局。长春、吉林、通化、白山、延边等滑雪度假目的地开通火车站—雪场、机场—雪场公交专线。拓展机场、车站、重点景区汽车租赁业务。

（十二）航空服务提升行动

实施“客源城市快线、重点城市直通、国际航线增量、过夜运力增长、航空基地引进、支线机场提升、航空铁路联运、航空旅游融合”八项工程。新建和龙、九台、农安3个通用机场。开发滑翔伞、跳伞、水上飞行等高端消费型航空体育产品。航线开发培育以市场行为为主，各机场所在地政府出台航线补贴管理办法，积极保障航线开发培育所需资金。

（十三）“一部手机游吉林”行动

开发“一部手机游吉林”文旅数字服务平台，集成相关领域服务，植入出行、住宿、景区、餐饮等涉旅资源信息，满足游客在手机上实现“吃住行游购娱”自助服务功能。整合省内各地文旅信息平台，推动涉旅数据共享互通。加大推广应用力度，集中在传统媒体、互联网热门平台推广，快速提升“一部手机游吉林”平台知名度和使用率，到2024年年底，打造成国内一流的文旅数字服务平台。

资料来源：吉林省旅游万亿级产业攻坚行动方案（2023—2025年）[EB/OL].（2023-10-09）[2023-11-17]. http://www.jl.gov.cn/szfzt/zcfg/swygwj/202310/t20231009_2669046.html. 有删改.

评析：

旅游产业是旅行社业、饭店业、旅游景观业等产业的总称，具有综合性、敏感性、垄断与竞争并存性等特点，习惯上我们将旅行社、旅游饭店和旅游交通称为“旅游业的三大支柱”。从大旅游的角度来看，旅游业还应该包括旅游娱乐业、旅游商品业和旅游景区（点）、旅游教育培训部门、旅游研究和设施规划部门等。

旅游产业的市场结构主要受到市场集中度、产品差异化和进出壁垒的影响。市场集中度与市场中垄断力量的形成密切相关，集中程度高说明在产业中少数大企业具备了一定程度的垄断能力。决定市场集中度的因素有两个：一是企业规模；二是市场容量。在旅游市场容量既定的条件下，少数大企业规模越大，集中度就越高。吉林省通过深入挖掘自身资源优势，结合旅游市场发展趋势，顺应旅游市场需求，提出大力发展冰雪旅游，通过建设大型冰雪旅游休闲度假区，提升冰雪旅游竞争力。对旅游景区、旅游度假区、旅游村镇、旅游住宿、旅游交通（汽车、专列、航空）、旅游购物、旅游餐饮、智慧旅游等企业和基础设施建设，积极鼓励社会资本进入，同时政府通过资金补助和政策支持等方式，扩大企业规模、完善旅游产业体系、提升吉林省在旅游市场的竞争能力。因此，对于地方政府而言，更需要对地方整个的旅游产业进行通盘考虑。

通过实施旅游产品品牌化发展战略来提高旅游产品的差异化程度，进而影响旅游产业的市场结构，使之更加合理；加大旅游产业结构调整力度，大力发展旅游交通企业，积极搞好旅游景区景点建设，调整餐饮业的分布和饮食结构，加快旅游娱乐业的发展，大力开发特色旅游商品，充分发挥旅游业对相关产业的带动和影响作用，实现旅游产业的合理化发展。

关键术语

旅游产业结构　旅游产业市场结构　市场集中度　产品差异化　进入壁垒　退出壁垒

思考与练习

1. 试述市场集中度、产品差异化、进入壁垒和退出壁垒对旅游产业市场结构的影响。

2. 试分析旅行社产品差异化的特殊性及产品差异化的实现路径。

3. 搜集相关资料，试分析锦江之星是如何成功实施产品差异化经营的。

4. 案例分析题。阅读下面的案例，并回答问题。

旅游产业投资资金

2017 年 5 月 19 日，随着中国旅游产业基金以及中国旅游产业基金管理有限公司宣布正式成立，一只总规模设定为 300 亿～500 亿元，首期规模为 100 亿元的国字号基金面世。中国旅游产业基金的发起人是中国旅游集团公司，基金采用有限合伙制运作。该基金及其管理公司均冠以“中国”字样，这在我国旅游产业基金领域尚属首例。

据介绍，中国旅游产业基金将紧跟国家旅游发展战略热点，引领行业升级，并将关注“食、住、行、游、购、娱”等旅游相关元素，以及“商、养、学、闲、情、奇”等符合消费转型趋势的新要素，积极拓展“旅游+”业态等创新领域，打造文化旅游产业集群和产业生态系统。

近年来，随着旅游产业投融资需求的不断增加，全国各省（自治区、直辖市）设立旅游产业基金的消息频出，湖北、重庆、云南、四川、江西、山东、广东等先后设立了 20 亿元以上的旅游产业投资基金，并撬动了大量社会资本，助推旅游业转型升级。

中国旅游集团公司

2016 年 6 月，中国国旅集团整体并入中国港中旅集团公司并正式更名为“中国旅游集团公司”。中国旅游集团公司构建了以旅行服务、旅游投资和运营、旅游零售为三大核心业务，以旅游金融、酒店运营为特色业务，以邮轮为代表的战略创新孵化业务的旅游产业布局，业务网络遍布国内、港澳和海外28个国家和地区，汇聚了中国港中旅、中国国旅、中国中旅、中国免税、中国旅贸、中国招商旅游等众多国内知名旅游央企和文化旅游品牌，是目前中国最大的旅游央企。

中国旅游集团公司的旅行服务事业群以旅行社为龙头，包括消费旅行服务、签证及证件服务、差旅和商旅会展服务等，是集团的基础业务。中国旅行社总社、中国国际旅行社总社和香港中国旅行社在国内外拥有近3 000家经营网点，旗下多家旅行社连续多年进入“年度全国百强旅行社”；与外交部签证服务公司合作，在海外多个国家和地区运营海外签证中心，年受理签证申请200多万件；受公安部委托，在香港地区唯一指定办理“香港居民来往内地通行证”和“台湾居民来往大陆通行证”，在香港建有证件服务中心，拓展办理“非深圳户籍常住居民香港游”、各国签证代办，以及粤港两地车牌年审代办等13类证件服务；打造在线旅游平台——芒果网，积极拓展“旅游+互联网”的新模式。

资料来源：中国首个国字号旅游产业基金成立，首期规模100亿元［EB/OL］.（2017-05-20）［2020-04-18］. http://travel.cnr.cn/list/20170520/t20170520_523764530.shtml；中国旅游集团网站．有改编．

问题：

试根据以上材料，从产业进入壁垒的角度，分析成立旅游产业投资基金、合并组建中国旅游集团公司的背景和必要性。

第九章

旅游产业市场行为

导入案例

国内部分酒店的常旅客计划

一、华住会

华住会是华住集团旗下的酒店会员计划，官方宣称在 1 268 个城市拥有 6 358 家酒店，有超过 1 亿会员。

华住集团和雅高战略合作，交叉持股，所以雅高在国内的部分酒店是由华住经营的，同时，华住和雅高的会员积分是可以相互兑换的。

华住旗下值得关注的酒店品牌有全季、汉庭优佳、桔子酒店、星程、宜必思尚品、CitiGO、桔子水晶、美居、漫心和美仑这种分布较广、消费亲民的酒店品牌。

华住旗下最为大家熟知的汉庭酒店在华住集团的定位是经济型酒店。

华住会的权益很简单，就是房价折扣和延迟退房，高级会员有提前入住和房型升级的权益。

二、锦江会员

锦江会员是锦江旗下的酒店会员计划，锦江有近 1.6 亿会员，超过 40 个酒店品牌。其中值得关注的酒店品牌有锦江之星、康铂、丽枫、希岸、维也纳、7 天和希尔顿欢朋这类覆盖较广、消费亲民的酒店品牌。

锦江会员的权益比华住会要丰富一些，包括免费早餐、餐饮折扣、房费折扣、积分加速、延迟退房和房型升级等，不同品牌酒店的权益可能会有差异。

三、家宾会

家宾会是首旅如家旗下的酒店会员计划，官方宣传在超过 380 个城市有超过 3 800 家酒店，有接近 20 个酒店品牌。

值得关注的酒店品牌有和颐、如家（限如家精选/如家商旅）这两个覆盖较广的酒店品牌。

和锦江会员差不多，家宾会也有免费早餐、餐饮折扣、房费折扣、积分加速、延迟退房和房型升级等权益，不同品牌酒店享受的权益可能有差异。

四、亚朵会员

亚朵会员是亚朵酒店的会员计划，亚朵酒店目前在 172 个城市开业运营 542 家酒店。

亚朵会员值得关注的权益是房费折扣和延迟退房，此外也有房型升级、早餐券和借阅服务之类的权益。

五、花筑旅行会员

花筑旅行会员是携程旗下花筑旅行的会员计划，值得关注的是其分布较广，不局限于酒店，还包括很多民宿。

从官网上看，花筑旅行会员的权益较为丰富，包括房费折扣、延迟退房、生日礼遇等，在有些酒店还有免费早餐和客房升级权益。

六、开元商祺会

开元商祺会是开元酒店集团的会员计划，开元酒店在全国120多个城市管理超过520家酒店，覆盖城市主要集中在北京、上海、浙江、江苏和安徽。

会员权益也主要是房费折扣、延迟退房和客房升级，其他的欢迎礼之类的权益也有。

资料来源：穷人的旅行——有哪些值得关注的酒店会员计划？[EB/OL].（2020-08-27）[2024-10-16]. https://post.smzdm.com/p/alp62dkg/.有删减.

最早的常旅客计划是1979年得克萨斯航空开创的航空常旅客计划，因此我们比较熟悉的常旅客计划也主要是航空常旅客计划，如国内的国航、南航、东航等的常旅客计划，旅客通过购买机票增加里程积分，里程积分可以换取机票或者其他商品，同时可以提升会员等级，不同的会员等级有相应的会员待遇，如机场贵宾室休息和免费餐饮等。后来饭店业为了培养客人的忠诚度，也开始引进此项活动。随着国民旅游的发展，一些大的连锁型酒店集团也开展了酒店常旅客计划，这些促销行为不仅为其赢得了大量的顾客，同时也在一定程度上培养了大量的忠诚顾客，这些顾客的存在使得这些饭店能够在竞争激烈的世界饭店业中占据一席之地，并成为这一行业中的佼佼者。当然，促销仅仅是这些企业采取的市场行为中的一种。旅游企业的市场行为还包括企业的定价行为、企业一体化行为等，这些行为对企业的经营绩效产生了重要的影响，而众多旅游企业的经营绩效就组成了整个旅游产业的市场绩效。

旅游产业市场行为就是指旅游企业为实现其经营目标而根据市场环境情况采取相应行动的行为，表现为旅游企业定价行为、以提高旅游市场占有率为主要目的的旅游企业促销行为、以产权变动和资本重组为主要途径的企业一体化行为。

第一节　旅游企业定价与促销

一、旅游企业定价行为

旅游企业定价行为包含两层含义：首先是指企业与消费者之间的价格行为，这是企业为了获得更大利润而采取的一种价格行为，主要有成本加价法、价格歧视等；其次是企业之间的价格行为，主要目的是限制竞争对手或者将竞争对手挤出市场，主要采取限制性定价行为。限制性定价行为一般包括掠夺性定价行为和协调性定价行为，这也是我们要着重研究的定价行为。

掠夺性定价行为是旅游企业为了竞争需要而采取的一种低于经营成本的定价行为，其目的是将竞争者从自己的市场范围驱逐出去，以获得长期利润的最大化。掠夺性定价可以被看作市场上在位企业发出的威胁信号，暗示想要进入这个市场的企业，如果不想长期忍受低价造成的亏损，最好不要进入该行业。也正是因为掠夺性定价是低于成本的价格，所以发起企业也要承担亏损，直至将竞争对手赶出市场之后，才能将价格提高到可获得经济利润的水平上。这种“先亏损后盈利”的模式往往需要有较竞争对手更强的忍耐低价亏损的能力，因此仅适于大企业采用。在现实竞争中，掠夺性定价并不经常发生，更多的是通过兼并来消灭竞争对手，以免承受短期甚至长期降低价格造成的利润损失。

协调性定价行为是旅游企业之间为了限制相互之间的价格竞争而采取的一种行为，以便能够共同控制市场，获取正常或垄断利润。实际上，旅游业的协调性定价基本都缺乏完善的组织系统，也缺乏严厉有效的制裁手段，因此像“价格联盟”之类的协调性定价无法持久也就不足为奇了。对于像旅行社这样价格需求弹性较大的旅游企业，协调性定价更是无法长期维持，因为如果某家旅行社冒着被其他企业“谴责”的风险而稍微降低价格就可以吸引更多的旅游者，从而获得更多的营业收入，那么其他旅行社都会“偷偷地”降价以争夺市场份额，协调性定价也就名存实亡了。

当然，在某些情况下，行业自律价是一种不得已的选择，有时在短期内还能够获利。比如昆明的价格自律联盟。1999 年世博会后，昆明拥有正规饭店 530 多家，其中星级饭店 95 家，被形容为“酒店比米店多”，在客源不足的情况下，价格竞争非常激烈，二星级酒店团队价普遍为 60～65 元/标间·天（含双早），三星级为 70～80 元/标间·天，四星级为 110～130 元/标间·天；五星级为 120～160 元/标间·天。为此，2001 年 7 月，昆明当地 40 多家饭店作为云南省旅游业协会饭店分会的会员单位，共同通过了《星级饭店价格自律联盟实施方案》。该方案规定：从 2001 年 7 月开始，昆明各级饭店团队价格实行最低旅游价。如果发现会员单位中有任何形式的“违规行为”将受到罚款、媒体曝光、向旅游局申请降低星级等“惩罚”。此次价格联盟发起人还表示该行动得到了云南省委、省政府和昆明市的大力支持。从执行情况看，处理了 6 家不遵守价格自律联盟方案的饭店后，适当地止住了当时削价竞争的势头。但毕竟价格联盟是一种限制竞争、保护落后的行为，因此必然会降低生产效率和总福利水平，而且，在加入世界贸易组织后，这种价格联盟行为是不允许的。

遏制恶性价格竞争的根本出路是建立起完善有效的“进入-退出”机制。其实，在供给严重超过需求的时候，如果饭店产品的差异化程度不高，加之饭店产品的不可储存性和不可移动性，“千军万马过独木桥”，价格竞争就在所难免。在这个时候，采用限价措施只是权宜之计，并不能从根本上解决恶性价格竞争问题，有效的解决办法就是大规模扩大需求，或者由市场淘汰一部分生产能力，使多余的供给退出市场。另外，价格竞争也可能是由体制的原因造成的，此时只有实行政企分离、改革产权制度才能从根本上改善价格竞争状况。

二、旅游企业促销行为

在旅游市场中，旅游企业的促销行为主要表现为以广告为核心的促销行为。旅游企业促销行为之所以必要，是因为旅游产品是一种“体验性”产品，潜在的旅游者无法在购买之前接触到想要消费的产品，也无法在消费之前感知产品的质量。这时就需要通过广告等促销方式，让潜在旅游者从企业名称或品牌中“体验”产品的质量，从而使企业品牌或产品品牌成为旅游者消费选择时的替代指标（也称大拇指定律）。如同我们无法判断消费品质量时往往会看品牌或标价一样，此时旅游产品的品牌或价格就是潜在的旅游者判断质量的替代指标。

消费者可能会这么认为：企业做大量广告是要花费大量广告费用的，赚不到钱只付出成本显然不是明智的企业行为，而它要赚钱就必须卖出产品，就要有大量消费者购买，如果这些产品质量不行，不能满足消费需求，那么消费者是不会大量购买的，所以花钱做广告的产品一定差不到哪里去。

因此，当潜在消费者无法准确判断产品的优劣时，企业广告数量的多少将会被他们看作质量好坏的判断依据。广告还可以使潜在消费者对同质产品产生差异化的感受。通过充分的广告信息传递，还可以有效突出企业产品的独特性，形成企业的品牌知名度和市场美誉度，甚至改变消费者对该类产品的评价标准，从而使本企业在消费者选择环节上占有优势。因此，旅游企业的促销支出与经营收入存在密切联系，促销费用的增加会促进旅游企业销售收入的增加。

案例 9-1

不少景区开启“免费模式”激发大众旅游消费意愿

不久前，陕西华山、江西庐山、青海茶卡盐湖等景区宣布6月向全国游客免门票一个月；青岛自6月1日至年底，新增11家国有景区免门票开放；6月19日，厦门市文化和旅游局宣布即日起至8月底，8家收费国有A级景区实施免门票开放，包括鼓浪屿上主要景区……6月盛夏，是传统的旅游旺季，然而疫情的反复却让今年的旅游市场冷清了不少。为激发人们的出游意愿，促进旅游市场恢复生机，不少景区开启“免费模式”，敞开大门迎接游客到来。

景区免门票后迎来了旺盛的客流，但同时也迎来了营收、管理上更大的压力。景区免门票后应如何拓展其他营收方式？是否会带来其他方面的问题？这些都值得进一步思考。

“免票潮”来临　激发大众旅游消费意愿

华山、长白山、黄果树瀑布、张家界、鼓浪屿……暑期来临，很多知名景区给游客送上“福利”，拨动了人们出门看世界的心弦。

除了华山景区，还有很多景区推出免票、降价打折、发放旅游消费券等优惠，以及针对中高考考生、本地居民、医务工作者等特定群体的优惠。

山东青岛的崂山风景区在免票后迎来大批亲子游客，除了免门票，景区还将累计发放总价值约200万元的消费券，一类面向景区内的餐饮、住宿经营业户发放，另一类面向游客发放。

随着跨省游“熔断”机制从省级调整到县级，更精准的疫情防控措施让旅游市场恢复了一定流动性，而免票、优惠等举措也为景区带来更高的人气和更快的消费增长。

据统计，崂山景区免票首日进山预约数为4 604人次，是免门票措施实施前一天的6倍多，端午假期3天崂山风景区累计接待游客10.2万人，同比增长40.3%。庐山风景区自6月6日起实行免门票政策后，前三天接待游客5.38万人。携程平台数据显示，目前已有数千游客通过该平台的活动预约免费华山门票，6月至今，携程华山门票订单量环比增长278%，张家界国家公园0元票累计销量近4 000张，票量环比提升667%。

免门票等优惠政策不仅可以提升景区吸引力和口碑，从而帮助景区积极争取暑期市场，还可以促进景区餐饮、周边、地面交通等二次消费，为景区带来营收增长。

减少门票依赖　景区探索多元经营模式

没有了门票收入，景区如何增加营收？争取到了大量客流，如何促进游客在景区的“二次消费”？

当前，很多景区已在探索更多元的盈利点，将重点放在餐饮、娱乐、住宿、购物等要素上，带动景区内和周边配套的消费增长。近两年，夜游、网红IP等特色玩法深受年轻人欢迎，也有不少景区结合当下市场热点，推出新的特色旅游产品，打造新的露营地、度假地。例如宋城演艺公园、大唐不夜城等以各类优质演艺节目吸引观众；故宫以充满创意的文创产品“火”遍全网，文创产品收入早已超过门票收入；河南云台山不断探索转型，以攀岩、夜游、汉服节、音乐节等方式吸引年轻人，在此前的免门票活动中同样增加了收入。

长期的“门票经济”之下，景区可以“躺着”赚钱，因此对大部分景区来说简单的观光游一直是主流旅游形式，然而这早已不能满足游客日益多元化的需求。近几年，过去建立在大客流基础上的“人头费”模式难以为继。景区探求营收模式转变，成为未来发展的“必经之路”。在“去门票经济”背景下，景区加快向多元化、开放式休闲度假区转型，提高创新性营销与高质量服务的能力，也是自身迭代的大势所趋。

也有专家指出，免门票措施并不适合对门票收入依存度高的景区。景区不可情急之下“一拥而上”免门票，以免造成新的问题。可以看到，疫情倒逼景区加速探索转变“门票经济”路径，未来，景区如何增加抗风险能力显得更为重要。

资料来源：鲁元珍．我国不少景区开启“免费模式”激发大众旅游消费意愿［EB/OL］．（2022－06－26）［2024－10－09］．http://ent.people.com.cn/n1/2022/0626/c1012－32456577.html．有删减．

第二节 旅游企业的集团化和跨国经营

旅游企业的集团化就是指市场中的旅游企业可以通过横向一体化获取规模经济，通过纵向一体化决定是“购买”还是“自己生产”，通过混合一体化来避免“所有鸡蛋放在一个篮子里”所带来的经营风险。

无论采取什么样的集团化行为，企业都可以有两种途径选择：内部途径和外部途径。所谓内部途径，就是利用企业自身的资源，通过原有企业的资源积累或资金投资设立新的经营单元，使企业获得发展。所谓外部途径，主要是指通过兼并、收购或合并其他企业而扩大企业规模，形成集团化的大企业。如果新设立一个企业的成本高于并购其他企业的成本，则原有企业多数会倾向于采取并购途径，而且采取这种途径不会对市场总供给水平产生大的影响，从而既可以避免价格战，又可以降低兼并行为主体的进入壁垒，还可以有效地减少市场上的竞争对手，从而提高企业的市场占有率，增强企业的市场控制力和影响力。

一、旅游企业集团化的必要性

旅游企业在社会资本大量进入的情况下，集团化的发展趋势越来越明显，集团化已经成了企业发展扩张的必然选择。其主要原因有以下几点。

（一）集团化可以降低运营成本

旅游企业在运营过程中，有些成本会随着规模的扩张而带来边际成本的下降，比如在饭店的经营过程中，饭店的数量增加并不会大幅增加饭店的营销成本，而是随着规模和数量的扩张，相同的营销成本被更多的饭店成员所分担，因此单个饭店成员所需要承担的营销成本就下降了。

另外，随着企业的集团化发展，企业不仅具备了更强的议价能力，而且可以通过联合采购，以采购数量的增加来降低单位采购成本。

（二）集团化可以避免价格战

一个旅游区域内如果存在大量的单体旅游企业，这些企业为了争取更多的客源，除了提升服务质量外，往往会更多地选择通过降低价格来吸引游客。一味地降低价格，企业最后往往无法承担成本，而服务质量也不得不随之降低，最终受到损害的不仅是企业本身，游客也将受到“伤害”。集团化的发展，由于上面提到的运营成本的降低，可以将其中缩减下来的一部分成本让渡给游客，让游客也享受到集团化带来的成本下降的好处。另外，集团化发展可以通过提前规划，以对应市场的需求，避免供过于求，也避免了价格战带来的负面效应。

（三）集团化可以形成品牌效应

当消费者去一个陌生的餐饮企业吃饭，他可能无法预知餐饮的质量，但如果他去麦当劳或者肯德基之类的连锁餐饮店，他就会基本对餐饮质量有一个明确预期，这就是品牌的效应。旅游企业的集团化，也可以通过规模化为游客带来明确的预期，如万豪、希尔顿等饭店集团，消费者一看到这个品牌，就知道他能享受到何种服务。这种品牌的效应也会反过来为旅游企业集团带来更多的游客，对游客的辐射区域也更广。

二、旅游企业集团化的方式

在激烈的市场竞争中，旅游企业的集团化发展已经成为一种必然选择，原来那种旅行社、旅游饭店、旅游交通和旅游景区之间“泾渭分明”的格局已经被打破，相关企业之间的界限已经模糊，相互之间已经形成了融合发展。

旅游企业的集团化发展一般通过横向一体化和纵向一体化进行。

（一）横向一体化

横向一体化又称水平一体化，是指在原有经营范围内，通过兼并、联合等方式形成“多工厂”企业的行为。横向一体化的主要动机来自企业对规模经济（即企业生产规模的扩大可以降低单位产品的生产成本）的内在追求。

20 世纪 90 年代，横向一体化行为在国际旅行社业内非常活跃，旅行社业内的水平兼并风起云涌，而且有很多兼并发生在旅行社集团之间。例如，美国运通旅行社 1993 年收购瑞典 Nyman&Schults 旅行社、1995 年收购德国 West LB 旅行社、1995 年收购法国第二大旅游公司哈瓦斯（Havas）旅游集团在法国的商务旅行部、1997 年收购比利时 BBL 旅行社、1998 年进一步收购了法国哈瓦斯旅游集团的全部股份，此外，运通旅行社的兼并范围还涉及巴西、澳大利亚等多个国家。近年来，随着国内旅行社与资本结合不断深化，旅行社之间的兼并收购日益活跃，众信国旅收购竹园国旅股份、携程收购华远国旅、万达旅业一年内收购十多家旅行社的旅行社横向一体化现象屡见不鲜。

与旅行社业不同，饭店是“面广链短”的行业，基本上不存在形成垂直分工的可能，因此饭店业比旅行社业有更强的横向一体化的动机。近年来，随着我国开放程度的加大和国有企业改革的加速，原来严重影响国有饭店产权转让和地方保护主义等阻碍因素在逐步消除，大量的社会资本进入饭店行业，这也为我国本地饭店的集团化发展提供了很好的机遇和动力，也极大地提升了与国外饭店集团相抗衡的实力。

1. 资本加快进入饭店业

随着我国旅游业的快速发展，以及国家鼓励和引导社会资本进入旅游行业，社会资本通过兼并收购等方式大量进入饭店业。如2015年复星集团以9.58亿欧元收购地中海俱乐部（Club Med），快速介入饭店业，而Club Med也利用复星集团的本土优势，面对中国休闲度假市场的快速爆发，加快了在中国市场的扩张。

2. 加快向高中端品牌连锁渗透

国内的饭店集团不仅要面临着国际大型饭店集团的竞争，国内的饭店集团之间的竞争也很激烈。为提升自身的竞争力，国内饭店行业加快了中高端市场的布局。如锦江股份2017年旗下中高端酒店占所有门店数的20.5%，成为三大集团中发展最快、布局最广的企业；华住集团通过收购桔子水晶，也将旗下中高端酒店占比提升到了18%。目前国内已经基本形成锦江集团、首旅如家集团、华住集团三足鼎立的局面。

3. 国际化进程加速

跟随中国旅游者出境旅游的步伐，近年来国内资本也不断加快国际化布局，饭店类资产成为首选。2015年，港中旅（现为中国旅游集团公司）出资收购了英国第二大饭店管理公司Kew Green Hotels，将其旗下44家酒店资产全部纳入囊中，加快了港中旅的海外布局。2015年，锦江集团以13亿欧元收购了欧洲第二大酒店集团——法国卢浮酒店集团（GDL）100%股权，优化了锦江集团的国际化战略布局。在完成了与法国卢浮酒店集团、铂涛整合后，锦江也成为跻身全球酒店业前5位的中国饭店集团。

（二）纵向一体化

市场中的企业总是面临“购买”与“自己生产”的选择。选择购买（即交易）就会面临交易费用问题。从市场上购买需要和卖方签订购买合同，这就需要事先选择交易对象、进行询价和价格谈判等，这些都需要一定的费用；如果旅游批发商与饭店、景区等上游供应商相互不信任，则当事双方可能要求在合同中写入更详细的条款，从而导致谈判直接成本的增加。而旅游服务的无形性和消费的异地性使得要制定一个双方都满意的合同难度较大，需要经过多轮谈判，交易费用会进一步增加。如果交易费用过高，超过了企业自己生产的成本，换句话说，如果企业认为自己生产比从市场上购买更合算，那么企业就会选择并购相关企业来自己生产所需的产品，这样就产生了企业的纵向一体化。

所谓纵向一体化，就是指企业进入目前业务的供应阶段或使用阶段，实现在同一产品链上的延长。通过进入供应阶段实现同一产品链的延长称为后向一体化（如旅行社集团购买饭店或景区等），通过进入使用阶段实现同一产品链的延长称为前向一体化（如旅游经营商收购一些代理门市等）。由美国卡尔森旅游集团（Carlson Travel Group）和法国瓦根利特旅行公司（Wagonlit Travel Inc.）联合于1994年成立的卡尔森-瓦根利特旅行公司（Carlson Wagonlit Travels）收购了Regent International Hotels、Country Inns & Suites、Radisson Hotels、Friday's Hospitality、Radisson Seven Seas Cruises等，建立了庞大的纵向一体化集团；我国中青旅收购桂林五星级饭店帝苑酒店等；这些购并行为可以称为后向一体化。1993年德国旅游经营商NUR购买了西班牙旅游代理商伊比利亚的部分股权、1995年意大利旅游经营批发商阿尔卑斯旅游公司（Alpitour）控股西班牙第二大旅游代理商梅利亚公司、1999年德国第二大旅游经营商C&N旅游公司收购了法国北方的Aquatour和Albatros两家旅行代理商等，涉及旅游批发经营商对旅游零售代理商的收购兼并，称为前向一体化。这样的例子还包括TUI集团，该集团也是一个纵向一体化的著名集团，旗下有数量众多的饭店，比如在西班牙有Riu Hotels & Resorts和Nordotel等、在土耳其有Nordotel和Iberotel、在埃及有Iberotel和SwissInn、在希腊有Grecotel和Atlantica（在塞浦路斯也有）、在奥地利及匈牙利有家庭型的Dorfhotel，甚至在拉丁美洲的马提尼克岛和瓜德罗普岛也有Paladien Hotels，TUI总裁指出要在其顾客所及的能够给集团带来高回报的区域大力发展饭店。

需要注意的是，纵向一体化存在着高级纵向一体化和低级纵向一体化之分。我们可以将我国现行的旅行社业水平分工体系下的“全能旅行社”和饭店业的“全能饭店”称为低级纵向一体化。比如，在我国旅游经济发展初期，每个饭店都需要有自己的洗衣房。但随着社会经济的发展，产生了具有一定水准的专业洗衣店，这时就没有必要每个饭店都有自己的洗衣房，而是可以将洗衣的服务外包给专业洗衣房，从而节省成本。

（三）混合兼并

集团化发展中还有一种混合兼并的方式，即不同产业企业与旅游产业企业之间的兼并，这类兼并的主体多为与饭店关系密切的房地产企业、银行财团等。在这方面的典型例子有：1994年，喜达屋资本集团（Starwood Capital Group）和高盛公司（Goldman Sachs Co.）合作，花费5.37亿美元购买了威斯汀连锁酒店（Westin chain）；1999年，不动产发展商哈克姆（Efrem Harkham）通过成立卢克斯公司（Luxe Worldwide Hospitality），先后兼并了Jarinen Worldwide Hotels（拥有100家饭店）、Boutique Hotelsof Australia（拥有80家饭店）、Robert F. Warner distinguished Hotel Group（拥有

120家饭店），迅速将卢克斯公司打造为一个在5个国家拥有超过3万间客房的能提供预订、营销、管理和特许经营的公司。国内酒店集团在兼并收购方面也是风起云涌。自2010年起，锦江酒店及其集团先后收购了锦江之星、IHR（即洲际酒店及度假村集团）、GDL（即法国卢浮酒店集团）、铂涛集团、维也纳酒店集团、丽笙酒店集团等酒店企业，并战略投资法国雅高酒店集团，成为其第一大股东；2015年复星国际组成的财团完成对法国度假村运营商Club Mediterranee的要约收购成功。同年，港中旅维景酒店公司以4亿英镑的价格收购英国基尤格林酒店集团。2020年1月，华住完成对DH（德意志酒店集团）的收购。

三、我国旅游企业的跨国经营

旅游企业集团化的进一步发展，一般会伴随着国际化发展，即旅游企业的跨国经营。一般来说，旅游企业的跨国经营都是跟随着国内游客出境游的步伐而推进的，如当年日本的旅游集团就是随着日本游客的大量出境游，在海外大量收购和扩张。

最初我国旅游企业的跨国经营主要集中在旅行社领域，这主要是和我国的公民出境游相匹配的。一些境外业务比较发达的大型旅行社出于招揽游客的需要，在境外一些主要客源国（地区）建立分支机构。此后，酒店领域的境外投资也迅速发展。近年来，携程、途牛等在线旅游运营商，中国旅游集团旗下的中免集团等，也加快了国际化发展的进程，成为我国旅游企业跨国经营的重要主体。

（一）资本运作成为跨国经营的主要手段

利用资本运作手段，通过对标的企业的收购、增持股份来实现跨国经营，已经成为当前旅游企业跨国经营的一个重要手段。如锦江集团通过股权收购成为法国雅高酒店集团第一大股东，迅速实现了自身的跨国经营和国际化战略。

在资本运作方面，除了现金收购外，也可以通过在二级市场上收购股权的方式来达到控股收购标的企业的目的。如复星集团就通过股票市场收购了地中海俱乐部（Club Med）。还有一部分国内的旅游企业选择在一些国人出境旅游热门目的地自建酒店的方式来推进国际化经营。

（二）通过跨国经营引入国际品牌

通过对外投资和跨国经营，把所投资或收购的品牌引入国内，这也是不少国内企业进行对外旅游投资和跨国经营的一个重要原因。如复星集团花费9亿多欧元收购地中海俱乐部，除了在境外经营该品牌，更重要的是把其品牌带入国内市场。在复星完成收购后，以“中国动力嫁接全球资源”的投资模式，完成了在广西桂林、海南三亚、黑龙江亚布力、吉林北大湖的布局，Club Med旗下的Club Med Joyview在浙江安吉、河北北戴河和北京延庆等地布局，全面对接 40 多亿人次和上万亿旅游消费的国内市场。

案例 9-2

复星发力国内市场

复星当时“出海”投资时的初衷——希望投资的海外企业并不只是在国外市场赚钱，而是能够在增长的中国消费市场分一杯羹。

在地中海俱乐部被复星控股后的 2015 年，其在桂林和珠海东澳岛的 2 家度假村开业，此后吉林长春附近的北大湖度假村开业。未来五年，地中海俱乐部计划再在中国市场新开业 15 家度假村，达到 20 家的规模。

为了符合国内旅游者的消费习惯和需求，复星在选址、定位、合作伙伴、销售渠道等各方面都做了很多改变。比如地中海俱乐部在中国创立了新的度假品牌 Joyview，这类度假村仍会沿用地中海俱乐部的一些传统元素，比如 GO 系统和活动、一价全包理念等，但比地中海俱乐部传统的度假村要小一些，并且距离大城市更近，更倾向于针对短途旅游，更符合中国人的休闲旅游习惯。目前，Joyview 度假村已经陆续在安吉、舟山、北戴河开建，最近又签了四个新的 Joyview 度假村，分别位于北京长城、苏州贡山岛、丽水千峡湖、张家口崇礼。

在投资了适合的海外企业后，复星的角色主要就是利用自身的资源和对中国市场及消费者的了解，帮助它们在中国成长，毕竟中国的市场取向、消费习惯等与西方市场有很大不同。比如中国人的假期短，在一个地方倾向于待两三天，而欧洲人一般要待上七八天，这就决定了度假村在中国的选址不能够太偏远，而要靠近大城市。

此外，复星在旅游板块还投资了全球老牌旅游代理公司 Thomas Cook。此前，Thomas Cook 的经营地域主要集中在欧洲，旗下拥有自己的包机、豪华邮轮、实体酒店和度假村。复星投资后，Thomas Cook 也成立了中国公司，并且探索在中国布局销售渠道和开通到中国航线的可能。

在旅游板块，复星已经在向布局全产业链的旅游生态圈拓展。显然，未来复星希望打造的是全球领先的休闲度假企业，通过上下游打通，而不是只做酒店、预订等其中一个环节。复星在洽谈的旅游领域的投资标的还包括具有销售渠道的旅游企业、以吸引自由行旅行者和旅游达人为主的旅行 App。

资料来源：一直在海外买买买的复星发力中国旅游市场了［EB/OL］.（2014 - 12 - 12）［2020 - 04 - 18］. http://www.cs.com.cn/gg/gsxw/201604/t20160426_4956104.html.

（三）我国旅游企业跨国经营需要注意的问题

一是中国公民出境游市场的发展的确是推动旅游领域跨国经营或者对外投资的一个非常重要的因素，但绝不能单纯地只考虑这一个因素。在全球化时代，如果企业只聚焦于本国公民出境游这个单一的市场，有可能会导致企业对他国游客市场的服务专注力下降，最终导致市场辐射能力下降，市场竞争力也必然下降。

二是与其他很多国家不同，我国企业在进行旅游领域的跨国经营时，需要面对一个已经在海外生活的庞大的华人群体。这一群体同样也看到了中国发展迅猛的出境旅游市场所带来的商机，开始铺设面向中国游客的地接社，经营中国餐馆。在很多国家，这一群体的供给能够满足中国出境游客的很多需求。因此，对于中国企业来说，专门去境外投资旅游相关资产来满足中国游客出境旅游需求是不是值得，这个问题很值得关注。从这个层面上看，中国企业在旅游领域的跨国经营和对外投资时也可以考虑如何把这些海外华人网络更好地利用起来。

三是我国企业在旅游领域的跨国经营和境外投资正处于高速发展阶段。投资容易运营难，收购容易整合难。旅游业始终是一个服务性行业，对于这个行业来说，品牌的持久度、资源的管理和维护能力至关重要。

四是现在大部分企业在做跨国经营时，仍在参照别国的研究理论。但是，中国有自己的发展背景，中国企业会面临与别国企业不同的发展路径。这就需要国内的企业在跨国经营和国际化运营时，能够找到符合自身发展需要的模式和途径，找准定位，研究透目的地国家法律法规和民俗风情，包括聘请当地的法律专家做顾问等，真正做到融入当地、服务全球。

四、旅游产业市场绩效

旅游产业市场绩效是指在一定的旅游市场结构下，通过一定的旅游企业市场行为在价格、销售量、费用、利润和劳务质量等方面所得到的最终经济效果。旅游产业市场绩效是一定的旅游市场结构和一定的旅游企业市场行为共同作用的结果。在市场绩效判断体系中有一系列指标，其中利润率是判断市场绩效经常使用的指标之一，利润率问题也就是我们常说的“赚不赚钱”的问题。

从长期来说，旅游市场结构、旅游企业市场行为、旅游产业市场绩效之间存在双向的因果关系。旅游市场结构决定旅游企业市场行为，市场行为也会影响市场结构。同样地，旅游市场结构和旅游企业市场行为决定了旅游产业市场绩效，市场绩效也会影响市场行为，进而导致旅游市场结构发生变化。从短期来看，市场结构是既定要素，构成旅游企业市场行为的外部环境，从而在某种程度上决定了旅游企业的市场行为，而产业内所有企业的市场行为又决定了旅游产业市场的绩效。

从旅行社行业看，行业净利润率从1991年的10.03%下降到2019年的0.6%。旅行社行业市场绩效（利润率）下降，虽是因为旅行社经营成本的上涨以及"汇差"等盈利手段消失，但更大程度上是由于旅行社数量急剧增加，没有形成集团化、专业化、网络化的合理分工体系。当然这种局面也在逐步改善，如众信旅游已经初步构建了出境综合服务平台，君联资本收购凤凰旅游，海航旅业控股凯撒旅行社，万达集团在多地收购旅行社，广之旅逆势扩张等，通过兼并、收购、融合、创新，旅行社的集团化趋势已基本明朗。尤其是中国旅游集团通过将"中旅总社""国旅总社""港中旅国际""香港中旅社""招商国旅"等众多的品牌旅行社进行整合，组建成新的中国旅游集团旅行服务有限公司，为改变中国旅行社"小、散、弱、差"的局面提供了国企改革的样本。未来我国的旅行社业将形成"大而全"的综合型集团化发展和"小而美"的专业化细分化发展两条道路。

虽然市场结构会对市场绩效产生很大的影响，但现实经济中影响因素很多，这些因素的任何变动都可能影响市场绩效。我们不能因为在外资饭店进入市场数量增多的同时国有饭店盈利总额下降，就得出国有饭店竞争力不及外资饭店的判断。国有饭店利润总额下降的同时外资饭店利润总额上升的现象，也不足以证明国有饭店的竞争能力低于外资饭店。因为国有饭店利润总额的下降既有可能是竞争的结果，也可能是部分国有饭店的巨额亏损导致了整个国有饭店总利润的下降。

案例点评>>>>>>

重组之后的中国旅游集团

中国旅游集团是由2016年港中旅集团与中国国旅集团合并重组而来，旗下汇聚了港中旅、中国国旅、中国中旅、中国中免等众多国内外赫赫有名的品牌。作为推进中国旅游业不断发展向前的重要力量，这些品牌都曾在各自的领域独步一方。比如，港中旅的前身是近代中国第一家旅行社，至今已在旅游行业深耕近百年；中国中旅在服务华侨领域有着极强的根基；中国国旅在国际业务影响力方面更是长期独占鳌头。当中国这些最有实力的旅游品牌以万涓归海之势汇聚，组建起一艘新中旅的品牌巨舰之际，"中旅"二字也就拥有了更多看向未来的底气。

打造品牌体系　推进资本、资产和经营三轮驱动

作为最大的旅游央企，中国旅游集团把自己的发展目标定义为"致力成为具有全球竞争力的世界一流旅游产业集团"。融入全球旅游产业集团视野，引领国内旅游产业发展趋势……从一开始，中国旅游集团的重组就朝着产业链条更加完整、旅游主业实力更强、业务协同优势更加明显的方向挺进。

2018年，"中旅"开始了错综复杂的内部业务的重组布局工作。如何解决"集而不团""整而不合"的问题？如何让原本独立的业务板块通过共生协作找到属于各自的位置？对于内部业务的边界确定，就变得尤为迫切。2020年，伴随着内部业务的重组布局以及二级公司的正式更名最终确定，中国旅游集团这艘巨轮终于正式启航。此次以统一的“中旅”二字为核心主体的六大二级公司的尘埃落定，也代表着这艘巨轮终于完成内部核心要素的组装，具备了与世界一起出发启航的基础。

围绕“一个中旅”的核心体系，以“中旅十业态”为主要形式，中国旅游集团将旗下包含旅行服务、旅游投资和运营、旅游零售等在内的六大业务载体更名为中旅旅行、中旅投资、中旅免税、中旅酒店、中旅金融、中旅资产，外加正在孵化的邮轮房车等旅游新业态，共同构建起一个崭新而更具向心力、凝聚力的中国旅游集团。

中国旅游集团旅行服务有限公司，负责旅行服务业务，汇集“中旅总社”“国旅总社”“港中旅国际”“香港中旅社”“招商国旅”等众多旅行社品牌。公司经营入境游、出境游、国内游、定制游、会奖业务、商旅业务、签证及证件业务等，在境内外拥有近3 000家经营网点。

中国旅游集团投资运营有限公司，负责旅游投资和运营业务。目前拥有和运营30个景区、度假区；开发运营绿色旅游地产和城市休闲地产，适度发展城市持有型商业地产；从事旅游演艺的天创公司被授予“国家文化出口重点企业”称号；旅游客运业务是粤港澳跨境水陆客运的主力运营商之一，已实现“大湾区”9+2城市全覆盖。

中国旅游集团中免股份有限公司，负责集团拳头业务——以免税为核心的旅游零售业务，并拥有免税综合牌照。目前在内地、港澳台和海外开设200多家免税店。

中国旅游集团酒店控股有限公司，拥有“维景”“睿景”“旅居”三个系列特色品牌酒店，在内地、港澳和英国持有管理和签约酒店近200家，客房超过5万间，其中内地酒店覆盖北京、南京、杭州、苏州、重庆、深圳等60余座城市；在英国自有的42家酒店覆盖伦敦、里兹、伯明翰、林肯、朴次茅斯、布莱顿等多个城市。

中国旅游集团金融投资有限公司，拥有旅游产业基金、旅游特色银行、融资租赁公司以及香港安信信贷公司等。

中国旅游集团投资和资产管理有限公司，拥有全资、控股、托管、参股企业47家，业务涉及商业地产、商贸综合体、物业经营与管理、旅游客运、资产经营和处置等领域。

着眼于对人们未来需求的洞察和更高质量旅游消费趋势的把握，中旅亦同步开启对邮轮和房车等旅游新业态的孵化。在现已拥有的两艘邮轮中，“南海之梦”号邮轮运营三亚至西沙航线，“鼓浪屿”号邮轮是国内首艘自主运营的豪华洲际邮轮。房车业务则开辟了川藏线、云南—东南亚出境线等精品房车旅游线路。

借助重组聚合，中国旅游集团已成为旅游产业链条完整、旅游要素齐全、经营规模巨大的一家旅游企业集团。与此同时，以运营能力为价值提升根本，以资本运作为发展助推器，以资产为价值提升载体，围绕资本、资产和经营三者高度融合的三轮驱动模式，也正在为新中旅的未来提供着持续不断的高质量发展动能。

产品创新　开启多元化旅游新体验

在“消费主体”“市场主体”理念指导之下，中旅积极优化产品结构，改善供需关系。除了在整体的大业务框架中积极推动邮轮和房车等创新业务的孵化外，在原有的业务板块，各二级公司也都成立自己产品研发中心，积极开拓新的消费场景。通过将单个旅游景区升级为综合旅游目的地，将大众化观光游产品升级为中高端定制游产品，将单一免税店升级为旅游零售商业综合体，为顾客开启更多元而新奇的旅游体验方式。

以海南的免税板块为例，即便坐拥免税牌照的先天政策优势和离岛免税如火如荼的市场行情，中旅仍居安思危，开启三亚免税城二期商场运营，并通过云戒桥、方所书店、博物馆等创新内容的打造和引进，开辟新生活方式领域的商业新场景。通过转变单一免税商场思维，推动三亚国际免税城成为国家4A级旅游景区。正在兴建中的海口新海港区域的国际免税城，则意在打造一个涵盖免税商业、有税商业、办公、酒店、人才公寓等丰富内容于一体的大型国际免税综合体建筑群。

商业模式创新　提供旅游综合解决方案

传统的以点为特征的景点旅游模式已不能满足现代旅游发展的需要，单一旅游要素很难在市场中独善其身。中国旅游集团充分发挥各大业态的集合优势，加大产业链一体化（旅游资源＋旅游设施＋旅游服务）、上下游（客户端＋资源端＋产品端）的纵向融合，以提供旅游综合解决方案为目标，探索在商业模式上的创新。

在海南，中旅不仅通过海口、三亚、博鳌等地离岛免税的成片布局，做强旅游消费，更将旅游产业链延伸至推广海南旅游、开发旅游文化项目、发展邮轮和海洋旅游产业、提升酒店服务质量、促进金融与旅游融合发展等各个领域，为海南打造一个度假一体化系统服务平台。

在西部地区，中旅正积极改变原来从产业端进行产品打造和组合的开发模式，通过建立联合工作组，与松赞集团等资源方联手协作，集成“大香格里拉”核心资源，着力打造“个性化＋定制化＋体验化＋高端化”世界级旅游目的地。

通过这些以客户为中心的大旅游服务平台的塑造，中国旅游集团不断向市场输出体验式消费的旅游目的地综合业务矩阵。

数字化创新　从根本上提升市场竞争力

移动互联正在深刻改变中国的各行各业。近年来，中旅在旅游场景下的科技应用创新也让人耳目一新：世界之窗景区打造了全国首个5G全覆盖的5A级主题公园，并在国际啤酒节上实现了全国首个5G网红直播；重庆丽苑维景国际大酒店人脸识别自助办理入住，机器人“维维”送客人、送物品、陪聊天，用声音就能对房间温度、灯光、电视、窗帘进行个性化调控；三亚国际免税城引入40台智能搬运机器人，助力电子商务仓的货物分拣、盘点、海关监管等作业实现智能化管理。

2020年，中国旅游集团全面启动了数字化转型工作，并着力打造以客户为中心的前中后台相统一的数字化平台、具备强大管控和服务能力的一体化企业资源管理平台、基于互联网协同平台的企业协同管理平台、全集团公共的基础实施平台、一支业务和信息化能力兼备的复合型人才队伍为核心的五大平台。通过加强数字化技术与业务模式、管理模式的深度融合，推动新旧动能转换，致力成为数字经济浪潮中的领跑者，并从根本上提升集团市场竞争能力。

资料来源：国资小新．中国旅游集团：打造品牌体系　推动创新发展．(2020-09-24)[2024-10-09]. https://mp.weixin.qq.com/s?__biz=MjM5MDIxNjczNA==&mid=2652526367&idx=2&sn=97faf46badc853528fa49bf202f6711&chksm=bda6d06e8ad159784cfd57b625a1118b592e4f4e7093c1365ea34bb3fbc1b6b4cf716af7c7bc&scene=27. 有删减．

评析：

旅游企业的市场行为是指旅游企业为实现其经营目标而根据市场环境情况采取相应行动的行为，包括企业定价行为、促销行为和企业集团化行为。作为央企三年改革行动计划的重要组成部分，作为最大的旅游央企，中国旅游集团通过改革重组，将国资体系下分散的旅游企业整合起来，不仅扩大了中国旅游集团的企业规模，巩固了原有市场，而且通过强强联合，提升了市场竞争力，完善了集团从旅行社、酒店住宿、旅游景区、购物娱乐等纵向的产业体系，横向上也扩大了区域市场，并增加、提升了旅游投融资的运作能力，着力打造以客户为中心的前中后台相统一的数字化平台、具备强大管控和服务能力的一体化企业资源管理平台、基于互联网协同平台的企业协同管理平台、全集团公共的基础实施平台、一支业务和信息化能力兼备的复合型人才队伍为核心的五大平台。通过加强数字化技术与业务模式、管理模式的深度融合，推动新旧动能转换，致力成为数字经济浪潮中的领跑者，并从根本上提升集团市场竞争能力。这使得中国旅游集团的产业链条更加完整、旅游主业实力更强、业务协同优势更加明显。

关键术语

旅游市场行为　限制性定价　掠夺性定价　协调性定价　旅游企业集团化　横向一体化　纵向一体化　混合兼并　旅游产业市场绩效

思考与练习

1. 旅游企业有哪几种定价方式？

2. 简要分析我国饭店集团化发展进程缓慢的主要原因。

3. 找一些世界著名旅行社的发展案例，比较分析我国旅行社在集团化发展过程中存在的不足。

4. 简要分析我国饭店集团在“走出去”过程中面临的优势和劣势。

第十章

旅游经济影响与衡量

导入案例

更好发挥旅游消费拉动经济增长的基础性作用

2023 年我国经济发展总体回升向好。2023 年上半年，我国国内生产总值达到 593 034 亿元，同比增长 5.5%。其中，接触型、聚集型服务业实现了较快增长，拉动整个服务业增长明显好于其他行业，上半年服务业增加值同比增长达到 6.4%，服务业增长对经济增长的贡献率超过 60%。

作为服务业的重要组成部分，旅游业具有接触性、集聚性等特征，在扩内需、促消费、拉动经济增长方面发挥着重要作用。国内旅游抽样调查统计数据显示，2023 年上半年，我国国内旅游总人次达到 23.84 亿，同比增长 63.9%；国内旅游收入（旅游总花费）2.30 万亿元，同比增长 95.9%。旅游市场强劲复苏势头和规模化增长对扩大消费、拉动投资、促进旅游业恢复振兴和经济增长产生了巨大的牵引作用。

首先，旅游市场加快复苏对旅游业持续健康发展至关重要。新冠疫情对旅游企业的生产能力和管理、服务水平产生了严重影响。2023 年以来，旅游业恢复常态化发展，旅游市场强劲复苏，并迅速实现规模化增长。特别是“五一”、端午节两个假期的旅游市场规模均已超过 2019 年同期水平。旅游市场强劲复苏对企业生产、管理和服务能力的恢复起到了直接拉动作用。

大批员工回流、密集的技能培训、数智赋能协同硬件和技术更新、强化标准化治理，推动了管理与服务升级。可以说，正是由于旅游市场的快速复苏和增长，拉动了旅游企业对恢复生产、管理和服务能力方面的投入，使大多数旅游企业迅速恢复元气，进而以更加积极的态度和更大规模的投入，迈入旅游业恢复振兴发展新阶段。

其次，旅游市场复苏促进旅游业创新发展走向新的阶段。需求与供给是互相作用的两个方面。当前，旅游消费趋势呈现出明显的个性化、多元化、体验化、休闲化、健康化等特征，新需求及其量的增长引领着旅游供给侧结构性改革和产品、业态、服务创新迈上新阶段。

进入暑期旅游旺季，全国各地文化和旅游部门、旅游企业等采取了积极的扩大文化和旅游消费、拉动经济增长的政策措施，大力开发适合暑期旅游的新产品、新业态和新服务。自驾游、露营、夜游、市集、研学、节会、康养、演艺、微度假等产品和业态较好满足了公众需求。旅游景区、游乐园、博物馆、美术馆、商业综合体、文化休闲街区等旅游休闲场所游人如织，酒店、民宿客房出租率接近饱和，餐饮、购物、娱乐等消费额高位增长。

可以说，正是由于旅游市场的强劲复苏与供给创新之间形成的良性双向互动，使旅游业迅速迈上了创新驱动发展的新阶段。

最后，旅游市场复苏开启新一轮旅游及相关产业投资热潮。资本是具有逐利属性的，旅游市场复苏并迅速实现规模增长，直接拉动了旅游及相关产业的新一轮投资热潮。

当前，旅游投资主要包括三个方面：一是硬件改造和技术升级投资；二是前期已经开工、受疫情影响停滞项目的追加投资；三是新建文旅大项目投资。同时，新一轮旅游投资从景区、酒店、民宿、大型综合体等旅游业领域，延伸扩展到交通、餐饮、演艺、文创、商品零售、房屋租赁等领域。例如，廊坊的《只有红楼梦·戏剧幻城》大型演艺综合体，历时 8 年，总投资过百亿元，旅游业恢复常态化发展后，加快了投资建设速度并正式开门营业。这充分显示了旅游市场复苏、旅游业恢复振兴对投资和地方经济发展的拉动作用。

总之，旅游市场的强势复苏与规模化增长以及旅游供给侧转型升级与市场互动，促进旅游业走上恢复振兴和高质量发展的快车道。下一步，加快推动旅游市场复苏和旅游业高质量发展，要进一步推动体育休闲、文化和旅游消费，积极创新产品和服务，以高质量供给拉动消费、促进增长，进而更好地发挥旅游消费拉动经济增长的基础性作用。

资料来源：王德刚．更好发挥旅游消费拉动经济增长的基础性作用［EB/OL］．（2023－07－28）［2024－10－04］．https://travel.gmw.cn/2023－07/28/content_36729716.htm.

从世界各国的实践来看，旅游业对经济的影响力越来越大，对经济的拉动作用也越来越明显。也正因为如此，自我国在 1998 年中央工作会议上提出将旅游业列为国民经济新的增长点起，国家和地方政府对旅游业的重视程度越来越高，2009 年国务院 41 号文件把旅游业提升到了战略性支柱产业的地位，众多的省市都开始将旅游业列为当地经济发展的支柱产业。2014 年国务院出台《国务院关于促进旅游业改革发展的若干意见》（国发〔2014〕31 号），提出旅游业是现代服务业的重要组成部分。2023 年 9 月，为了加快促进经济恢复发展，国务院办公厅印发《关于释放旅游消费潜力 推动旅游业高质量发展的若干措施》（国办发〔2023〕36 号），提出要充分发挥和释放旅游消费的潜力，再次体现出旅游业对推动经济社会发展的重要作用。那么旅游业对经济究竟有哪些方面的影响呢？

第一节　旅游经济影响定性分析

旅游经济学是研究由旅游者在客源地与目的地之间的移动所引发的经济现象、经济关系、经济运行和经济影响的专门学科。尽管旅游经济影响研究的发展相对于旅游社会影响研究、旅游文化影响研究等方面而言较为缓慢，但不可否认的是，旅游现象中最早引起人们关注并进行研究的是旅游经济效应，而且在西方国家，很长时间内旅游经济效应都是旅游研究的主流领域。旅游经济效应研究的主要领域是旅游给目的地国家和地区（主要是经济不发达国家和地区以及发达国家的一些边远地区）带来的经济收益。

旅游经济表现出哑铃经济的特征。因此，旅游经济影响不仅会涉及“哑铃”的目的地一端，还会涉及“哑铃”的客源地一端。如果这种商品化、社会化了的旅游活动的范围从一国扩展到多国，则对旅游经济影响的研究还将涉及旅游经济的国际影响，甚至还会涉及外汇的收支平衡问题等。

一、客源地旅游经济影响

旅游经济发展对客源地经济的影响主要体现在以下三个方面。

（一）对客源地旅游企业的影响

旅游需求是指客源地的旅游需求。旅游需求促进了客源地旅游批发经营商和旅游零售代理商等相关专门机构的出现，这些专门机构通过帮助居民实现旅游活动获取利润。旅游需求越旺盛，旅游批发经营商在与目的地供给企业谈判中就处于越有利的地位，客源地居民出游成本可以因此而下降，从而进一步带动客源地的旅游需求膨胀；旅游需求越旺盛，旅游批发经营商和旅游零售代理商的数量、规模就越大，当企业数量的扩展速度大于需求增长的速度时，会加剧旅游批发经营商和旅游零售代理商的内部竞争，竞争一方面会增强这些企业的创新动力，另一方面会进一步推动这些企业向区域外扩张。这些旅游企业的出现还将为客源地居民提供更多的就业机会。

（二）对客源地居民的影响

正如一些学者所指出的，所谓闲暇并不是懒惰，而是人类精神的自由和解放，人们得以沉思默想并和外在世界和睦相处，心灵因而获得力量和滋养。因此，作为积极的闲暇方式，旅游活动可以促使客源地居民放松身心、提高素质、激发创造力，有助于改善人力资本的质量，从而间接地有助于改善客源地经济运行的质量。也正是因为旅游在这方面的突出作用，日本等国将修学旅行作为毕业前的必修课。

（三）对客源地相关产业的影响

如果旅游活动在本地区进行，则可以带动相关产业的发展和繁荣。如果伴随着旅游者的空间移动而产生客源地消费能力外流，客源地还会形成与本地居民旅游流向吻合的对外直接投资和管理技术流动，从而拓展本地资本和管理技术的市场实现空间。

尤其是当目的地的经济发展水平较低，需要巨大的外部投资的时候，这种资本和管理技术流动的可能性更大。伴随着这种对外投资的是巨大的投资利润，在旅游经济实践中形成的“飞地”现象就是这种情形的典型写照。对外投资行为还大大开拓了本地（本国）企业的区外（海外）市场，在经济全球化的背景下，这恰恰是客源地提高地区竞争力的需要。

二、目的地旅游经济影响

目的地视角的旅游经济影响是旅游经济影响研究的重点。一般认为，旅游对目的地的经济影响表现在增加外汇收入、增加就业机会、带动相关产业、促进地区经济发展和经济结构改善等积极方面和通货膨胀、物价上涨、增加对外部经济的依赖性等消极方面。

（一）增加外汇收入

一般来说，扩大外汇收入有两条基本途径：一是通过对外贸易获得贸易外汇；二是通过非贸易途径获得非贸易外汇。作为非贸易出口重要组成部分的旅游创汇在换取外汇方面有自己独到的优势，这些优势主要有：

(1)“无形出口”效应。当今世界的贸易竞争非常激烈，各国都尽可能地设立关税壁垒，但由于旅游消费是异地消费，是以旅游者的流动为消费前提的，表现出“无形出口”效应，一般不受贸易壁垒和出口配额的限制，因此国际上普遍认为旅游业是最优秀的出口产业。

(2) 服务换汇效应。通过向外国旅游者提供服务来获取外汇，可以使旅游目的地国家以较少的物资资源消耗，获取较多的外汇收入。有研究表明，接待 1 名外国旅游者产生的创汇相当于出口 4 台电视机。

(3) 换汇成本低。一般情况下，旅游换汇成本是贸易换汇成本的 2/3 左右。

（二）增加就业机会

旅游经济活动是一项综合性、服务性的经济活动。一般认为，旅游业是劳动密集型产业，因此通过发展旅游业能为目的地提供大量的直接就业机会，包括直接为旅游者提供相应产品和服务的景区（点）、旅行社、住宿设施、娱乐设施、购物设施等部门的就业；另外，由于旅游业具有很强的产业关联性，以上这些直接为旅游者提供产品和服务的相应部门又需要购买其他部门的产品和服务，从而增加了农业、制造业、食品加工行业等部门的间接就业。

（三）带动相关产业

旅游业的关联带动功能表现在以下两个方面：一方面，旅游业的发展需要有物质生产部门提供一定的物质基础；另一方面，旅游业作为一个服务性产业，在为旅游者服务的整个过程中，需要购买许多其他行业的服务和产品，从而推动这些行业的市场需求的增加。比如，旅游业对民航、铁路、林业、文物古迹、风景园林等行业发展的推动。旅游业给林业部门下属的811个森林公园每年带来约6.53亿元的营业收入。据测算，在国外，旅游业每收入1美元，可促进国民经济增长2.5美元；在我国，旅游业每收入1美元，则可使国民经济增加3.12美元，使第三产业相应增加10.7美元，利用外资金额增加5.9美元。

（四）促进地区经济发展

国际旅游使物质财富从客源国转移到目的地国，完成国家间财富的再分配；国内旅游则通过经济发达地区向经济较落后地区的旅游运动，完成社会财富的地区间再分配，从而有助于缩小地区经济差距，改善目的地经济结构，促进地区经济发展。我国各个地区都在发展旅游经济，将旅游经济提升到地区国民经济的增长点和地区支柱产业的地位，正说明了发展旅游对地区经济的强大刺激带动作用。在我国的旅游经济实践中，经济落后地区，往往拥有较为丰富的旅游吸引物，在这些地区发展旅游经济可以起到促进经济发展的作用。

旅游经济收益是旅游发展的首要目标，这个目标的重点是创汇、创收、创利。创汇是发展入境旅游，吸收更多的外汇；创收是通过发展国内旅游，增加更多的收入；创利是一个产业的基本要求，也是广大旅游企业的必然追求。旅游发展过程的第一个阶段是“富民不富国”，旅游发展起来了，当地居民迅速致富，但对地方财政收入的贡献不大。第二个阶段是“富民富地方”，这时候地方财政开始逐渐感受到旅游发展的好处。目前国内有很多地方的旅游已经成了地方财政的支柱，如黄山的旅游总收入已经相当于该地区GDP比重的70%。第三个阶段是“富民又富国”，老百姓手里有钱了，财政的支出相应减少了，相当于财政收入增加。

三、旅游漏损

旅游者的大量到来，会导致旅游需求的急剧增加，初期的高投资回报率会诱使部分投资商和当地主管部门产生错误的判断，从而使投资过度，有碍当地旅游业的健康长远发展。随着旅游者大量涌入，也会出现目的地物价上涨，供求矛盾过于突出，引发当地的通货膨胀。如果当地经济过于依赖旅游，会导致当地的经济发展偏离良性发展的轨道，一旦当地的旅游业受到外部环境或内部因素的影响，则会使得当地经济遭受严重打击，甚至可能会一蹶不振。简单来说，如果目的地经济基础较差，很可能在旅游经济发展过程中需要引进大量的人才和购进大量的物资才能满足旅游者的需求，从而造成严重的旅游“漏损”。

所谓旅游漏损，一般指目的地为了旅游者旅游活动及相关消费活动的满意实现而发生的外汇支出以及由于其他原因造成的旅游外汇的流失。发生旅游漏损主要是因为：旅游目的地希望通过发展旅游壮大经济基础，带动当地经济的发展，但是在发展过程中却由于自身资本基础差（包括货币资本和人力资本缺乏）、开发与管理经验不足和企业家能力弱等以及旅游业的激烈竞争的现实，使得目的地经济体不得不依靠来自外部的投资和管理力量，不得不更多地依赖跨国公司，从而造成“贫困化出口”和“飞地”的经济现象，旅游外汇、旅游收入重新流出了本国或本地区。发生漏损的途径一般包括：为建设旅游设施而购买相关原材料；支付海外员工的工资、海外贷款的利息、海外管理费及特许经营许可费，支付海外旅游中介机构的费用，投资者汇出利润；海外促销和公关；人力资源的海外培训；本地居民将从发展旅游中获得的收益部分用于进口品消费，或者受海外旅游者示范效应影响而增加进口品消费；旅游者所需的诸如水果和威士忌等商品及服务的进口。

另外，海外旅游者通过非官方渠道进行外汇兑换还将产生黑市漏损。黑市漏损的外汇一般被用于购买进口货品、带往国外、储蓄和手中持有，对目的地经济增长的促进作用很小。

关于旅游漏损与目的地旅游经济效应之间的关系，一般都假设漏损高则对当地经济的刺激作用就小。因此，有人考虑到生态旅游、自然旅游、探险旅游等方式产生的旅游漏损较少，提出应该让目的地尽可能发展这些类型的旅游，带动目的地经济发展。的确，采取这些旅游方式的旅游者往往希望体验目的地的原本状态，希望品尝当地的风味食品，而这些都不需要太多的投资，不必从国外大量贷款，也不必进口大量的高档消费品和相应物资与劳动力，但是这只是单一旅游行为中的货币流入，实际上这些旅游方式所形成的收入总量并不大，不能只依靠这些收入来发展目的地经济。比如，旅游者在豪华饭店中花费的钱60%可能要再用于进口这些旅游者所需的商品或服务，因此将产生较大的旅游漏损；而使用当地居民的住宿设施时，旅游者花费的80%留在了当地，几乎很少发生旅游漏损。但前者可能比后者更能刺激当地经济的发展。因为建了豪华饭店，尽管可能有60%的漏损，但旅游者总体消费高，假设他消费了100美元，那么还有40美元会留在当地。而探险旅游等尽管可能只有20%的漏损，但旅游者消费少，可能只花费了40美元，这样就只有32美元留在了当地。因此，我们需要辩证地看待这个问题。

减少旅游漏损的根本途径是完善外汇管理制度、管理方法和管理水平，降低黑市漏损；尽快提高本国旅游相关产品的质量，或通过技术引进来增加在本国生产以减少产品的直接进口；加强目的地相关供给厂商之间的沟通与协调，加强这些相关供给厂商之间的合作，提高目的地自身的供给能力；通过专门管理和服务人员的培训，尽快提高管理和服务水平，减少管理和服务的进口。

第二节　旅游乘数与旅游业增加值

一、旅游乘数

（一）旅游乘数的概念

在旅游经济影响研究中，国外学者普遍认为旅游乘数理论是评价旅游对促进目的地经济发展最有效、最有说服力的工具。旅游乘数就是用以测定单位旅游消费对旅游目的地各种经济现象的影响程度的系数。旅游者的旅游消费除了有一部分被漏损外，其他留在当地的旅游消费会通过直接效应、间接效应和诱导效应，刺激目的地经济发展。

那么乘数效应到底是如何出现的呢？这与人们的消费和储蓄倾向有关。假定人们每次在获得收入时都会将其中的90％用于消费（即边际消费倾向为90％），而将其中的10％存入银行。一个旅游者到达A地旅游，他花了100元从一个小贩那里买了一个当地生产的纪念品，这个小贩增加了100元收入。于是小贩就拿出其中的10元存了起来，而将剩下的90元拿去买了一双鞋；则卖鞋的人增加了90元的收入，这时该地区的社会收益就增加了190元。同样，卖鞋的人也存了9元，而将剩下的81元拿去买了一罐茶叶；卖茶叶的人又留下8.1元，而将剩下的钱拿去买了其他东西，这个过程会一直持续下去，最终，该地区的社会收益就增加了100＋100×90％＋100×90％×90％＋…，通过运用数学上的求等比数列和的方法，我们可以得出结果是1 000元，即最初的旅游需求是100元，但这100元通过在当地的不断流通，最终使该地区产生了10倍于最初的收入，这就是乘数效应产生的结果。

乘数效应在实践中表现为以下三种形式。

1. 直接效应

旅游者在整个旅游活动过程中需要购买相应的产品和服务，为购买这些产品和服务而发生的支付就形成提供这些产品和服务的企业（如旅行社、饭店、餐饮业等）的营业毛收入。旅游花费对经济系统中这些企业或部门在产出、就业等方面造成的影响称为旅游消费的直接效应。

2. 间接效应

营业毛收入中除了用于购买国外的产品和人力外，大部分还是留在了旅游目的地国家或地区。其中获得直接旅游收入的企业将获得的部分收入用于购买当地有关企业的产品和服务，使这些企业或部门的营业收入得以增加，生产规模得以扩大。同样，后者在其再生产过程中又将其获得的这部分收入的一部分用于购买当地其他企业的产品和服务，从而形成了旅游消费的间接效应。由此推知，所谓旅游消费的间接效应，就是指直接旅游收入在目的地经济内流转过程中对当地相关企业或部门的收入、就业等的影响。

3. 诱导性效应

所有直接或间接地为旅游提供服务的旅游部门或其他企事业单位的职工，把其以工资或其他形式分享到的旅游花费用于当地的生活性或服务性消费的支出，进而对当地的相关部门和企事业产生的影响，称为诱导性效应。

（二）旅游乘数的衡量模式

旅游乘数可以细分为销售乘数、产出乘数、收入乘数和就业乘数。

销售乘数衡量的是每增加一个单位旅游花费对目的地经济的影响，也就是单位旅游花费引发的营业总额的增加量。产出乘数是指每个单位旅游花费给整个经济系统带来的产出水平的增加。产出乘数和销售乘数之间的差别就在于：产出乘数除了考虑销售乘数所引发的销售量变化外，还考虑了存货水平的变化，也就是说，产出乘数和销售乘数之间有一个企业库存水平的变化的差额。

收入乘数是指旅游花费与经济系统的旅游收入变化之间的关系。收入乘数有两种表示方法：标准乘数和比率乘数。比率乘数一般只用于表示各个部门之间的经济联系。其计算公式为：

$$\text{比率乘数}=\frac{(\text{直接收入}+\text{间接收入})}{\text{直接收入}} \tag{10-1}$$

就业乘数说明的是单位旅游消费所引起的全日制就业机会的数量变化。它也有两种计量方法：第一种方法是每单位旅游花费所导致的全部就业人数（示例见表 10-1）。第二种方法是旅游拉动的全部就业人数/直接就业人数（示例见表 10-2）。

表 10-1　部分国家或地区的旅游就业乘数（计量方法一）

国家或地区	就业乘数
百慕大	0.000 044
牙买加	0.000 128
马耳他	0.000 159
斐济	0.000 079
爱丁堡	0.000 037

资料来源：BULL A. The economics of travel and tourism. 2nd. London：Longman，1995 (2)：126.

表 10-2　部分国家或地区的旅游就业乘数（计量方法二）

国家或地区	就业乘数
百慕大	3.02
牙买加	4.61

续表

国家或地区	就业乘数
马耳他	1.99
毛里求斯	3.76
萨摩亚	1.96
所罗门群岛	2.58
帕劳共和国	1.67
直布罗陀	2.62

资料来源：BULL A. The economics of travel and tourism. 2nd. London：Longman，1995 (2)：126.

旅游乘数的大小将随着目的地的经济规模、经济结构、目的地各个经济部门之间的关联程度、旅游者的花费模式的变化而变化。

二、旅游业增加值

（一）旅游卫星账户概况

旅游卫星账户（Tourism Satellite Account，TSA）是指按照国际统一国民账户的概念和分类要求，将旅游消费引起的产出部分从各个旅游消费相关部门中分离出来，在国民账户之外单独设立一个虚拟账户，以准确测度旅游的经济影响。

法国是世界上最早开设旅游卫星账户的国家。早在 20 世纪 70 年代中期，法国就提出了以需求和预测为重点的旅游卫星账户的概念，并于 1980 年首次发布了初步统计结果。1991 年，在渥太华召开的世界旅游统计大会通过的决议指出，相关各国在条件具备及需求显著的情况下，应积极引入旅游卫星账户。联合国统计署于 2000 年 3 月正式批准了世界旅游组织提交的《旅游卫星账户：推荐方法框架》。

在世界旅游组织的旅游卫星账户中，旅游消费概念包括旅游过程中的所有消费（不管产品或服务的性质）、旅游前的花费（明显是为了旅游而发生的消费，包括免疫接种、体检、护照等费用，甚至包括因为旅游而引致的馈赠礼物方面的花费）、旅游后花费（明显与旅游相关的产品和服务上的花费）。此外，在旅游卫星账户中，世界旅游组织从供给方角度提出了旅游特征产品（Tourism Characteristic Products）、旅游相关产品（Tourism Connected Products）等概念。其中，旅游特征产品是指多数国家中，在没有旅游活动的情况下将消失或其消费量将大幅度减少，同时其统计数据又能收集的产品，如接待设施、餐饮服务、长途交通及相关服务（如汽车租赁等）、旅行商以及文化和娱乐服务等，具体如表 10－3 所示。旅游相关产品是指那些旅游参与消费，并且消费额在旅游者的总消费额或在销售者的总销售额中占有较大比重，但未被包括在旅游特征产品中的产品，如出租车服务和不具有普遍意义的地方手工艺品及纪念品。

表 10-3 特征旅游产品构成

构成	具体种类
住宿设施	饭店及其他住宿接待设施 自费或免费第二住所服务
餐饮服务	
客运服务	城际轨道交通服务 公路交通服务 航空交通服务 水路交通服务 客运支持服务
旅游代理商、旅游经营商和导游的服务	旅游代理商服务 旅游经营商服务 旅游信息及导游服务
交通装备租赁	
文化服务	
休闲及其他娱乐服务	

资料来源：WTO. Tourism satellite account：the conceptual framework.

（二）旅游业增加值的测算

1998年中央经济工作会议将旅游产业确定为国民经济新的增长点后，旅游产业定性角度的产业地位已经完全确立。但是，如何从定量的角度（旅游业增加值）来体现和测算旅游产业在国民经济中的地位，则一直是一个没有圆满解决的问题。

所谓旅游增加值，是指交通、住宿、餐饮、游览、娱乐、商业及通信等行业为旅游者提供的服务和物质产品所实现的增加值，它比较客观地反映了旅游业所提供的全部增加值。与有关统计相对应，旅游增加值的统计范围主要涉及交通运输业、邮电业、饮食业、社会服务业、商业等五个方面。

旅游增加值不同于旅游总产值。旅游总产值（即旅游总收入）是指旅游者在旅游活动中消费广义旅游业范围内的全部物质产品和服务的支出。显然，在总产值中由第一、第二、第三产业其他部门提供的中间产品只是发生了价值转移，而不是旅游业所创造的价值。因此，在旅游总产值中扣除了这部分中间消耗的转移价值后才得到旅游业所提供的新增价值——旅游增加值。

1. 计算各行业的增加值率

行业增加值率由该行业的增加值除以该行业的总产值（即总销售额）获得。其计算公式为：

$$行业增加值率=\frac{该行业增加值}{该行业总产值}\times 100\% \tag{10-2}$$

2. 计算各行业中的旅游收入部分

某行业的旅游收入，由旅游总收入乘以旅游者在该行业中的消费支出比例得出，即

$$\begin{array}{c}\text{某行业的}\\\text{旅游收入}\end{array}=\text{该地区旅游总收入}\times\text{旅游者在该行业中的消费支出比例} \qquad (10-3)$$

3. 计算各行业的旅游增加值

行业旅游增加值为该行业中来自旅游的收入部分与该行业的增加值率的乘积，即

$$\text{行业旅游增加值}=\text{该行业中旅游收入}\times\text{该行业增加值率} \qquad (10-4)$$

根据第 1 步和第 2 步的计算结果，可以分别得到各个行业的旅游增加值。

4. 计算旅游业对国民经济的贡献

旅游业对国民经济的贡献通过旅游增加值除以 GDP 获得，即

$$\text{旅游贡献率}=\frac{\text{旅游增加值}}{\text{GDP}}\times 100\% \qquad (10-5)$$

1996 年我国 19 省市的旅游增加值的构成和旅游贡献率如表 10－4 所示。

表 10－4　1996 年 19 省市旅游增加值的构成和旅游贡献率

地区	交通	邮电	商业	餐饮	社会服务	旅游增加值	GDP	旅游贡献率
新疆	13.45	0.89	2.51	17.90	9.46	44.24	912.15	4.85
海南	4.95	0.55	1.46	1.38	9.90	18.24	389.53	4.68
广东	90.48	9.56	14.94	36.86	143.99	295.85	6 519.14	4.53
福建	50.17	3.12	6.79	6.62	40.89	107.61	2 606.92	4.12
辽宁	42.46	1.68	7.76	27.46	46.23	125.60	3 157.69	3.97
上海	28.80	5.33	9.16	4.00	51.98	100.28	2 902.20	3.45
陕西	18.87	1.22	1.22	5.52	13.27	40.33	1 175.38	3.43
广西	23.78	1.15	5.20	6.41	21.03	57.59	1 869.62	3.08
江苏	67.16	3.17	18.09	7.26	71.30	167.00	6 004.21	2.78
河南	46.84	1.96	5.96	8.55	39.64	102.97	3 683.41	2.79
吉林	17.54	1.11	3.31	1.33	13.28	36.58	1 337.16	2.73
山西	19.90	0.55	2.25	2.40	10.57	35.69	1 305.50	2.73
湖北	30.54	1.09	8.77	3.53	36.19	80.14	2 970.20	2.69
宁夏	2.42	0.13	0.47	0.31	1.57	4.92	193.62	2.54
贵州	4.08	0.55	1.63	0.42	11.34	18.05	719.83	2.50
安徽	21.97	1.14	4.41	7.99	21.25	56.78	2 339.25	2.42
湖南	3.41	3.03	1.88	0.36	17.91	54.62	2 647.16	2.06
浙江	44.27	4.05	16.89	4.42	9.16	78.82	4 146.06	1.90

续表

地区	交通	邮电	商业	餐饮	社会服务	旅游增加值	GDP	旅游贡献率
河北	50.92	1.46	8.85	4.19		65.43	3 452.97	1.89
19 省市合计						1 490.74	48 328.0	3.08
全国合计						1 845.19	67 559.70	2.73
广东占全国比重						16.03	9.65	

注：表中交通、邮电、商业、餐饮和社会服务业增加值均指旅游者消费部分；全国合计数按《中国首次第三产业普查资料》中有关部门增加值比例数对《中国统计年鉴 1998》中 1996 年全国国内生产总值细项的相关数据进行分割求出。

资料来源：李江帆，李美云．旅游产业与旅游增加值的测算［J］．旅游学刊，1999（5）：16－19.

案例点评 >>>>>>

旅游对秦皇岛区域经济发展贡献度研究

目前，旅游业已成为全球最大的产业之一，国际上许多国家和地区以及国内的绝大多数省市都把旅游业定位为主导或支柱产业。下面在对秦皇岛市旅游活动的产业关联和产业波及效应（包括有关重要的旅游乘数效应）进行比较全面、科学、客观的量化分析的基础上，分几个重要方面测算了旅游对秦皇岛市经济社会发展的贡献度，包括旅游对秦皇岛市 GDP、地方财政收入、社会就业、居民收入等方面的直接贡献度和完全贡献度，从而科学界定了旅游在区域经济社会发展中的地位和作用。

一、旅游产出乘数

旅游者在某个旅游直接影响行业部门中的单位消费所引起的各旅游相关部门总产出量的变化值之和，在一定程度上可视为该旅游直接影响行业部门的旅游产出乘数值。该值可利用旅游经济投入产出表派生的完全需要系数得到。秦皇岛市 12 个旅游直接影响行业旅游产出乘数的具体数值如表 10－5 所示。

表 10－5　秦皇岛市 12 个旅游直接影响行业旅游产出乘数（2001 年）

部门名称	旅游产出乘数值
公共设施服务业	0.304 7
娱乐服务业	0.478 9
旅游业	0.295 3
旅馆业	0.456 8
餐饮业	0.490 7
铁路客运业	0.118 6
航空客运业	1.635 2
公路客运业	0.414 1
邮政业	0.152 3

续表

部门名称	旅游产出乘数值
电信业	0.150 7
商业	0.188 3
居民服务业	0.425 7

旅游综合产出乘数可依据各个旅游直接影响行业部门中旅游消费额占12个行业旅游总消费额的比重加权计算得到。秦皇岛市2000年旅游综合产出乘数值为2.046 6。

二、旅游收入乘数

旅游收入乘数衡量的是旅游者单位消费所带来的总收入（包括直接收入与各种间接收入）。具体计算方法为：(1) 由旅游直接影响行业的旅游影响系数和行业总消费额确定该旅游直接影响行业的旅游消费额；(2) 将该旅游消费额视为该旅游直接影响行业最终需求的增加量，计算其相应引起的该行业的总产出；(3) 计算该总产出所引起的其他相关（包括直接、间接、引致）行业部门的完全投入；(4) 计算各行业的完全投入所完全影响的财政收入；(5) 计算该旅游直接影响行业的旅游收入乘数；(6) 最后综合各行业计算旅游综合收入乘数。具体计算结果如表10-6所示。

表10-6　秦皇岛市旅游直接影响行业旅游收入乘数（2001年）

部门名称	旅游收入乘数值
公共设施服务业	0.077 8 (0.101 5)
娱乐服务业	0.133 7 (0.174 4)
旅游业	0.066 4 (0.086 6)
旅馆业	0.171 8 (0.224 1)
餐饮业	0.126 3 (0.164 8)
铁路客运业	0.102 2 (0.133 2)
航空客运业	0.246 4 (0.321 3)
公路客运业	0.109 2 (0.142 4)
邮政业	0.074 0 (0.096 5)
电信业	0.073 6 (0.096 0)
商业	0.073 2 (0.095 5)
居民服务业	0.027 1 (0.035 4)
综合收入	0.093 9 (0.138 0)

注：表中旅游收入乘数值栏中括号外的数字指上缴财政的各种税金、附加，括号中的数字包含了各种规费。

三、旅游就业乘数

旅游就业乘数指单位旅游消费所完全（包括直接、间接、引致）引起的全日制就业人数的变化量。我们采用如下方法计算旅游就业乘数值：(1) 确定旅游相关产业部门单位产出直接需要本部门的就业人数；(2) 计算某个旅游直接影响行业中旅游消费额所引起的各个相关行业的总产出；(3) 计算各个旅游相关行业因旅游消费而引起的总产出完全影响的就业人数；(4) 加总后除以该旅游直接影响行业的旅游消费额得出该旅游直接影响行业的旅游就业乘数值；(5) 由各个旅游直接影响行业的就业乘数值计算旅游综合就业乘数值（方法与前面类似）。通过计算发现，秦皇岛市2001年旅游就业综合乘数值为0.328 7。

四、旅游创造的总增加值

旅游创造的总增加值是指旅游直接、间接和引致相关各行业的增加值之和。具体为以下三部分之和：

$$\text{旅游创造的总增加值} = \text{旅游直接影响行业因旅游创造的增加值} + \text{旅游间接影响行业由旅游带动的增加值} + \text{旅游引致影响行业由旅游带动的增加值} \quad (10-6)$$

借助于旅游直接影响行业的旅游影响系数、各个旅游相关行业间的投入产出系数各个行业的增加值率，可获得旅游间接相关和旅游引致相关各行业因旅游而获得的增加值。有关结果如表10-7所示。

表10-7　秦皇岛市旅游对国内生产总值的影响值

分类	全市合计（万元）	旅游影响值（万元）	旅游影响值占比（%）
国内生产总值	3 073 141	248 957	8.1
第一产业	402 576	12 160	3.0
第二产业	1 093 778	33 732	3.1
工业	890 613	31 130	3.5
建筑业	203 165	2 602	1.3
第三产业	1 576 787	203 065	12.9

五、旅游消费对居民收入的贡献

旅游消费对居民收入的贡献实际上是指旅游地的居民在一定时期内的全部收入中，因旅游而带来的收入的份额。旅游给当地居民带来的收入应包括居民从旅游直接、间接和引致相关的各行业获得的收入之和。

根据各有关行业的人均劳动者报酬、因旅游而带来的就业人数，可测算出2001年秦皇岛市因旅游直接、间接和引致而带来的就业人数（含私营和个体从业人员）为101 580人，这些从业人员从其从事的各有关行业获得的总收入为97 008万元，我们将此数据作为居民从旅游获得的直接、间接和引致的收入之和，该部门收入占当年全市城乡居民的总收入的9.8%。

旅游消费所带来的总的财政收入应是旅游直接影响行业、旅游间接影响行业和旅游引致影响行业因旅游而带来的财政收入之和。某一旅游间接或引致影响行业因旅游而带来的财政收入等于该行业的财政收入系数乘以各个旅游直接影响行业的旅游总产出所引起的该行业的完全投入。最后加总所有旅游相关行业（包括直接、间接、引致行业）因旅游所带来的财政收入，除以全社会财政收入总量，即为旅游对财政收入总的贡献度。

值得说明的是，在上述测算过程中可以分两种情况考虑：一是仅考虑税收；二是既考虑税收又考虑行业规费。有关计算结果如表 10－8 所示。

表 10－8　秦皇岛市旅游对财政收入总的贡献度（2001 年）

旅游影响行业因旅游带来的税收收入（万元）	旅游影响行业因旅游带来的规费收入（万元）	旅游影响行业因旅游带来的总的财政收入（万元）	旅游影响行业对财政总的贡献度（%）
32 419.86	14 177.21	46 597.07	20.70

六、旅游对社会就业的贡献

根据旅游活动的内容以及旅游业的特点，旅游为社会就业所做的贡献应分为两个层次或两个部分。第一部分是旅游直接提供的就业岗位。这些就业岗位应包括旅游直接影响的行业中为“食、住、行、购、游、娱”六大旅游要素服务的直接从业人员；第二部分是为旅游间接或引致行业提供的就业岗位。这些就业岗位包括与旅游直接影响行业直接相关或间接相关的行业中因旅游活动而提供的就业岗位。测度旅游对社会劳动就业的贡献，不仅需要考虑旅游所直接带来的就业效应，而且必须全面考虑旅游所完全带来的就业效应，这是更为重要的，只有这样，才能全面衡量旅游业在创造就业机会方面的作用和影响力。

旅游对社会劳动就业的直接贡献为旅游直接影响的就业人数与全社会就业人数之比。

旅游直接影响的就业人数等于各个旅游直接影响行业的就业系数（单位产出直接需要本行业的就业人数）与本行业因旅游消费而带来的产出额的乘积。秦皇岛市 2001 年旅游直接影响的就业人数情况如表 10－9 所示。

表 10－9　秦皇岛市旅游直接影响的就业人数（2001 年）

部门名称	旅游直接影响的就业人数（人）
公共设施服务业	3 287
娱乐服务业	2 652
旅游业	683
旅馆业	9 636
餐饮业	11 123

续表

部门名称	旅游直接影响的就业人数（人）
铁路客运业	326
航空客运业	75
公路客运业	5 295
邮政业	57
电信业	279
商业	10 176
居民服务业	534
合计	44 123

2001 年秦皇岛市全社会就业人口为 1 459 800 人，旅游直接影响的就业人数为 43 795 人，旅游对全社会就业的直接贡献率为 3%。因旅游直接影响的行业均为第三产业，则旅游对第三产业就业岗位的贡献率达到 11%。

秦皇岛市 2001 年由旅游直接与间接提供的就业岗位达 101 580 个，占全社会就业岗位的 7%。这意味着全市总就业人数的 1/14 以上是与旅游活动密切相关的。

资料来源：张帆，王雷振，李春光，等．旅游对区域经济发展贡献度研究——以秦皇岛为例［J］．城市，2003（5）：17－20.

评析：

从案例中的有关计算结果可以看出：旅游业是秦皇岛市国民经济的支柱产业，在全市国民经济中具有重要地位和作用。具体表现在：

（1）在国民经济总量中占重要比例，成为支撑区域经济发展的支柱产业。在秦皇岛市，旅游直接、间接和引致地关联带动着近 60 多个部门的投入和产出，2001 年由旅游综合拉动产出的增加值总量达到 249 868 万元，对当年 GDP 的贡献率达到 8.1%，这一比例超过了国际公认的单一产业的增加值达到全部国内生产总值的 8%即为支柱产业的水平。

（2）提供了大量的就业岗位，成为居民收入的重要来源。2001 年旅游为本市直接、间接地提供了 101 580 个就业岗位（全年平均数），在秦皇岛市全部 1 459 800 人的从业人口中，与旅游相关的就业达到 7%，即每 14 人中就有 1 人直接或间接地服务于旅游业。其中直接服务于旅游业的从业人口为 43 795 人，占全部从业人口的 3%。因为旅游影响的行业主要集中在城镇，则旅游提供的就业岗位可占城镇从业人员的 11.1%。研究表明，每 100 万元的旅游消费可为本市创造 32.87 个就业机会，旅游直接就业与间接就业的牵拉比例关系为 1∶1.3。全市居民收入中有 9.8%来自旅游业，金额达 97 010 万元，也就是说，本地居民每 10 元的收入中就有 1 元与旅游相关。

（3）旅游对全市财政做出较大贡献。研究证明，全市 225 144 万元的总财政收入中，有 20.70%亦即 1/5 的财政收入直接或间接地来自旅游，其中仅来自旅游直接影响行业的财政收入即达 10.19%。这说明“秦皇岛人在吃旅游饭”的说法是有着客观依据的，旅游的“富民兴市”作用明显。

旅游乘数理论是评价旅游对促进目的地经济发展最有效、最有说服力的工具。旅游乘数效应就是旅游消费通过直接效应、间接效应和诱导性效应，达到一个刺激目的地经济发展的效果，包括销售乘数、产出乘数、收入乘数和就业乘数等。上面的案例表明，旅游业对秦皇岛市的乘数效应非常明显。因此，各地相继把旅游业列为当地经济发展的支柱产业和主导产业。

关键术语

产业关联性　旅游漏损　贫困化出口　旅游飞地　旅游乘数　直接效应　间接效应　诱导性效应　销售乘数　产出乘数　收入乘数　就业乘数　旅游卫星账户　旅游增加值　旅游贡献率

思考与练习

1. 目的地旅游经济影响主要表现在哪几个方面？
2. 什么是旅游漏损？试述目的地旅游漏损的主要途径。
3. 简述旅游乘数的衡量指标。
4. 简述旅游卫星账户中的旅游消费的含义。
5. 什么是旅游业增加值？如何测算旅游业对国民经济的贡献率？

参考文献

1. 田里．旅游经济学［M］．5 版．北京：高等教育出版社，2024.
2. 李伟清．旅游经济学［M］．4 版．上海：上海交通大学出版社，2011.
3. 罗明义．旅游经济学［M］．2 版．北京：北京师范大学出版社，2020.
4. 罗明义．旅游经济学原理［M］．上海：复旦大学出版社，2004.
5. 邹树梅．现代旅游经济学［M］．青岛：青岛出版社，1998.
6. M. 瑟尔·辛克莱，麦克·斯特布勒．旅游经济学［M］．宋海岩，沈淑杰，译．北京：高等教育出版社，2004.
7. 保继刚，楚义芳．旅游地理学［M］．3 版．北京：高等教育出版社，2012.